化茧成蝶

西江苗族妇女文化记忆

张　晓◎著

商务印书馆
创于1897 The Commercial Press
2018 年 · 北京

图书在版编目(CIP)数据

化茧成蝶:西江苗族妇女文化记忆/张晓著.—北京:商务印书馆,2018
ISBN 978-7-100-16361-3

Ⅰ.①化… Ⅱ.①张… Ⅲ.①苗族—妇女—民族文化—研究—雷山县 Ⅳ.①D442.873.4②K281.6

中国版本图书馆CIP数据核字(2018)第153891号

化茧成蝶:西江苗族妇女文化记忆
张 晓 著

商 务 印 书 馆 出 版
(北京王府井大街36号 邮政编码100710)
商 务 印 书 馆 发 行
北京顶佳世纪印刷有限公司印刷
ISBN 978-7-100-16361-3

2018年10月第1版 开本880×1230 1/32
2018年10月北京第1次印刷 印张10⅜ 插页3
定价:42.00元

1995年西江千户苗寨全景　（张学捷 摄）

本书主要被访人龙玉琼　（张晓 摄）

一代又一代苗族文化的承载者和传承者　（陈沛亮 摄）

苗族妇女在纺纱（张希成 摄）

西江镇猫鼻岭村寨老们叼着牛角酒，以苗家古老的礼节给从外村来本寨跳芦笙的姑娘们敬酒（张希成 摄）

奶奶准备带着孙女去跳芦笙　　（张希成 摄）

苗族绣片上的蝴蝶图案　　（台湾辅仁大学服饰研究所提供）

序　一位苗族女性的学术视野

我初识张晓是在1990年仲夏。当年，我们同去雷公山深处不通公路的方祥乡苗寨，在森林密布的群山中跋山涉水六个半小时。我感觉张晓就像一头灵活的小鹿，奔前奔后张罗事务。遇到当地人，她就像亲人一样用苗话交流。如果不是事先知情，我真不会把她与学术研究联系起来。

后来，我调到贵州省文联工作。1995年我策划了一套“贵州民间文化研究丛书”。编委会建议张晓写一本“苗族妇女口述史”的书。于是，她选择了西江，成书后定名为《西江苗族妇女口述史研究》。在当时确定的十余个选题中，张晓的这本并不怎么被编委会看好，因为她是第一次个人承担这么大的一个项目，而她的学术背景也稍显薄弱。然而，我私下却对这个选题极感兴趣。其原因是，我佩服它的前瞻性。我查阅了一些资料，得知早在1948年，哥伦比亚大学成立了“哥伦比亚口述历史研究处”，这是现代口述史学科诞生的标志。20世纪60年代，美国就陆续建立了90个研究机构，专门研究口述历史。1980年，美国还出台了口述历史的学术规范和评价标准，被学界普遍接受。此后，在加拿大、英国、法国、新加坡、日本等国家，口述史学家和专业研究团体如雨后春笋般地出现。而看看我们中国呢，虽然20世纪60年代中期曾经有过组织撰写公社史、工厂史、家史的活动，但不强调忠于史实，更没有学术规范。1989年，我在《收获》杂志上读到了著名作家冯骥才撰写的《一百个人的十年》，这段一百个人的“文革”史读来动人心魄。这是我国口述历史的一只报春的燕子，不过它是文学，也不是我们今天所谈的口述史。可以说，直到20世纪90年代中期，我国在人类学、历史学、民族学、社会学意义上的口述史作品还没有诞生，还是一个学术空白点。

回头看，张晓的这本《西江苗族妇女口述史研究》当是我国第一本用人类学、民族学视点来写作出版的口述历史及研究。这可以看出张晓在20多年前学术的起点就很高，眼界开阔；她身在大山中，却初具了一种国际视野。

然而，单有这个视野是远远不够的，更重要的是，必须有各种深厚的积累。而张晓恰恰积累了写作这本书的最佳条件，当是水到渠成，毋庸置疑。一是语言。西江苗语就是她的母语，她与西江人交流是无障碍的。西江人尤其是妇女，历史上生活封闭，很少接触外部语言，因而对语言特别敏感。对此我深有所感：两人之间，如果一个汉语一个苗语，交流得通过翻译，内容常常就会浮在表皮，要绕行很多个螺旋才能深入下去；如果西江苗语对外地苗语，虽然可以交流，但双方的语言要在脑子里转些个弯儿才能领会；而两个纯正的西江苗语之间，则使彼此的交谈能够很快地具备入心入神的条件，各种女性之间的隐秘话题都能够交流，相互心领神会。张晓在语言上就有着这一天生的优势。二是亲情。张晓的外婆是西江人，且一生一世生活在西江。在西江这片土地上，张晓亲戚遍山寨；在传统的西江，这种亲情是人与人交往的润滑剂。她的学术考察，不需要向导，甚至不一定需要专门的访谈形式，在日常生活中，她就能得到许多有价值的、真实的信息和隐秘的细节。这是外来学者所难以企及的。三是阅历。张晓虽是出生于20世纪50年代，但由于父母都是教师，是苗乡少有的苗族文化人，父亲对苗学有较深的造诣，而外婆的成分又“不好”，这就形成了一个较为复杂的政治、文化、家庭环境。一家人对于人情冷暖世态炎凉有更切身的体会。这里面，既有西江人心贴心的关照，也有背对背的冷漠；既有寒冬炭火，也有暴风骤雨。在家庭内部的接触中，张晓很小的时候就体会到人情翻覆似波澜，就学会了感恩和思索，这也是做学问的坚实根基。四是学术。从她写作西江苗族妇女口述史的时候起，我就感觉到张晓是一个以学术为生命的人。她可以听取各种批评，不厌其烦地修改书稿，似乎以修改为乐趣。我曾经在美国与她相逢。那时她已在美国访学数月，却什么繁华之地、风景名胜、公园展会都没去过，她似乎没有游山玩水的概念，一门心思盘旋在人类学、民族学、苗学、社会性别、国外苗族这些问题上。求则得之，舍则失之。20多年来，她总是做完一个课题，又接着一个课题，还常常同时主持着几个大大小小的课题。有国家重大课题、国家重点课题、国家社科基金课题和省级课题等。我曾经想，如果没有学术，她将如何度日？

张晓的这些积累，决定了她写作的《西江苗族妇女口述史研究》是一本高质量的、蕴含着生命激情的书籍。这本书很多年前就脱销了，有人曾自做复印本来阅读。在西江尚未开发旅游、藏在深山人未识的年代，一些国外、省外的学者就是奔着这本书来到西江的。他们从书中了解到苗族妇女苦难深重的历史和坚韧无比的民族性格，了解到世世代代西江苗人的真实生活，了解到其他任何书籍中所不能得知的西江苗人诸如性的羞耻感之类的独特情感。那些细节，只有张晓才能捕捉到。这也是一本书的传播在20年间能够长盛不衰的秘诀。这本书曾经得到许多荣誉，其中有“中国首届民间文艺山花奖·学术著作奖一等奖”等。现由商务印书馆再版，书名改为《化茧成蝶：西江苗族妇女文化记忆》，我由衷为之庆贺！

今天的西江，已是外来旅游者山一程、水一程的必临之地。色彩绚丽的舞台艺术、鳞次栉比的民宿、热闹温馨的农家乐、灯火通明的商铺，已经与丽江、凤凰这些旅游景点比翼齐飞。然而，如果你有意潜下心来做一次深度旅行，你要探寻西江的特质，要了解繁荣背后的本真，还是得读读这本书。眼界的宽窄决定了学术境界的深浅。进入张晓的学术视野，您或许会陶陶然乐在其中。

余未人

2017年10月

（余未人，女，中国民间文艺家协会顾问，贵州省文史馆馆员）

目 录

导　言

可以说，在国际上妇女研究蔚然成风。自 20 世纪 80 年代以来，一股妇女研究热潮也悄然在国内掀起。“妇女研究热”的现象本身就说明了人们对妇女问题的觉悟。但是目前对妇女的研究还远远不够。妇女问题存在着太多的未知领域。对于妇女和她们所处的世界之间的各种相互关系以及妇女在其中的地位和作用，我们需要去做许许多多的研究。我作为一位女性研究者在本书中选择了妇女口述史这个侧面，采用人类学参与性观察访谈的田野作业方法，对一个典型的民族聚落的妇女群体和特定的文化体系间的互动关系展开研究，给人们提供一个动态的、鲜活的、具体的了解苗族妇女的文本。

我很满意我所选择的工作田野——贵州省雷山县西江苗寨。黔东南是中国苗族最大的聚居区，而西江是最大的苗寨之一，被公认为苗族聚落的典型。西江位于苗岭的主峰——雷公山的脚下，系苗疆腹地。在清雍正七年（1729）西江设治之前，西江苗族一直是自己管理自己，因而很好地保存、创造和发展了自成体系的苗族文化。西江是一个保存苗族“原生态”文化比较完整的地方。自从设治以后，外来文化对那一带地区的影响往往首先从西江开始。历史上著名的清朝咸同年间苗民起义和民国时期的“黔东事变”[①]，都有西江人士参与，并且西江是事件的策源地之

① 1942 年秋至 1943 年春发生在黔东的反对国民党政府的农民暴动。

一。一方面是“化外生苗”①，另一方面又不断有文化干扰。原生文化和外来文化在西江这块土地上不停地碰撞着，使西江文化以进两步退一步的速度在变化、发展，呈原生文化为主、各种文化并存的多元格局。被戏称为“两面派”的西江社区，因其自成体系的文化系统和不封锁外来文化交流的动态状况，为我的研究提供了一个理想的作业田野。

研究人类个体实际上是为揭示人类的普遍性服务的。但共性认识的实现必须通过无数个性的深入探究来完成。要探明特定妇女群体的个性特征，必须潜入妇女的心理，把握特定的社会文化对其角色和形象的塑造机制，以弄清妇女与文化的互动关系，明了妇女在社会文化体系中的地位和作用等。而要做到这些，我认为最好的方式也是最可靠的方式是对妇女口述史的研究。妇女讲述自己的经历，既讲述她的行为也表达了她的观念，还流露她的心理活动和情感体验以及对事件的评价等。人的一生，也是他的背景文化的传承、变异和社会变迁过程。个人的一生也就是人类的一段历史。因而妇女讲述自己的经历，不仅展示了妇女自己，也展示了文化和社会以及社会文化和人的关系。妇女口述史的研究为我提供了通向妇女心理、解剖社会文化基因的途径。

文化人类学的研究，重视参与观察的田野作业方法。它要求研究者既具备研究者的眼光，又具备被研究者的生活；既站在研究者的角度，又进入被研究者的角色；既是自己又是他人，即从客观和主观两种立场上来寻找对研究对象的最佳解释。这种方法有一定的难度，它需要研究者具备一定的条件。首先，它需要语

① 历史上苗族常被分成“生苗”“熟苗”两类。“生苗”指不受编户纳粮、与汉人关系疏远、统治阶级鞭长莫及、居住地偏僻等的苗族。“熟苗”反之。

言。研究者必须能直接与被研究者沟通、交流思想。其次，研究者必须能够进入被研究者的生活，融入研究对象的文化，但同时又不能失去自我，随时保持清醒的头脑和敏锐的眼光，即既能进得去又能出得来。因此，研究者必须熟悉研究对象，但又要与之有一定的距离。研究者最好是熟悉该研究社区文化而又最好不是本地人。最后，研究者要能够与被研究者建立一种友好信任的关系，以达到调查研究的目的。但同时又要注意访谈技巧，避免访谈者对被访谈者的暗示和诱导，尊重其本人的意愿，对被访谈者负责，等等。人类学的参与观察田野作业的调查研究方法是一种两难的研究方法，研究者很难做到。

我很幸运地具备该方法所要求的基本条件。我母亲是西江人，我是外婆带大的，操的是一口纯正的西江苗语。也就是说，我的母语是西江苗语。我父亲不是西江人。我出生在一个教师的家庭，是在学校的环境里成长的，算不上是西江圈子里的人。但我从小到大乃至现在，基本上每年都到一次西江。我的亲属里面有许多是西江人，其他西江人里也有很多都熟知我。我就是这样，是西江人又不是西江人，处于是与不是之间。西江人也这样看我，觉得我与他们既亲近又疏远。我和西江处于一种若即若离的关系之中。我与西江的天然联系不知不觉地为我建立了一个研究基地，为这本书的研究和写作提供了便利。

此外，由于我的特殊经历和特殊背景，使这本书的研究具有一个特殊的个性，即我研究我自己。因为我是西江人又不是西江人，所以我是访谈人，又是被访谈人；我是研究者，又是被研究者。我在本书中不仅展开了对包括我的所有西江籍亲属在内的西江苗族妇女的研究，甚至也研究了我自己。我不仅在生活中对西江苗族妇女进行参与性观察，而且也在本书中参与她们的角色。我在书中成了一个双重角色的人物。由于我是一位研究者又是一位西江妇女，我不想板着面孔对读者进行说教，只想像一位身临其境又从旁观望的朋友与读者闲聊，谈我的体会和感受。我只想做一座桥梁，那种轻松随意、简单朴实的桥梁，让读者通过我和西江苗族妇女交朋友。我想以自身特殊的优势为文化人类学的研究做一种探索和尝试。

西方妇女以自我意识的觉醒掀起女权运动，赢得了自己的权利和地位。中华人民共和国成立以后，汉族妇女才挣脱了政权、族权、神权、夫权四大绳索的束缚，走向男女平等；而今一些知识女性有感于“文革”中女人男性化的惨痛教训，强调当今妇女紧要的是回归女性本质[①]。不同的妇女群体有她们不同的人生历程，而不同的人生历程又受制于不同的文化背景。那么西江苗族妇女的人生历程和文化背景是怎样的呢？在这本书中我以妇女口述史为切入点，对西江苗族妇女人生命运和文化创造，以及文化对妇女的塑造和制约的互动关系进行研究，从而提出我的看法。

我认为，西江苗族在迁入西江之前或迁入西江之初，就承袭了苗族的历史文化并组建了一个有效的社会秩序。千百年来，世世代代的西江苗族都在极力传承自己的传统文化和维护原有的社会秩序。但世界不是静止不动的，西江不可能是真空。随着人的生存需要的不断增长和社会的不断发展，西江社会文化不可避免地要发生解体。在这种传统文化和社会发展的碰撞矛盾中，在文化解体和复兴的双向运动中，西江社会的主人之一——西江苗族

① 胡缨、唐小兵，《关于策略的理论和理论之对策》，香港《当代》，1988 年第 27 期，第 144 页。

妇女也在发生着变化。西江社会从平衡走向不平衡，再重新组建新的平衡；西江苗族妇女与男人的关系也从平等跌入不平等，再走向新的平等。西江文化已从一元化走向多元化；西江苗族妇女开始从一味服从走向个性的张扬。西江苗寨将进入一个多彩的世界，西江苗族妇女未来的形象将更难描述。我虽然在书中对西江苗族妇女和文化做了较大跨度的分析，但着力点是20世纪背景下的西江苗族妇女和文化。我要让人们看看经过千百年的淘汰和筛选，西江文化积淀了些什么，又要让人们知道现在行将解体的西江文化是什么模样。由于这本书并不纯粹是介绍西江文化的书，它只是从妇女生活的视角来透视文化，又从文化的宏观背景来解释妇女，紧扣的是那些与妇女关系十分密切的问题。也许可以说妇女是目的，文化是手段。既然妇女是目的，我就还想以20世纪的西江苗族妇女为例，探讨哪一种文化形态对妇女更为合理。我还想提请人们思考，20世纪即将过去，这百年来的历史文化，我们是不堪回首还是有所留恋？是应该彻底抛弃还是批判继承？我们所迎来的是一片光明抑或也有阴影？

在对西江文化和苗族妇女的具体研究中，我发现西江传统社会的一种奇特现象，即社会制度与文化习俗互补，男人和女人互补。正是这种互补构成了西江传统社会的平衡，形成了人与人之间的安宁与和平。

西江传统上是一个父权社会，财产和子女都明确规定属父亲的一方，社会管理井然有序，不允许任何扰乱血缘世系秩序和混淆财产界限的行为存在。它在制度上规定男优女劣、男尊女卑、男先女后，毫不含糊地维护男性至高无上的权力和地位，保持父系承接的纯洁性。但在社会制度以外，即在文化习俗和日常生活里，却给予妇女很大的自由和权力，以至于让妇女感觉到在一般的情况下，并没有来自男人的压迫，男女间不平等的待遇也未能激起妇女的自我觉醒及其反抗意识。文化本来就是人类为适应生存环境而创造的，它反过来又调节人的行为，以协调人和自然、人和人的关系。西江传统文化有效地调节了其内部的关系，使得西江社会稳步地发展了两千多年。事实证明它是适合于西江苗族传统的生存状态的。是它保持了西江社会、西江自然环境、西江人和人之间以及西江人的内心世界的千百年来的平衡。但是，平衡并不等于合理。有的平衡是以牺牲整体中某部分的利益来获得的。西江传统社会的平衡，就是以妇女身体的辛劳和心灵上的孤寂来换取的。所以对一种文化的产生和存在，我们应该看到它的必然性和合理性，同时也要看到它的局限性和消亡的趋势。现在，西江苗族的传统社会秩序已不那么井然，日渐失去了传统文化，也日渐失去它生存的内部环境和外在条件。西江社会在变革之中，西江文化正在消失。我们不能消极地等待旧有文化的解体，而应该积极地考虑重构一种新型的文化。未来的文化是什么？什么样的文化生态更符合西江苗族的需要和利益？这也是我在本书中想提醒读者思考的。

本书在具体的研究和表述中分为十章。“古朴山寨”，主要介绍西江现状和文化生态环境，让读者了解西江苗族妇女所处的生活背景，在空间上给西江苗族妇女做一个基本的定位。“父权的理想与女性的辉煌”，从历史和现实两方面谈西江社会结构与西江文化的女性特点。“人生命运类型”，对跨越两个社会的妇女群体进行分类，并着重介绍本书研究的主要妇女类型。“人生旋律和幸福标准”，总体谈贯穿在西江苗族妇女一生中的生活追求和她们所认为的幸运和不幸的人的标准。“性的羞耻感”，深入西江文化的本质，谈深层文化对西江苗族妇女行为的控制，指出这种文化控制的结果导致了妇女对男人的疏离。“妇女小群体与文化传承链”，谈由于妇女对男人的疏离，造成了妇女对同性的亲近；同性的亲近形成了妇女小群体；妇女小群体又构成了文化创造源和文化传承链。并指出西江苗族文化主要表现为妇女文化，随着妇女小群体的日渐解体，文化将失去沉淀和升华的集散地。“男女平权变奏曲”，是全书的核心，它谈论西江苗族的原生文化，比较尊重妇女，并形成了西江男女比较平等的起点；后来由于外来文化的影响和民族矛盾、阶级分化等的加深，妇女地位跌落；中华人民共和国成立以后，从法律上规定了男女地位的平等，妇女的地位又得以回升。在平等——不平等——平等的曲线中，交织着事实上的男女平等和原则上的不平等以及原则上的平等和事实上还不平等的辩证关系。“隐忍与乐观的辩证法”，以妇女的月经、怀孕、分娩等特殊生理经历所承受的遭遇为例，说明了西江苗族妇女所经历的痛苦和对这些痛苦的忍耐力，以及开朗乐观的生活态度。它揭示了西江苗族妇女极富韧性的生命力和积极乐观的人生态度。“文化流变：是喜还是忧”，谈年轻一代的西江妇女离开故土和生活观念的改变，并由此反映出西江苗族传统文化的流变和失落，提出对文化价值和西江未来出路的思考。“人物遭遇选录”，选择了几位不同生活道路的西江苗族妇女的口述个例，以期让读者对西江苗族妇女具有可感的认识。

“西江”在当地有三种概念，第一种指西江区（县的派出机构），辖雷山县的大约 1/4 范围；第二种指西江镇，包含 22 个行政村；第三种指西江寨，严格意义上的西江，只包括平寨、东引、羊排、南贵 4 个行政村。[1] 本书在第三个意义上指称西江，但在具体的人和事上又不局限于此。因为“西江妇女”的内涵和外延很难界定。从出生到死亡都在西江的算西江人，从外地嫁到西江来的也算西江人，从西江嫁到外地或外出工作的同样应该算西江人。这么一来，西江的界限就模糊了。根据地理范围和行政区划不能完全界定“西江苗族妇女”，她的界定标准应该包含文化。而“西江文化圈”或“西江文化类型”所包含的范围就更宽了。西江紧邻凯里县（现为凯里市）和台江县，位于州府凯里市、台江县城和雷山县城的中心，与这三个城镇几乎是等距离。行政区划上西江隶属雷山县，而文化交流，西江与凯里和台江的关系更密切。西江把凯里和台江称为下游，把雷山称为上游。他们对凯里尤其是对台江充满好感，而对雷山却感到陌生。他们很少与雷山方向的人开亲[2]，但却与凯里、台江两县的人交往频繁。如凯里的格细、台江的排羊等不知娶了多少西江姑娘，又嫁给西江多少媳妇。“西江文化类型”不仅可以包括凯里、台江和雷山三县，甚至还可以辐射黔东南各县苗族。因为黔东南各地苗族文化都很类似。因此，有时候谈“西江苗族妇女”，并不局限于拥有或曾拥有西江户籍的妇女，也包括与西江关系密切而属于同类文化的人。本书是在广义上指称“西江苗族妇女”。

张晓

1995 年 12 月

---

① 这里所指的行政单位是 1995 年的状况。现在没有“区”的设置，“镇”的范围扩大，而“平寨、东引、羊排、南贵 4 个行政村”合并为“西江行政村”。

② 方言，指通婚。

第一章　古朴山寨

本书是研究西江苗族妇女口述史的。在还没有与我的研究对象见面之前，我想先让读者认识她们的村寨、她们的生存环境和她们的文化生态。

1995年3月1日　晴

从童年时代起，我经常去西江。但每次去的时间不是假期，就是节日，从来没有机会在春季去过。这一次，我是在一个春耕的时节到达西江的。那一天天气晴朗：山青青的，水净净的，阳光特别灿烂。村寨一幅幅动人的景象把我吸引住了：一位农家老太太提着满满一篮青菜到屋后的缓坡上去晒。她回娘家的女儿也抱着孩子跟着。小孩子在草地上玩耍，老太太将菜一棵棵摊在斜坡上。风轻轻地拂着，惬意极了！远处的河滩上也有人在晒青菜。这个季节是苗家人做酸菜的时候。妇女们把青菜晒干切细装进坛子里，做一年的蔬菜备料和煮酸汤菜的佐料。

近处河滩的下游，有几位姑娘正在洗菜，估计是家里来了很多客人或者在办什么喜事。这季节也是清明扫墓的时候，她们中的某一家正在准备挂亲[①]也未可知。河水继续往下流，转成了一个大湾。

---

① 方言，指扫墓。

老太太在屋后的缓坡上晒青菜　（张晓 摄）

姑娘们在河边洗菜和洗衣服　（张学捷 摄）

湾外的田埂上有一头黄牛在徜徉，偶尔埋头吃草；湾里的河滩上铺着四五张晒席，上面摊晒着稻谷。一位老妇背着一个孩子正从村子那边赶来照看这些稻谷，看见有几只鸡在啄谷子，手一扬，把鸡赶走了，接着伸出簙耙簙匀稻谷。离晒席不远处，一块荒芜的菜园里，有一片黄茸茸的东西，是一只母鹅带着一群小鹅在晒太阳。

老妇在河滩上用晒席晒稻谷　　（张晓 摄）

西江街上原来是用鹅卵石镶嵌的，自从通了公路以后，就铺成水泥路了。水泥路可当晒坝。秋收时晒谷，春耕时晒粪。这时妇女们正挑着一大挑[1]一大挑牛圈粪铺在水泥地上晒呢！

最热闹的是田坝。靠公路边的一丘田里，有两个男人正

① 方言，量词，指担。

挖泥造瓦。再过去的一丘田里，有一位姑娘在踩秧青，把从山上割来的嫩枝树叶踩到泥里做肥料。有更多的人是在踩牛圈粪。先把粪均匀地撒在田里，再把它踩到泥里。人们都在准备秧田，等着移植秧苗。在各家各户的门口，都搭有培植秧苗的温棚，多数人家的秧苗已有两寸长了。

人们挑着牛圈粪去田间　（张学捷 摄）

还有很多人在犁田。其中有一对夫妇，女人在前面拉着牛鼻，男人在后面扶着犁。这是在调教牛犁田。

还有一位妇女挑着一挑土豆种上坡去种土豆……

阳光金灿灿的，今天的西江真美！

1995 年 3 月 5 日　阴冷

今天我病了，本以为会耽误一天工夫，没想到收获却蛮大。

我住在老乡家，房东听说我病了，请人来为我刮痧。请来了一位中年妇女，她借来一根长烟杆，把烟斗拔掉，露出带烟屎的烟杆头，然后用它来敲我的背。我觉得如针芒刺背，那烟杆嘴像是布满了沙粒。她说这是受凉者的正常反应。过了一会儿，我的背发红发紫了，她说是痧刮出来了。我真的觉得好多了。

那妇女一边给我敲背，一边与老乡聊天儿。她们先说寨上的几位老人病了，某某手脚浮肿，实在很痛苦，这老人为人很好，不知为啥得这种恶病，实在令人很担忧……又说到去年受灾没有粮食吃的问题。她们买的五六袋大米吃得所剩无几，而家里值钱的东西就只有牛，如果拉牛卖了就没有犁田的了，宁可贷款，日后再养小猪卖来还。

说话间，有一位年纪大些的中年妇女进来讲她女儿的事。说她的女儿谎称去赶集，其实偷偷嫁到男朋友家去了。她来约大家今晚上去商量看怎么办。

过一会儿，有个陌生人拿银饰来卖。老乡把他打发走了，过后议论说这银饰可能是从远方偷来的。

不一会儿又来了一位老太太，说她的鸡丢了，又找回来了。由此说开了，说如果有别人家的猫、鸡、狗到自家来不好，是不吉利的预兆。又议论到村上有几个人承包砌某处地基，只得几百块钱，划不来。老太太坐一会儿就走了，说是还要去探望一位病人。

又进来一个老头儿，告诉大家有一位老太太死了，他要去买祭幛和商量怎么做后事，顺路来这里坐坐。他仔仔细细谈了那个老太太的病情。说完后，老乡问他建的新房子怎么安排，几个儿子谁住新房，谁住旧房……正说话间，唢呐响了起来，得知死者家请的唢呐队已到，老头儿急急忙忙跑去帮忙照应了。

房东的姨妈来了。她来看女儿，女儿不在家，就过来坐坐。她的女儿和妯娌们到附近的一个村探望新生儿去了。据说要一两天才回得来。房东的姨妈一脸沮丧的样子，心情不好，谈什么事情都淡淡的。一会儿大家才弄明白，是她的儿子顶撞了她，她来找女儿诉诉苦。她说她家菜园堡坎垮了，她好心好意去砌，想减轻儿子一点儿负担。但她儿子见了不仅不感激，反而很生气地说："你砌这个来埋你？啊！原来是砌来埋你的！"她说："讲这么难听的话，你看可气不可气，其实我砌得蛮好的。"大家都知道她儿子一向对她不错，就是有时候说话刻薄。于是房东又开导她姨妈说："表弟对您发脾气有两层意思，一是怕您砌得不牢实，二是怕您砸伤了手脚，再说让老母亲来砌堡坎，儿子的脸上不光彩。他虽然是骂您，实际上还是出于爱护您。表弟平时说话总是很幽默，幽默的人生起气来就会变得刻薄。因为他的聪明用在语言上了。您平常最忌讳讲与死有关的话，他发您的脾气不刺伤您就不解他的气，要刺伤您他就专拣您忌讳的话说。说的都是气头上的话，并不是真有什么恶意。"老人像个小孩儿，很情绪化的。她听房东这么说了，觉得有道理，气消了很多，一会儿就走了。

有人来请房东和帮我刮痧的妇女去吃饭，说是一位堂兄家今天去扫墓回来，房族里家家都去聚餐。

晚饭后，房东的哥哥来了。他说他昨天刚去帮堂妹讲“财礼钱”① 回来，来看看妹妹家稻谷秧禾育得怎么样（温棚育秧），说到近期的生产安排，他说准备明天去种草。

晚上十一点了，房东还没有回来。有一群妇女在桥上大声说话，其中有房东的声音。她喝醉了。她平常轻言细语的，只有醉酒时才高声大气地说话。她们一会儿唱苗族飞歌，一会儿唱汉语歌：“找呀找呀找呀找，找到一个好朋友，敬个礼来握握手，大家一起跳舞……”

有两个人送房东回来。她说，他们已经商量好了，明天房族的男人们要去把那个私奔的姑娘抢回来。

1995 年 3 月 10 日　阴

表哥从省城回来扫墓，请大家去吃饭。席间听到一个故事，说村上有个年轻人，把祭祖不当一回事。西江苗族尊重祖先，美味佳肴总是先祭祖，后自己吃。有一次，这个年轻人去扫墓，在坟前把供品一一摆好，自己先吃了起来，还大大咧咧地说：“祖先啊，我先吃了您再吃！”没想到，坟墓里突然蹿出一条大蛇，吓得他跌坐在地上四脚朝天。那蛇就从他脖子边擦过去了。此后几年，他再也不敢去上坟。这大概是正在冬眠的蛇被点燃的香、纸熏烤后苏醒过来了，但因为事情实在太凑巧，人们就说这是祖宗显灵了。

西江是一个蜚声中外的千户苗寨，它位于贵州省雷山县的北面，距县城有 37 公里，海拔 833 米，坐落在起伏不平的群山

① 按古俗，姑妈的女儿要嫁给舅舅的儿子，如果不嫁，就付给舅舅一笔财礼钱。这钱不由女方出，而由女方嫁去的那家出。届时女方家代表要与男方家谈判。

之间，夏无酷暑，冬无严寒，气候宜人。在群山之间，有一块小盆地，密密匝匝地布满民房。房舍布满盆地后便依山而上，几乎填满了盆地的四壁。有一条小河由南而北穿过盆地中间，与小河平行的一条街道也由南而北穿过村寨。公路先在西边的山峰上出现，然后盘旋而下到河边，穿过一座桥再转过180°，进入“街上”。盆地的南北两头是田坝。而盆地和田坝的两边山壁，除了民居便是梯田，一层一层地直至山顶。苗寨内部又分为若干村子。盆地的部分称为平寨，盆地四壁的村子依逆时针方向分别称为白岩、东引、也通、羊排、南贵、也薅。这些村子有的内部还可以细分为各个部分，并另有名称。这是自然村。就行政村来说只有平寨、东引、羊排、南贵四个。白岩并入平寨，也通并入东引，也薅并入南贵。在民国时期称四大甲。

在同一个西江寨内，村和村之间还有许多微妙的关系。在所有的村子中，羊排为最大。羊排和其他村是父与子、兄与弟的关系。大凡西江要举行大型的宗教祭祀仪式或决定习俗方面的重大问题以及开始一年的生产活动的时候，都要听羊排的指挥。因为“鼓藏头”[①] 和 “活路头”[②] 都在羊排。西江所有的其他村子，都禁止和羊排开亲。羊排人的嫁娶只能和域外进行。据说也薅的祖宗是从一个叫“鸡叫寨”的地方来的，南贵的祖宗收留了他，结拜为兄弟，并送给他一脉山地。南贵和也通是亲兄弟不能开亲。南贵和也薅是干兄弟也不能开亲，但也薅和也通并没有结拜兄弟，可以开亲，等等。这些复杂的关系与历史故事有关。

---

① 宗教领袖，又叫“鼓社头”。

② 生产领袖。

西江一隅。上面为羊排村，中间为也东村，下面是机关单位　（张晓 摄）

据说汉朝时，引虎飞、莫虎飞、雕虎飞三兄弟迁来西江。大哥引虎飞，坐镇西江；二哥莫虎飞派去雷公坪建立“苗家皇城”；三弟雕虎飞是父辈收养的义子，他其实是姓黄的汉人。“雕”这个音在苗语里是“汉人”的意思，作为汉人也不宜让他向外发展，就留在了西江。现在的羊排、南贵、也通等是引虎飞的子孙，东引和平寨是雕虎飞的子孙。不过最初只有羊排、东引、平寨这三个村子，其他的是后来才发展起来的。虽说雕虎飞是认的义子又是汉人，但既结拜为兄弟就要当亲兄弟来看待，兄弟间是不准开亲的。所以最初西江的内部不能开亲。由于不能在西江内部通婚，姑娘们都嫁得很远，过年时嫁出去的姑娘很难赶回来，因而西江吃年饭是在晚上吃，目的是等姑娘们回来。后来西江的人口发展多了，姑娘们还是要嫁到外地去。有一位寨老觉得如此交往很不方便，就提出分支开亲[1]，但羊排的寨老不同意。于是就约定以打桩来定夺。各人把木桩插在地上，然后一锤打下去。如果木桩与地面持平，就可以在西江境内开亲。如果不能把木桩打平，那就不能开亲。其他村的寨老都一锤打平了，只有羊排的寨老故意把木桩摆在石头上，木桩无法打下去。羊排寨老看到大家都把木桩锤平了，非常生气。他觉得他的兄弟们不听话，于是就封话[2]："如果哪个村与羊排开亲，那么有人就没有米，有米就没有人。"羊排寨老这样说了以后，也通寨老就讲："我跟大哥，我们永远不开亲。"南贵寨老也这样表了态，也不开亲。所以也通和南贵不仅不与羊排开亲，彼此也不开亲。西江人说起这些传说来活灵活现，好像一切都是真的，还说这些事就发生在也通的"杀牛坪"上。"杀牛坪"的遗址至今还在。事实上，西江确实一直限制各村与羊排开亲，也限制也通和南贵、也薅和南贵开亲。古人的一句话就像神的旨意一样。他们真怕开亲以后，不死人就饿饭，不饿饭就死人。至于现在许多年轻人勇敢地冲破这个禁忌，开了亲也过得好得很，那又是另外一个问题了。

西江苗族共有十多个姓，其中羊排行政村有蒋家、唐家、侯家、杨家；东引行政村有宋家、董家、顾家、龙家、李家；平寨行政村有侯家、宋家、梁家；南贵行政村有李家、杨家、毛家。西江苗族原来并没有汉名汉姓，只有父子连名。据说在清朝雍正至乾隆年间，普查苗族人口时，强将苗名改为姓，所以才有了后来的姓氏。比如羊排的蒋家、杨家、唐家，最初就是叫蒋、

① 把同一个宗族分成几个支系，在观念上把这些支系当成不同的宗族来看，那么支系间就可以开亲了。

② 方言，指诅咒。

杨、唐的三个兄弟。侯家是后来从杨家分出来的。为什么“活路头”“鼓藏头”都在羊排？传说当初对蒋、杨、唐三个兄弟进行责任分工时，大哥蒋安排农活儿，二哥杨接待客人，最小的孩子唐守父母、起芦笙、主持祭祀活动。后来这些责权就世代相袭传承下来。

雷山县所辖地域春秋时为牂牁、且兰两国间地；战国时属大夜郎国；秦属象郡且兰县；西汉为且兰、毋敛两县间地；东汉属毋敛县；三国时属蜀汉牂牁郡；两晋时为牂牁郡新宁、毋敛两县间地；隋属牂牁郡宾化县。唐贞观三年（629），以东谢首领谢元琛地置应州，雷山属罗恭县；五代迄宋，属夔州路绍庆府羁縻州；元代属新添葛蛮安抚司；明代无建置，称“管外苗族地区”，直至清初，均为苗族内部自理，称“自然地方”（苗语称讲方）。①

西江原来称为“仙祥”“鸡江”“鸡讲”，均为苗语译音。清雍正七年（1729），雷山置丹江厅，丹江厅辖丹江卫（左卫）和凯里卫（右卫）。丹江卫设置了土司，其中一司是鸡讲司（西江）。民国时期改设县治，西江属丹江县管辖。1941 年到 1948 年将丹江县治裁撤，以丹江河为界，东并台拱，易名台江；西并入八寨，易名丹寨。西江划为台江县治。此后丹江恢复县治，改称雷山，西江属于雷山县治。1950 年 9 月 26 日雷山解放。1951 年 5 月，中共雷山县工委更名为中共雷山县委。同年 7 月，雷山县委决定将全县 9 个乡镇划为 3 个区，西江属于二区。1953 年 3 月，在民主建政中将全县 9 个乡 2 个镇划为 41 个乡 2 个镇，西江称二区西江镇。同年 5 月，成立西江镇苗族自治区人民政府。

① 贵州省雷山县志编纂委员会编，《雷山县志》，贵州人民出版社，1992 年，第 44 页。

1955 年 8 月，雷山县改为雷山苗族自治县，将二区改为西江区。1956 年 7 月，成立黔东南苗族侗族自治州后，雷山苗族自治县改为雷山县，西江仍称西江区西江镇。1958 年，成立人民公社，西江称西江区团结人民公社。1963 年，增设人民公社，西江称西江区西江人民公社。1984 年，取消人民公社，西江称西江区西江镇。1993 年，撤区并乡（镇），西江称西江镇。

西江寨历来是西江区、镇（人民公社）的政治、经济、文化中心。设有各级党政机关、企事业单位。原来的西江行政区域大约占全县的 1/4，含西江镇、黄里乡、大沟乡、方祥乡等。现在的西江镇比过去的区小，但比过去的镇大。管辖的行政村有平寨、东引、羊排、南贵、干荣、长乌、开觉、堡子、控拜、麻料、乌高、营上、连城、白碧、龙塘、猫鼻岭、北建、黄里、中寨、羊吾、大龙、乌尧。而作为自然村寨的西江所含的行政村只有 4 个。西江镇（行政区域）总户数是 4946 户，总人口为 22943 人；西江寨（自然村寨）总户数 1130 户，总人口 4559 人，其中女性人口 2078 人。①

原来的西江比较闭塞，只有一条鹅卵石铺就的街道。从西江到雷山县城有 37 公里，其中隔着好几座大山。1978 年，政府修通了雷山至西江的公路；1986 年 10 月，国家拨款资助输电工程，使 18.1 公里长的电网从雷山响水岩牵到了西江；1993 年，西江安装了自来水。现在，西江每天至少有两趟班车途经雷山直达州府凯里；西江家家户户不仅用电照明，而且看上了电视。现在西江已成为黔东南州的重要旅游景点之一。目前，凯里至西江的直达公路正在修建。一旦修通，从省城、州府前往西江，就不必绕

① 1994 年人口年报表统计数据。

道雷山，西江的发展将更快更好。

西江苗族的历史非常悠久，可以追溯到五千年前的蚩尤部落。据说[①]当年蚩尤有三个儿子。西江苗族就是蚩尤第三个儿子的后裔。蚩尤的这个儿子的后代（飞哈）曾一度与刘邦并肩作战，和睦相处。后因刘邦背信弃义，两雄又剑拔弩张，相斗起来。后来飞哈战死马下，其子虎飞虽英勇迎击也不能取胜，便召膝下四个儿子——引虎飞、莫虎飞、雕虎飞、和虎飞商议，决定留下幺儿子和虎飞在父亲身边助战，其他儿子率部西迁。他们跋山涉水，历尽艰辛，最后定居西江。他们迁到西江时大约是汉文帝时代。西江苗族在西江居住了两千多年。

传说西江苗族的祖先迁至西江时，这里是一片林海。当时一只带路的狗在西江的水塘里滚得一身的浮萍，祖先认为这个地方可以种水稻，便定居下来。以后他们就在这里开山劈土，建设家园。西江苗族在迁徙之前就形成了自成体系的苗族文化，到西江以后又长期处于“管外”的状况，使得苗族文化得到很好的保存和发展。到清雍正七年（1729），西江设治以后，虽然清朝统治者和国民党统治阶级对西江人民进行镇压、剥削，并千方百计推行民族同化政策，但由于交通不便，统治阶级鞭长莫及，加之西江苗族历史厚重、人口众多、向心力强，对民族传统文化有很强的保护能力，因而西江苗族的原生文化基本上得到保存。

在西江设治之前，苗族是按照苗族社会组织形式来管理社会的。在设治之后，这一形式也仍然发挥作用。直到现在，在西江苗族宗教领域内和风俗习惯上，也还残存着远古的社会组织形式。苗族远古的社会组织形式大体是氏族——部族——部族支

① 这些情况都是西江羊排村侯昌德介绍的。

系——农村公社组织。西江苗族属于古代苗族传下来的一个支系。后来的支系类似于先前的氏族。黔东南苗族的氏族以“鼓”为单位，一个“鼓”就是一个氏族。氏族迁徙时，以“鼓”为联络工具，“鼓”是氏族祖先灵魂栖息的处所。黔东南苗族的鼓社分为“黑鼓社”和“白鼓社”。“黑鼓社”祭祖要杀牛，每一次祭祀历时 4 年，设有鼓石窟，供存放鼓之用。“白鼓社”祭祖可以杀猪，不必杀牛，每次只在一年当中祭祀，不设鼓石窟。西江苗族属于白鼓社，每 12 年逢虎年祭祖，只杀猪不杀牛。西江苗族为什么在虎年祭祖？因为他们的祖先是虎年迁至西江的。作为部族支系，西江苗族一方面像一个大氏族，具有血缘性；另一方面又像一个农村公社组织，具有地域性。因为西江苗族人口发展得很快，寨子太大了。

作为氏族组织，西江苗族至今还保留宗教领袖“鼓藏头”和生产领袖“活路头”的位置。鼓藏头掌管全西江苗寨的大型祭祖活动与节日活动。如西江苗族过年的时间不是定在某月某日，而是定为某月卯日。但一个月里的卯日不止一个，少则两个，多则三个。那么，到了那个月，究竟是选哪一个卯日过节，就要由鼓藏头与各村寨老商量，根据当年生产安排、粮食收成的情况，以及当时是上弦月或下弦月等综合因素做出决定。过年了，要举行跳芦笙活动，也要由鼓藏头到芦笙场上先祭了祖，由他本家的姑娘先跳，其他人才能进芦笙场。12 年一度的大型祭祀活动“鼓社祭”[①] 更是要由鼓藏头召集寨老们来商量，做出种种安排。西江苗族的鼓藏头是世袭的，由西江羊排的唐家来担任，其他村其他姓的人不能代替。“活路头”管理生产，由羊排蒋家来担任，

① 也称“鼓藏节”。

也是世袭的。苗族古歌中说，在宇宙诞生的初期，地上什么也没有，后来枫香树种从天上掉下来，经苗族巨人犁耙耕种之后，万种植物才生长出来。枫香树后来还化生为蝴蝶，蝴蝶生了 12 个蛋，这些蛋经过大鸟的孵化，才孵出人、雷公、老虎、蛇、龙等，枫香树是人类之母。传说西江羊排蒋家曾经拥有过最早的枫香树种，这意味着他们掌管了万千物种，对生产和生活最有指导性和权威性。古代苗族以农历十月为岁首，十月卯日过苗年。过完苗年抬粪下地，新一年的生产就这样开始了。程序是这样的：活路头先召集各村寨老开会，通过他们向全寨宣布，哪一天是“活路”[①]起始日，各家各户都准备鸡、鱼、肉和糯米饭等表示庆贺。那一天，活路头将自家的一些粪抬倒在自家的田中，并在粪土中撒入少许猪油和食盐，再插上一把茅草，表示田土像油盐一样肥沃，禾苗像青草一样茂盛，这就算“开活路”了。此后各家在当夜或次日清晨，也到各家田中去撒粪。次年的农历五月插秧季节，活路头还要举行一次“开秧门”的仪式。这些习俗一直延续至今，只是近两年来搞两段育秧，生产的各个环节提前了，才慢慢地不时兴了。

作为地域性的农村公社组织，当地叫作“自然地方”[②]，由若干寨子组成。西江本来只是一个寨，由于地域较大而分为若干个村，这些村又组合成一个“自然地方”。西江是氏族组织和农村公社组织两种性质并存的苗寨。“自然地方”内部的寨和寨之间没有通婚禁忌（氏族内部村寨之间禁止通婚）。“自然地方”的领袖叫“方老”，每个寨子的领袖叫“寨老”。“自然地方”还设有

① 方言，指劳动生产。

② 贵州省雷山县志编纂委员会编，《雷山县志》，贵州人民出版社，1992 年，第 44 页。

管刑罚纪律的组织。维持治安靠“地方榔头”，各寨有小榔头。为调解和处理寨上和地方上的民事纠纷，还专门有裁决人，叫“理老”。“方老”“寨老”“榔头”等共同主持群众议事会，制定“榔规榔约”，规范大家的行为。现在各村寨制定的“乡规民约”，就是当年榔规的演变形式。“氏族”和“农村公社”就是西江苗族传统的社会组织，他们使用苗族习惯法来管理苗族社会。

古代的苗族重盟誓、讲信义，正常的社会秩序就是靠这些品质来维持的。立榔规榔约时要杀牛杀鸡，把生鸡血滴入大酒缸中。每人喝一口生鸡血酒，每家分一小块牛肉吃，表明每人都参与了榔规榔约的盟誓，必须共同遵守。若有人犯了榔规榔约，小事由榔头处理，大事由议事会处理。如遇民间纠纷，则由理老评理裁决，若理老、寨老、方老都难以裁决的，就只好采取苗族习惯法中的神判——“断鸡头”或“烧汤捞斧”的方式解决。断鸡头用于解决小纠纷。其做法是由矛盾的双方买来一只大红公鸡交给理老，他将鸡放在地上，矛盾双方各站在鸡的一方，理老站在鸡旁。理老手执利刀，嘴念“断鸡头词”，念完便一刀斩断鸡头，那无头之鸡倒向谁，谁就输理。

烧汤捞斧是用来解决大纠纷的。“汤”由牛油、小米、蜂蜡混合而成。“烧汤”是用一口特制的深铁锅，盛上“汤”，放在灶上面烧沸。然后将一把特制的斧子放入其中，随后捞出。届时，烧方（原告）和捞方（被告）各站在锅的两边，待“理老”或“鬼师”[①]念完“烧汤理词”，理老一声令下，捞斧就开始了。捞斧者一只手挽好衣袖，在手臂上涂上一层油脂；另一只手袖筒里装好两三斤米。捞斧时，一边把袖筒中的米倒入锅中，一边趁

① 即巫师。

米落锅时冲开的一条缝隙，敏捷地顺着缝隙把斧捞出。捞斧的第二天，理老召集双方到场，集体检验捞斧者的手臂，如果手臂无烧伤起泡的痕迹，就算捞方赢了，烧方输了。反之，烧方赢，捞方输。

自清朝设行政建置以后，统治政府颁布法规法令取代了榔规榔约，但民间在处理自己的事情时，仍需要榔规榔约，尤其是在起义造反、抵抗外侮的时候，就要通过议榔来起事。

东引村头现还有两棵树。据我表姐说，在国民党时期，她父亲曾替别人断鸡头判案子，就是在这两棵树下进行的。中华人民共和国成立后，断鸡头、烧汤捞斧等靠偶然的结果来断案的做法自行消失了。现在，村镇都有了调解员和调解委员会。

西江每年的主要节日有两个。一个是“苗年节”，一个是“吃新节”。苗年节是在每年的农历十月卯日过，西江的苗年节要过三次，即头年、大年、尾年。在农历十月选定某个卯日作为头年节以后，过了 25 天就过大年；再过 25 天就过尾年。过苗年节主要是打糯米粑和杀猪吃，另外鸡和鱼是不能少的，酒更不必说。到了尾年就要举行跳芦笙活动。

吃新节在农历六月卯日举行，它正好是两个农忙季节中的一个空档。因选用卯日，苗语就称吃新节为“吃卯”。吃卯的时间，正好是“开秧门”后的第 50 天。可见苗族的节日与农活儿的安排有很密切的关系。吃新节主要是吃粽子，活动的内容主要是年轻人对唱情歌和斗牛、斗鸟等。卯日主要是吃，午日赶集。赶集那天，男女老少穿着新衣从四面八方赶到西江，“赶热闹场”。赶过集后，下午三四点钟，对斗牛感兴趣的人就赶到河沙坝上看斗牛；喜欢斗鸟的自然就集中到街头斗鸟。年轻人则再整整装，去

苗年节里举行跳芦笙活动　（吴仕忠 摄）

寻找自己的对歌对象。四五点钟，就开始在大街上对唱情歌。对歌总是一群一群的，每一群都有男有女。他们往往是四五个小伙子相邀站成一排，四五个手拉手的姑娘站在离小伙子们约一米远的对面，旁边还站着很多围观者。对歌时，整条街上热闹非凡，歌声此起彼伏，唱歌的、听歌的、看热闹的群情激荡。

对歌要进行一个通宵，即从当天傍晚到第二天清晨。当晚是对歌的高潮，而分散的对歌还要持续几天。节日对歌，不仅是娱乐，也是寻找对象的好时机。有的年轻人就是在这种场合找到自己意中人的。

每当吃新节来临，寨子里各家各户都要做好迎接大量客人的准备。六月天气正好，老年人趁机走亲访友，对这些老人要好生接待。相反，前来唱情歌找对象的年轻人，心思并不在吃住

男女青年对唱情歌　　（吴仕忠 摄）

上，只要有个地方落脚就行。在这个时节，假如伙伴中只有你一个人有亲戚在那里，你也可以将伙伴们都带去，亲戚同样会热情接待。不管是认识的或不认识的，当地人都会欢迎，并尽地主之谊。如果主人家主粮不够吃，可以用杂粮招待；如果床铺不够睡，可以铺稻草在楼板上打地铺。吃新节是个令人兴奋的节日，那几天似乎整个寨子的人都不想睡觉。年轻人进进出出，老年人也饶有兴致地去观赏、品评。

西江苗族也过春节，但过得很简单，他们把春节称为“汉人节”。

除了每年要过的节日外，西江还有一个最盛大的节日——鼓藏节。这是一个祭祀祖先的节日，不是每年都过，而是每 12 年过一回。详情请看本书的附录一。

西江苗族相信鬼神，更崇拜祖先。他们认为万物有灵，灵魂不死。祖宗虽死，但灵魂还在，子孙仍然有孝敬他们的义务。因此他们都把祭祖当成一件绝不可以疏忽的事情。他们祭祖，在各种情况下进行。一是平常随时祭，即在日常生活中，若有好酒好菜，呼唤祖先前来共食；二是节日喜庆时祭，这既是呼唤祖先来共度佳节，也是祈求祖先神灵保佑；三是灾难出现时祭，请祖宗来帮助排忧解难。

祭者呼唤祖宗享用佳肴　　　　（吴仕忠 摄）

祭祖其实是一种精神活动，物质的花费是为了精神的满足。既然并没有一个祖宗真正地存在，祭祖也就只是象征性的。具体的做法是：往地上倒几滴酒，撒几粒饭，掐点儿鱼肉等就行了。与此同时，祭者要念念有词，向祖宗表达自己的企望。他们认为，祖宗是保护神，总是会自觉自愿地保佑子孙。如果子孙不孝，有怠慢之处，祖宗也会给予惩治，比如让其生重病等。谁若遇上灾难，就要去请鬼师来查，如探明是祖宗的原因，就要杀牲赔罪。

除了祖宗之外，西江苗族认为还有另外一些保护神，例如山神。同时，也有不少与人作对的恶鬼。因而，西江苗族也还要祭神和驱鬼。祭神和驱鬼都请鬼师进行。届时，根据需要准备好牺牲品，请鬼师来施行巫术，用牺牲品换取人的安宁。现在，由于社会发展，科学昌明，医药给人们的帮助是显而易见的。新一代的西江苗族已经普遍地相信医生，有病就打针吃药。但老年人仍相信鬼神的存在。遇到灾难或运气不佳时，还是要去看鬼师。在很长的时间内，对医术的信任和对巫术的信仰将同时存在。

由于相信鬼神存在，西江至今保留着一些宗教习俗活动。例如“招龙”就是一个大型的集体性的宗教活动。在祭黑鼓社（吃黑鼓藏）的地方，招龙本是鼓社祭中的一个内容。但在西江，招龙已分化出来成为一个独立的宗教活动，且由各村自己组织，周期长短不等。在苗家的观念中，龙是一个保护神，它既能兴云布雨，又能降福消灾，还能衍生化育，因此人们要祭拜它。

西江还有一种集体性的宗教活动——扫寨。

扫寨是在冬春之交，即天气干燥、容易发生火灾的季节进行。每到这个时候，各村的寨老召集各户家长商议，由各家凑钱买一头肥猪和一只白公鸡。然后，全村男女老少都离开村寨集中到河边去。先请鬼师念驱邪的巫词，再派两名青年人进寨挨家挨户地进行象征性的“清扫”。清扫完毕，把鸡杀了请鬼师和做事的人吃，把猪杀了分给每家一份。然后各家各户在河滩上野炊。饭后，要把锅瓢碗筷统统洗干净，并漱口洗手，方能回家。意即“干干净净”地回家，开始新的洁净的生活。“扫寨”一般是每年一次，也有三五年一次的，这由各村自行商议。如有特殊情况，即野鸡、野兽等进寨，则是一种不吉利的预兆，要当即进行扫寨。“扫寨”不失为一种消防措施。

第二章　父权的理想与女性的辉煌

西江苗族知识分子侯昌德先生在《西江苗寨简史》的手稿中，将西江苗族的历史追溯到大约五千年前，与黄帝部落大战的九黎部落的首领蚩尤那里，并引用了有关材料：

> 苗族同胞之源，来自黄海、渤海边竹林间，族名曰苗儿族，“系”敢雷（男）和务少（女）结晶。苗族开华夏于河北，定都涿卢，国号曰九黎。查其伊始，苗族领袖蚩尤，统九兄弟，各统九个，皆系统领。以居长者为号，故名九黎国也。……斯民善于水，知鱼性，先以鱼为生，移河北，见土肥，气温和，试五谷，成之继也。传于族，展子孙，耕作起，华夏然。……蚩尤与黄帝之争，蚩败于黄，黄兴。蚩子傍蚩、福蚩、和蚩三者，心不悦。召九兄弟叔伯公议，立傍蚩为圣，继父业，复田土，报父仇。再败而下，立于江淮之间。拓江淮地，安民心于几千年也。

蚩尤是苗族的祖先，这在苗史的权威著作《苗族简史》和《苗族史》上已有定论。但侯老先生的手稿居然按照父子连名制，从蚩尤一直排列下来，一直排到清朝的雍正乾隆年间，清王朝编户籍，给西江苗族加汉族姓氏的时候为止。这不得不让人感到惊诧。因为历史那么久远，怎么能够把这种父子相承的关系都记录下来呢？让我先将其父子连名世系抄录如下。不过，我只能选择其中的一支来介绍。下面所引用的，仅是迁到西江的三位苗族祖先中大哥引虎飞的世系。

（五帝时期）蚩尤——傍蚩——立傍——树立——（夏）水树——尼水——矿尼——金矿——土金——玉土——田玉——生田——秋生——春秋——种春——耕种——尤耕——马尤——（商）鸡马——丑鸡——甲丑——秀甲——花秀——先花——乾先——坤乾——丙坤——乙丙——哉乙——养哉——谷养——山谷——坡山——羊坡——青羊——草青——台草——鲜台——（周）太鲜——仲太——相仲——和相——立和——主立——善主——奇善——穷奇——货穷——盛货——文盛——盖文——亥盖——神亥——思神——考思——河考——沃河——唐沃——力唐——合力——谷合——胡谷——（秦）叭胡——喇叭——金喇——元金——哈元——飞哈——（汉初）虎飞——引虎（莫虎、雕虎迁至西江）——唱引——和唱——舍和——善舍——虾善——蟆虾——胡蟆——古胡——服古——洛服——（三国）屡洛——防屡——（晋成帝时）方防——引方——王引——农王——利农——舍利——拾舍——楼拾——松楼——柏松——青柏——日青——化日——喇化——嘛喇——（晋康帝时）西嘛——吉西——些吉——翁些——牢翁——八牢——三八——索三——取索——会取——部会——社部——里社——细里——刹细——七刹——六七——远六——东远——羊东——羔羊——树羔——陈树——侯陈——冬侯——罗冬——树罗——东树——兵东——卒兵——文卒——（宋）唱文——糟唱——

社糟——干社——足干——（齐）准足——（梁）则准——先则——（陈）王先——求王——（北魏）侯求——唐侯——善唐——隆善——启隆——（东魏）竹启——奇竹——稀奇——（北齐）恰稀——巧恰——（西魏）蒙巧——古蒙——（北周）完古——（隋）宰完——（唐）齐宰——姜齐——夜姜——照夜——明照——鲜明——花鲜——华花——友华——宋友——奴宋——才奴——举才——目举——望目——天望——鸟天——春鸟——初春——范初——号范——上号——空上——第空——王第——大王——开大——门开——啥门——呀啥——压呀——（五代）八压——万八——流万——（南北宋）完流——氏完——飞氏——蛾飞——园蛾——桃园——梅桃——黎梅——喇黎——果喇——是果——舍是——会舍——五会——盖五——屋盖——强屋——示强——鱼示——由鱼——姜由——志姜——再志——兴再——满兴——专满——（元）嘛专——啦嘛——袭啦——默袭——吉默——（明清）贺吉——功贺——庆功——祖庆——荣祖——华荣——贵华——再贵——请再——玩请——塘玩——拾塘——玖拾——愿玖——耳愿——晏耳——腾晏——历腾——神历——圣神——冠圣——天冠——际天——星际——光星——散光——沙散——促沙——向促——根向——南根——北南——西北——东西——灾东——讲灾——顽讲——荷顽——花荷——插花——池插——里池——精里——明精——往明——向往——申向——丙申——岁丙——在岁——山在——中山——唐中——侯唐——杨

侯——蒋杨——李蒋——宋李——董宋——梁董——毛梁——促毛——陈促。

我计算了一下，从蚩尤到陈促，即从原始部落到清朝雍正乾隆年间，共经历了280代。若每代按20年计算，应是5600年，这和通常所说的历史跨度差不多。如侯老先生所说，西江苗族的姓氏，都是用苗名来代替的。现今西江苗族的汉族姓氏确实为唐、侯、杨、蒋、李、董、宋、梁、毛等，与上面世系记载的名字相同。而且除了以上说法，西江苗族的姓氏来源没有其他的解释。况且在黔东南的其他地区也有这种说法，即说苗族原本没有姓，只有父子连名，苗族的姓都是清朝政府普查人口登记户籍时，根据偶然原因而确定的。因此，侯老先生书上所引的西江苗族父子连名世系，不管可信度如何，哪怕是历史文人编造的，也有其现实根据。

那么它说明了什么呢？我认为西江苗族父子连名世系表向我们昭示了这样一个问题：西江苗族社会是一个父系社会，它强调父系的权威，妇女在其中没有地位。五六千年的历史是多么漫长，在这个漫长的过程中，不知发生了多少事，死了多少人，然而历史却可以简化成一根血缘链。在这根血缘链中，可以一代一代地传下来，历史可以一环一环地追溯上去。只要你处在这根链条中，成为其中的一个环，你就永远活在人们的心中。然而，这根血缘链只属于男人；每一个男人都有自己的一根链，女人却没有，尽管每一根链都是女人铸造的，每一个男人都是女人孕育的。女人没有历史，历史不承认她们，她们自生自灭，无人知晓，无人纪念。人们祭祀祖宗，而祖宗只是男人（女性始祖和近亲女祖宗除外）。我有个儿子，取了个苗名叫“往”（“王”的意思）。但他的父亲不是苗族，我让我的儿子与我连名，叫“往娜”。我母亲不同意，认为这么做不吉利，好像我儿子天生就没有父亲。

苗族的父子连名命名制作为一种表意符号，最直接地说明了西江苗族社会的基本特点：看重父权，看重父系血缘。这是西江苗族社会的第一个特征。

父子连名命名制最大的特点在于它直接表明父子血缘关系，让人一听名字就知道谁是谁家的孩子。这对于一个族群集团来说，有一定的局限，即它不能简洁地表明一个人与他的族群集团的血缘关系，不能直接体现社会公认的血缘。例如，要说明一个现代西江苗人与他的远祖蚩尤或引虎飞的关系，就需要罗列几百个名字。在这一点上，它不及汉族姓氏。但是，这对于西江苗族社会来说，却是符合实际需要的。因为西江苗族一直是聚族而居，它的血缘公认不成问题。对于西江来说，姓氏是次要的，地理位置才是重要的。村名已经代替了姓氏。可以说，“西江”这个地名（寨名）就是西江苗族的姓，而“羊排”“东引”“平寨”“南贵”“也通”“也薅”“白岩”等村名（必须是自然村）便是西江苗族的亚姓。当说到一个人时，人家说他是某村的，而不是说他姓什么。只要知道一个人的村属，就知道他是属于哪个血缘集团的。黔东南的苗寨基本上都是这样。

西江苗族虽然从清朝起就使用了汉族姓氏，但仅局限于读书人在学校里或参加工作的人在单位里使用。在西江村子里，人们都习惯使用苗名。就像我，虽然现在对他们来说我是个外地人，但他们也都叫我“娜蒂”，而不叫我“张晓”。我在田野调查中也常常感到困扰的是，当他们向我谈论事情，说到谁的时候，全都用的苗名，使我难以记录。因为用汉字记苗音，很难找到准确的字。我的被访谈人，大多数都有汉名，但如果我对他们的熟人说起他们，他们的熟人往往不知道他们是谁，因为他们极少使用汉名。在西江苗族社区的日常生活中不需要使用汉名。

以上这些说明了西江苗族是一个山地民族、农耕民族。他们封闭，固守土地。这使得西江苗族原有的生存形态没有遭到破坏，社会具有血缘性，即苗族社会就等于西江苗族的血缘集团，西江苗族的血缘集团就等于西江苗族社会。这是西江苗族社会的第二个特征。

通常我们都说，家庭是社会的细胞。而对于一个社会就是一个血缘集团的西江来说，家庭是社会的唯一基层单位。一个西江苗族社会就是由村寨与家庭这两个层次构成的。村寨所管理的就是数个家庭；而家庭所归顺的就是村寨。在以血缘集团为基础的西江苗族社会里，不管鼓藏头、活路头也好，还是方老、寨老也好，都只是执行任务的业务管理者，而真正的领袖，即精神上的领袖，却是祖先。人们的所作所为，都要遵从祖先定下来的规矩。家庭归顺村寨，实际上是归顺祖先，归顺血缘。村寨和家庭的关系，不是行政关系，而是血缘关系。作为社会基层单位的家庭，是一个血缘单位。西江社会肌体没有其他的基因，只有家庭。因而西江社会的社会性在家庭里就得到了集中的体现。家庭就是一个小型的父系血缘社会。

中国西部的苗族，由于历史的原因，经常迁徙，以至于有“桃树开花，苗族搬家”的说法。他们大都散居，经常移动，热心追寻远祖的世系，乐于相认血缘关系比较远的同胞，为的是不忘“根”和不失去与血缘集团的联系。他们过节祭祖时，往往要从很遥远的世系祖宗祭起，用很多时间来呼唤祖灵。而西江及黔东南地区的苗族不同，他们不担心失去与血缘集团的联系。他们就和自己的血缘集团住在一起，不怕失去“根”，也不怕失去与大家的联系。要祭祀远祖，是血缘集团集体的事情，有固定的仪式和固定的时间，也用不着个人操心。他们更重视的是家庭。他们对民族的忠诚是通过对家庭的忠诚来体现的。黔东南苗族祭祖，若是各家各户进行，只祭近亲的祖宗也就够了。以家庭为社会核心，这是西江苗族社会的第三个特征。

西江父子连名命名制其实有两种连法。一种是父子相连，另一种是祖父子三代相连。例如西江苗族的祖先之一“引虎飞”，其“引”是本人名，“虎”是父名，“飞”是祖父名。一般称呼，可以只称本名，也可称父子连名，还可以称祖父子连名。称呼越完整，就越容易明确身份。凡是需要连名的祖孙三代，名字是不能重复的，但到了第四代就可以重复第一代的名字使用。例如我的曾祖父叫“简”，我叔叔的一个儿子也叫“简”。这就说明，苗族的父子连名意在标明谁是谁的儿子，谁是谁的孙子。而祖孙三代，正好是一个家庭通常的代数范围。这其实是在标明哪个是哪一家的，意在突出家庭。这是西江苗族社会第三个特征的集中表现。

西江苗族社会是以家庭为核心，而反过来，其社会又要求个人把社会当家庭，社会其实又是一个扩大了的家庭。这是西江苗族社会的第四个特征。在古代社会传统的农业家庭里，个人需要与家人分工合作才能比较好地生存，家庭利益就是个人利益，个人要忠诚于家庭。家庭是社会关系的浓缩，社会是家庭的扩大，因而社会要求个人以对待家庭的态度来对待社会，而社会也自愿以对待家人的态度来对待个人。西江苗族社会正是这样，它强调社会和家庭、社会和个人利益上的一致性，而抑制它们之间的矛盾性。它制定出一套伦理观念和社会习俗来维护这种人和人的关系、人和社会的关系。西江苗族社会追求和谐、安宁、稳定。

西江苗族社会自身的特征产生了它的矛盾性，而又因这种矛盾性互相抵消、互补，产生了西江苗族社会的平衡。这是西江苗族社会的第五个特征。

我们在谈西江苗族社会结构的第一个特征的时候，就已经说过，西江苗族社会是一个父权社会。既然它是一个父权社会，那么它就要推崇权威；既然要有权威存在，那么就要有不是权威的人存在。在一个男权社会里，自然就没有女权，自然就没有平等，也就会产生公开的或潜在的对抗。然而，西江苗族社会又强调统一与和谐，因而它的父权，只是想让妇女听话，为它服务，而它并不想过分压迫妇女、激怒妇女，所以它又是温和的、策略性的父权。社会要求利益一致，要求趋同，男人不能不适当控制自己的权欲、野心。

侯老先生的手稿中有一段材料非常能反映西江苗族社会关于父权王国的理想模式。他在手稿中介绍说，西江苗族的祖先莫虎飞在雷公坪[①]建立过“苗家皇城”。皇城建立于汉文帝时代，直

① 雷公坪是位于西江东南面的一个高山盆地，海拔1850米。该地盆底开阔平坦，花草茂盛，有溪水流过，而四周则森林茂密，郁郁葱葱，虫鸣鸟语，是一块桃源胜地。

到清朝同治末年方才消失，前后大约是1800年。皇城坐东向西，皇宫设在雷公坪最高山峰的半山腰上。站在宫门外，可以鸟瞰皇城全景。下面是从《西江苗寨简史》中抄下来的材料：

全城分八条横街，一条直街，由东向西到达点将台，共有八个十字路口；每条街的两头各栽红树一棵，叫九对红树；每棵红树上，各安放一棚龙灯，叫作九棚龙灯。九棚龙灯不分白天夜晚都大放光芒，光辉灿烂。遇风吹来，灯光闪闪，像眨着的眼睛，像天上的星星……

城中有男女歌舞队、单人笙歌队、集体芦笙队、大鼓队。歌舞队白天出游一次，夜晚出游一次。全城男女老少欣赏他们的舞姿、歌声，欢欢乐乐、痛痛快快地过着日子。

城的西面是点将台，台下是练兵场；练兵场靠南方树有一块雄伟的孔明碑。每到年节或每月初一，全城居民都穿上礼服，集中到练兵场上，聆听长老讲述孔明碑的内容。

城内有一条小溪，就是清水江的源头。从西向东流去，溪水清幽，两岸有四季葱郁的参天古树；城里的鱼塘里有荷花，四周插着杨柳，景色宜人。

王宫是用天然的树干建造的，有四天井，井边及门槛上的石级，是用纯粹的墨青大石长条砌起来的，结实稳固……

侯老先生说，这苗家皇城并不仅是个“城”，而是一个“国”。城是莫虎飞创建的，创建时只有25户人家。到三国时，定国号为“站”，“细”为兴元，故有了“站细一世”的称号。此后共经历了9世元，115个帝王，约1509年。侯老先生的手稿还列有“站细国”纪元的详细表格（见下表）。

往方薅发展概况表[①]

国名	元号	帝王数	经历年月	发展概况
站国	细元	21 个	250 多年	700 户
站国	今元	15 个	220 多年	826 户
站国	保元	18 个	199 多年	973 户
站国	戈元	8 个	100 多年	1109 户
站国	海元	14 个	150 年	1203 户
站国	坚元	6 个	100 年	1409 户
站国	杨元	12 个	160 多年	1501 户
站国	斩元	17 个	200 多年	1719 户
站国	应元	4 个	130 多年	1800 户
站国		共 115 个	约 1509 年	1800 户

据侯老先生说："所有这些资料，都是来源于一本叫作《阴林记》的书。这本书写于清朝，作者叫冉承祖，住在湖南长沙东门外，是清朝乾隆年间冉启珍的孙子，翰林。此书是我跟梁聚五[②]先生到黎平盖保搜集的。我们在那里遇到一个逃难的西江人，他的名字叫毛老飞，是苗族，那个人有这本书。他把书交给了梁聚五先生。现梁聚五先生早已作古。《阴林记》是本草纸书，我们查过省图书馆，没有查到。"侯老先生又说："当时我们不重视，自己轻视自己的民族，早知道把所有的内容全抄下来就好了，当时我只抄了自己民族来历的部分。"

不管这本《阴林记》所叙述的一切是否可靠，但有一点是肯定的：作者对西江苗族相当了解。他所描写的"苗家皇城"充分

① "往"在苗语里表示"帝王"的意思。"方薅"是雷公坪的苗语名字。
② 梁聚五（1892—1977），西江白岩村人，苗族学者，贵州历史名人。

反映了西江社会的父权理想。它所体现的社会是一个由男性统治的，但却是一个和平安宁的社会。西江苗族社会是一个温和的父权社会。

至此，我们对西江苗族社会的性质特点和结构框架，有了一个大概的了解。虽然在历史发展的过程中，大的社会变动对西江也有很大的影响，但西江苗族始终没有丢弃自己的传统，没有放弃自己原有的社会形态。他们实行“双轨制”，一方面听从当权者的指挥，另一方面自己管理自己。

西江苗族妇女生活的背景，除了父权统治这个前提之外，还有来自两个方面的影响。而这两个方面的影响对妇女都比较有利。

第一方面是母系制的残余。西江苗族的社会发展和文化积淀让人感到西江古代苗族曾经历了一个母系制度。著名人类学家摩尔根通过对亲族称谓体系和婚姻、家庭形态进化史的研究，提出在父系社会之前有一个漫长的母系社会。这从西江苗族的亲属称谓体系中也可以看出。

西江苗族的亲属称谓分为两个体系。一个体系是爸爸（妈妈）、叔伯（叔母伯母）、姨父（姨母）的体系，他们统称为“爸爸（妈妈）”；另一个体系是舅舅（舅妈）、姑父（姑妈）、公公（婆婆）、岳父（岳母）以及爷爷（奶奶）、外公（外婆），他们统称为“勾（务）”（音译，不好作意译）。在后一个体系中，为什么不同辈分的人使用同一种称谓，有待研究。除去不同辈分的因素之外，该体系中的舅父（舅母）和姑父（姑母）与前一体系的父亲（母亲）和姨父（姨母）则成相对关系，有可能反映了两个集团之间的群婚制。即只要在我这个氏族的同辈之间，男的都是兄弟，女的都是姐妹，男女间是兄妹或姐弟。对本集团中已婚的长辈，男的都视为父亲，女的都视为母亲，而在对应的氏族里，对方集团未婚的同辈都是我的表兄弟表姐妹，都可以成为我集团的兄弟姐妹的婚配对象；对方集团已婚的长辈，男的都可视为岳父或公公，女的都可以视为岳母或婆婆。经过母系制，进入父系社会以后，西江苗族的氏族外婚一夫一妻制早就取代了原始的婚姻家庭形态，使其亲属称谓系统早就失去了那些原始的内容。但由于它的形式留下来了，也就还承载着某些母系制的残余信息。例如，西江苗族社会至今还奉行“姨表不婚”，视姨父母为亲父母，它就不是父系制的产物，而是母系制的产物。因为姨表兄弟姐妹间，在父系社会里，并不一定同属于一个氏族，按照父系制“氏族外婚”的标准，是可以通婚的。只有在母系社会，姐妹间的子女才全都属于一个氏族，不得通婚。

此外，西江苗族社会的一些其他文化现象也反映西江苗族曾经存在母系制。西江苗族对父母、夫妻等的称呼是女性前置，称为“母父”和“妻夫”。西江苗族的民间传说和古代叙事诗都说过去是男嫁女，后因女子干不了重活儿，养不了爹妈，才改为女嫁男；还有在大型交往活动或仪式中，以舅舅（母亲氏族里的男人）为大；姑妈的女儿应优先嫁给舅舅的儿子（氏族间的交换），否则就要交给舅舅一笔“还娘头”的财礼钱，等等。既然母系制的文化习俗还能延续至今，那么女性的余威也不能没有一点儿残迹。这是母系制留给女性的几乎快要耗尽的一点点儿老本。

第二方面是男性的单纯。母系制是建立在血缘认同便利的生物基础上的，当男性获得了他们的经济优势地位，便对女性进行血缘夺权。当生活资料的生产大权和人的生产大权都牢牢掌握在男人手中以后，他们就比较放心了。男人只关心他的政权，即关心构成政权的两大支柱：资源不受侵占和血缘纯洁。在这两个领地之外，女人就可以拥有自由。至于妇女，她们不与男人相争，不是统治者，也没有精神负担，无压力。对于她们来说，只要循规蹈矩，就可以自在地生活。她们就这样生活在比较宽松的环境里。正因为有相对的自由度，西江苗族妇女群体一直发展得比较好。

那么，千百年过去了，西江苗族妇女在怎样扮演自己的角色和塑造自己的形象呢？我们翻开西江苗族社会历史画卷，不难发现西江男人以叱咤风云的个体英雄形象出现得多，例如侯教之[①]、梁聚五等；而西江妇女则以集体的智慧编织着西江的花环。从一定意义上讲，西江妇女为西江的存在付出得更多，她们比西江男人更值得骄傲。我们都知道，西江苗寨蜚声海内外。然而这个好名声主要是西江妇女所创下的。在苗族社会领域里，男人一统天下，可是在文化的舞台上，妇女却唱主角。

西江苗族的许多文化艺术是顶呱呱的。先就男性创造的文化艺术来讲，最突出的是建筑和银饰。苗族建筑最具特色的是黔东南苗族的“吊脚楼”民居。这种吊脚楼又在西江得到集中的体现。吊脚楼的特色在于，它依山而建，把斜坡劈为上下两层地基，上层地基的地面与下层地基的二楼处在同一水平，房屋立柱必然是外面的几根长，里面的几根短，形成“吊脚”模样。这木楼“吊脚”，再加上楼上堂屋外边有“S”形靠背栏杆的回廊凉

① 侯教之（1897—1948），西江平寨人，文化名人，创办西江小学，“黔东事变”中任“西江事变”总指挥长。

台，整个结构显得灵巧别致。既利用了山坡的地形，又极富情趣。这么众多、漂亮的吊脚楼，是西江男人建造的。黔东南州博物馆陈列的那幢苗家吊脚楼模型是一个艺术精品，它就是西江一位姓宋的木匠的作品。

西江苗族的吊脚楼　　　　（吴仕忠 摄）

西江历来出名，遭的劫难也多。近一点儿的，在 1942 年，国民党保安团一把火烧了西江四五百户人家，差不多把全寨都烧光了。1970 年 12 月，又因失火烧了 300 多户。每一次火灾过后，都要重建一次家园，要砍倒一大批树。虽然由于木料越来越缺乏，木材越来越细小，修出来的房子无法与过去相比了，但也造就了一大批木匠。因劫难过后，百废待兴，只靠几个匠人是不够的。于是所有的苗家壮年男人都行动起来，学做木工活儿。木工活儿成了西江男人的基本技艺，西江吊脚楼就是西江男人创造的。

除修建房屋之外，西江男人还有一样绝活儿，就是铸造银饰。了解苗族的人都知道，苗族妇女喜好银饰装扮，其中以黔东南苗族妇女为甚。她们往往一身佩戴十几斤甚至几十斤的银饰。银饰是女人戴的，但却由男人铸造。西江人口集中，银饰需求量大，因而银饰铸造业相当发达。西江银饰制作队伍多在西江的外围，即离西江三五公里的乌高、白高、乌杀、控拜、麻料等村。这片地区素有“银匠村”之称。有人调查统计，此“银匠村”有420户，共1500人，能制作银饰的有500人，平均每户1人以上。[①]他们的技艺世代相传，以老带小，连一些十三四岁的小男孩也掌握了银饰制作技术。

如果说，西江男子有他们值得骄傲的文化的话，那么西江女子就更不用说了。在精神文明方面，西江妇女总是遥遥领先。西江妇女享有许多好名声。比如说，西江妇女嘴甜、西江姑娘漂亮、西江妇女手巧，等等。说西江妇女嘴甜，是与她们特殊的语音有关的。在西江附近一带，作为操同一方言的苗族，不管是服装完全相同，或是略有差异，其语言的词汇和语法都是一样的。但在音调上，一个村子和另一个村子哪怕只隔两道田坎，也会有一点儿差异。

就拿西江来说，在西江大寨内部的各个小村子，个别词汇语音也有一丝丝的差异，只是外人察觉不出来，连本地人也未必都

① 张寒梅，《雷山苗族银饰》，《民间文学论坛》，1990年第3期。

注意到。西江大寨外围隔一两公里就有苗族村子，但却各自拥有自己的特殊语音，而西江话十分特别。西江话是一种女人似的语言，它声波频率高，声音尖亮。我母亲是西江苗族，我父亲是雷山县城附近的苗族（属于丹江镇）。他们说的苗语都一样，但语音不同，丹江苗语的语音要低沉得多。所以我就常常觉得，我母亲说的是阴性的语言，我父亲说的是阳性的语言，而我也阴差阳错，违反子女从父的惯例，跟我母亲操“阴性的苗语”（这是我自己的说法，不可当定论）。从解剖学上看，妇女的声带比男人短而薄，振动快，频率高，说话的声调本来就比男人高。因而西江妇女说西江苗话也就都成了典型的“女高音”了。不过，说西江妇女嘴甜，本质上并不指她们的声调高。悦耳的方言口语也只是增添了她们语言的魅力。她们的嘴甜，主要体现在她们待人接物时亲切友好的态度上。西江妇女勤于与人打招呼，若是熟人，老远便用一种热情而喜悦的口吻互相大声呼唤；若是生人，待走到跟前，关切而得体地问候对方。她们呼唤人的语音，注入一种喜爱和关心他人的无限柔情。她们答应人的声调，则充满着热切和认真的情感。比如说，她们在呼唤“×——”时，那扬起的高昂而温柔的尾音，给人的感觉像是在说“亲爱的”或“尊敬的”。西江人对人的称谓没有“亲爱的×”或“尊敬的×”这类字眼，但表示的感情程度似乎已经糅进了语音和声调，让人感受出来，真是一种“音调词汇”。

我在前面已经讲过，西江苗族的名字是用父子连名取的，即第一个字是自己的名，第二个字是父亲的名，第三个字是祖父的名。在称呼人的时候，可以单称他的名，也可以连他的父亲或父亲、祖父一起称呼。如我的苗名音译叫“娜”（稻谷的意思），我父亲的苗名音译叫“蒂”（稳固的意思），我祖父的苗名音译叫“里”（稻田的意思），那么称呼我的时候，既可以叫“娜”，也可以叫“娜蒂”，还可以叫“娜蒂里”。但西江苗族在称呼人时，尽量只用单音节，即只称本人名。例如他们对我就只称“娜”。只有在有两个以上相同名字的人在一起的时候，为了区别，才父子连名地称呼。在他们看来，直呼别人的全名（父子连名），就好像直呼别人长辈似的，显得不够亲切和礼貌。另外，西江苗族对亲属的称谓以血亲和姻亲划界，分为两个系统。他们把堂兄弟姐妹和姨表兄弟姐妹当成兄弟姐妹，算作血亲关系；而表兄弟姐妹当成可以开亲的对象，算作姻亲关系（实际上，有的血亲血缘很远，有的姻亲血缘却很近。这种划分造成一些人血缘很远而不能婚配，一些人血缘很近却又能结婚）。因而把伯伯、叔叔、姨父都看成是父亲的兄弟（把伯母、叔母和姨母都看成是母亲的姐妹），冠以同样的称呼；把舅舅和姑父看成是父亲的表兄弟（把舅母和姑母看成是母亲的表姐妹），也冠以同样的称呼。这就带来这样一个问题，当数个伯伯、叔叔和姨父（伯母、叔母和姨母）在一起，或数个舅舅和姑父（舅母和姑母）在一起的时候，只用同一个称呼就会出现混乱，不知道指称的是哪一位。在这种情况下，除了伯伯（伯母）必须称为“爸老（妈老）”外，其他的要将称谓连上名字一起称呼，以示区别。但西江妇女要求他们的子女只有在万不得已的时候才这样做，因为觉得小辈呼出长辈的名字是不礼貌的。甚至对于同辈人也一样，称“哥哥（姐姐）”就是“哥哥（姐姐）”，“嫂子”就是“嫂子”，尽量不要连带其本人名字。至于对祖辈就更严格了，不管在什么情况下，都只能称祖父（祖母）或外祖父（外祖母），不能连带本名。西江妇女对亲族间的称谓的礼貌很讲究。更讲究的是，她们要求子女将血亲系统中父亲的兄弟（伯伯、叔叔和姨父）和母亲的姐妹（伯母、叔母和姨母）都当成“父亲”和“母亲”一样来看待与称呼。我小时候就常常因礼貌规矩遵守不够，不小心冠上名字称呼别人（对于一个不常住西江的人来说，这种太亲切的称呼法有时会感到别扭）而受到母亲的训斥。这种礼貌规范，不管其原始的意义如何，就其现实来讲，是一种亲善待人的友好行为。这种习惯推而广之，西江的孩子上学读书，也都不给老师冠姓氏，而统统称为“老师”。他们已经形成了一种观念，直称老师为“×老师”，显得不够亲切和尊敬。

以上是西江妇女称呼人的学问。此外，还有应答人。应答有两种：一种是你在呼唤她，她在答应你，即“唉”。这一声“唉”，急切而短促，充满着热烈的感情，似乎是她一听到你的呼唤，就急切地朝你奔来，告诉你她随时服从你的需要，她在急你所急。另一种是你在交代她一些事情，你交代的这些事情是需要她去做的。这时她会回答“候！”即“好！”的意思。这一声“候！”，情绪饱满而恳切，音下之言是“我一定把事情做好，请你放心”，没有半点儿怠慢的态度，似乎赴汤蹈火也在所不辞。西江妇女在日常的这种称呼应答上，体现了对人的关心和亲善。让人感受到一种亲切、信任与体贴。她们使用语言的艺术性、技巧性和所体现出来的文明礼貌，真是达到炉火纯青、尽善尽美的程度。

西江妇女在日常的称呼应答上都如此细腻、亲切地传达人的感情，那在其他礼仪中无疑也很周到了。她们遇到熟人或陌生人都会主动打招呼；邻里来串门，她们会赶快起身让座；看到有远方来客，她们会急忙出门远迎；客人走了，要送了一程又一程。

受人一点儿恩惠，一定要面谢，不仅谢当事人，还谢当事人的父母，夸赞他们教子有方，并想方设法予以报答；做了一点儿对不起别人的事，一定要道歉；去走亲访友，必定带点儿适合的礼物；送客回家也不让别人两手空空；对小孩儿言必称“猴”（意译，对小孩儿的一种昵称）；对老人家一口一个问候……西江妇女很懂得“好话值千金”“礼轻情义重”的道理。她们与人为善，愿意用她们的热情给人一份温馨。这就是人们说西江妇女嘴甜的含义。其实，这些都已经超出了“嘴甜”的范围。

西江姑娘漂亮，这是到过西江的外地人所公认的。一些城里的小伙子到西江去摄像、写生或采访，迷上西江姑娘，想娶回城来为妻，这种佳话蛮多。西江姑娘确实长得白皙、清秀、匀称。通常人们爱说：“一方水养一方人”，只要这地方人长得好，人家就说是这里的水好。而西江确有一条由南而来穿过寨子向北流去的白水河，它发源于雷公坪。那里空气清新，植物丰富，水无杂质。而山林里药材多，从原始森林里面流出来，水自然带有很多药性，喝了它可以养颜治病。西江人就常常戏称他们家乡的这条河水是天麻水①、营养水。事

苗族姑娘　　（张学捷 摄）

① 雷公山区域产天麻。

实上，雷公山确实发现了天然特优质矿泉水，目前已建起了矿泉水公司。

我的姨母已 70 多岁，她叫我抽空到西江的森林里去住一段时间。她说到那里去住，有病会消病，无病会养身，说我表姐夫长年到深山老林里去砍柴烧炭，割草放牛，从来不生病，身体壮得像牛。她很真诚地相信那里是一个天然的疗养院。

但西江姑娘的漂亮除了天生丽质，更主要的是靠打扮。西江姑娘确实会打扮，而且不露痕迹，雅而不俗。苗家姑娘的打扮，具体地说是发式、服式。西江妇女服式有两种：一种是传统古装，现在把它当成盛装，在节日喜庆时穿；另一种是便装，即上身“父母装”为主，下身裤装为主，在日常家居生产时穿。

苗族姑娘银饰盛装　（吴仕忠 摄）

西江苗族的盛装雍容华贵，自然是非常美丽。而便装比较轻便利落，适合更多的场合。人的美并不仅仅是到了庆典时才去展现，因此西江妇女在便装上下功夫。便装分两种，一种是用家织布或灯芯绒等色深质厚的布料做的，做好以后在上面镶上自己绣的栏杆花；另一种是市场上买来的各种花色布料做的，可以不镶花边。前者还比较注重刺绣的品质，而后者完全只体现款式了。改良后的服装布料薄，颜色浅，收腰细，突出女性的线条。这是上装。与此同时，她们的裤装和鞋则迅速地与潮流吻合，狭小的直筒裤和高跟鞋很早就穿在姑娘们的身上。而梳在头顶的古老发髻不仅增加了人的高度，而且在视觉上把西江姑娘们圆圆的脸型拉长了，变得更为好看。

苗族妇女身着便装背影　（杨光才 摄）

西江妇女的服饰在发生着微妙的变化，而例外的是，虽然当年国民党抓住苗族妇女就去剪头发，但西江妇女的发式却没有变，年轻的姑娘仍然保留了古老的发式，[①] 而只是在头上系上花

① 指相当长的一段历史时期，目前情况已有所变化，后面有文章论述。

带或插上花朵而已。最后她们再略施薄粉胭脂。本来就清纯乖巧的西江姑娘这么一装扮，就更加漂亮了。

苗族姑娘的发髻头饰　　（张学捷 摄）

既要保持住自己的民族特点，又合时宜地加以改进，西江姑娘对本民族服装的继承和发展，对新的审美观念的吸收，本身就是一种灵巧的表现。但人们对西江妇女手巧的赞誉似乎并不是指这一点，而是专指她们精湛的女红工艺。这功绩主要是她们的祖辈创下的。我们前面说了，现在的盛装就是过去的古装，这样的装束是相当繁复的。衣服上镶有大块大块的绣片，绣片上一针一线地绣着各种各样的图案花纹。大约在 20 世纪 40 年代，西江妇女还创制了一种带子裙，即用一条条刺绣好的长条绣片组成的裙。[①] 西江妇女手巧，绣出来的花边整齐划一，好像是用刀刻出来的；缝制出来的衣物针针匀称，你不知道它从哪儿开头，在哪里结尾；绣出的动植物栩栩如生，搭配的色彩或雅致或富丽，样

① 作者的母亲是第一个制作并穿着这种裙子的人。

样都恰到好处。经西江妇女的手出来的活儿，是无可挑剔的。连那些缝制难度大的地方，也缝制得贴贴当当。同一种款式的衣服，西江妇女做出来特别合体大方；同一种刺绣，西江妇女做出来特别精致细腻。

苗族老年妇女的围裙　　（杨光才 摄）

其实，西江苗族妇女的辉煌并不仅是以上这些，作为一个十分独特的妇女群体，她们在很多方面都具有典型意义。首先，她们代表了西江。如前所述，当人们提起这个典型的苗族聚落——千户苗寨——西江时，首先想到的是西江妇女，而不是西江男人。西江苗族妇女雍容华贵和高雅素洁的气质，代表了西江的形象。第二，她们代表了苗族。苗族具有很多优秀品质，比如吃苦耐劳，聪明伶俐，热爱自由，不畏邪恶强暴，效忠民族群体，兼容谦让……苗族的这些优秀品质，在西江苗族妇女身上得到集中的体现。西江苗族妇女很普通，她们不过是一群以文盲和半文盲为主体的农民。但她们并不平凡，这些绝大部分没进过学堂的妇女，淳而不土，雅而不俗，具有一种健康、向上的活力。第三，她们是典型的妇女代表。在这个世界上，有成千上万的妇女，假如我们推选西江苗族妇女作为妇女的代表，她们也毫不逊色。西江苗族妇女典型的形象是具有大家风范的。她们的盛装，上衣系无领大襟衣，两襟在胸前交叉，微露部分胸肩和颈；衣服的两袖和肩、领（领已与后片相连）镶有大块的装饰绣片，绣片上绣有龙凤或花朵，鲜艳夺目；下装穿黑色长百褶裙，外套长条花裙，花裙亦绣上绚丽多彩的图案、花纹。全身佩戴各种银饰：银角、银雀、银花、银梳、银耳柱、银项圈、压领、银衣片、衣服银泡、银衣链、银手镯、围腰牌、头簪、围腰链、银铃、银坠、护头巾银片、银发绳，等等。这些银饰，精美绝伦。特别是银角，其形状是仿水牛角铸的，戴上它，显得特别英武。盛装的上衣苗语翻译过来叫“雄衣”。据说在过去男人嫁女人的时候，[①] 这是男人出嫁的衣服和装饰，所以做得很威武雄壮。后来虽然改为女人嫁男人，但这种阳性十足的服装仍然保留下来转赠了妇女。只是在给姑娘嫁妆的时候，银角必须留下来给男孩，说银角是保家的宝贝。这种粗犷有余的妇女服装，显示了一个大民族的辉煌和气势。只有那种气势磅礴的、历史悠久的民族才能设计铸造出这样的风格。这种服饰所体现的人物角色和形象，是值得骄傲和自豪的。在一定的场合中，盛装的西江苗族妇女（广义）成了苗族妇女的代表。我们经常可以在电视上、画报里、展览中以及钱币上看到她们的身影。西江苗族妇女的典型形象，是丰满富贵的形象。她可以代表妇女，代表积极向上、团结有力的妇女群体。

---

① 喜农，《雄衣 · 银角》，《中国苗族民俗》，贵州人民出版社，1990 年，第 48 页。

苗族姑娘的银角（银翅）头饰　　　　（吴仕忠 摄）

如果说盛装的形象代表了民族，那么便装则代表了她们自己。着便装的苗家妇女，苗条精干，婀娜多姿，以很大的灵活性去适应着各种生态环境。这个时候她们也可以代表女人，代表着本质意义上的女人。无论是外表内心、思想言行或神态举止，西江苗族妇女都可爱可取，展示了人性的光辉和女性的美丽。她们是值得写，值得去认识的，尤其是20世纪的西江苗族妇女，在古老父权社会的樊笼里，创造着女性文明的辉煌。我要用我的这支笔，去书写西江苗族妇女这个优秀而独特的群体，让人们知道女性是怎样用她们的心血和汗水去滋润世界，丰富人情，充实人生的。

第三章　人生命运类型

在对西江苗族妇女进行专题研究之前，我们先对其做大致的分类，以便读者在总体上对西江苗族妇女类型的状况有所了解。这里主要是从谋生方式和生存状态的角度去划分的。

古代的西江苗族妇女都是一个类型，即通过与家人的通力合作，以从事农业生产来获取生活资料的。只是到了近代，由于阶级的分化、外来文化、男人走出村寨等因素的影响，妇女的生存状态才出现了一些差异，但谋生方式还是一样的。到了20世纪30年代末至40年代初，出现了脱离农业生产而用其他方式谋生的妇女。如从台江[①]师资训练所毕业的宋国贞和陆德英到西江小学教书；从榕江“国立”师范毕业的侯正芬在贵阳投考了国民党青年军的“青年妇女先遣连”，离开西江。这才拉开了西江苗族妇女改变原有生存状况、采用新的谋生方式的序幕。中华人民共和国成立以后，一部分农民积极分子和有文化的人被吸收到政府部门工作，西江苗族妇女由此分化出一类新的群体——职业妇女。至此西江苗族妇女就可以划分为三种类型。一是传统的由古到今的农业家庭的农民妇女；二是脱离农业生产，以新的方式谋生，从而也组建了不再从事农业生产的家庭的职业妇女；三是介于二者之间，夫妻中的一方继承传统的谋生方式，而另一方已改

---

① 地名，与雷山县毗邻，离西江很近。

变祖辈的原有生活轨迹的家庭的妇女。在对这些妇女进行划分时，有一个非常准确的标准，那就是我们国家的户籍划分——农业与非农业的划分。[1]有了这个划分标准，这三类妇女就可以区别得非常清楚。西江苗族妇女类别就可以描述为：一是作为农业人口并在农业家庭里生活的妇女；二是作为非农业人口并在非农业家庭里生活的妇女；三是以农业家庭为主体，人们通常称为“亦工亦农”，即夫妻中一方是农业人口，另一方是非农业人口的家庭中的妇女。但因为丈夫是农业人口、妻子是非农业人口的家庭结构极少，西江苗寨曾经只有一个家庭属于这种情况，所以这种类型实际上是：丈夫是非农业人口、妻子是农业人口的农业家庭妇女。

根据谋生方式，我们已将西江苗族分为三种家庭结构，从而将妇女划分为三种类型。我们还可以从政治成分再将三种类型的妇女划分为两个等级，这样西江苗族妇女就可以分类为六种人。

中国阶级成分的划分，现在早已经不复存在，但它曾在一定的历史时期里对西江妇女主体产生过影响，所以我在这里才采用了它。同样，虽然现在的户籍制度已失去了相当的约束力，农业和非农业的划分，已经部分地失去了实际意义，但它确实在一定的历史阶段（20世纪50年代初至80年代初）发挥过巨大作用（我仅从这本书的需要角度讲），而且即使原有的户籍制度已经改变或取消，但农业和非农业的家庭结构仍然存在；再说按农业和非农业的家庭结构划分妇女群体，能概括较长的历史跨度。古代社会西江苗族家庭可以囊括为农业家庭；未来的发展趋势也只是

① 农业户口与非农业户口是计划经济体制下管理户籍的一种户籍制度。

增加更多的非农业家庭，因而这种划分标准有很大的适应性，所以我也采用了它。

下面让我们来看看不同类别以及不同等级的妇女生活状况的同异。

一、农业家庭的农民妇女

西江传统上是个苗寨，只是到了清朝以后，政府才在这里设治，使它成为这一带的政治、经济、文化中心，具有“镇”的性质。但西江至今仍然是“寨”“镇”并存，并以“寨”的生活为主。也就是说，西江仍然是个农村，是个苗寨，而不是一个城镇。西江的人口绝大多数还是农民。现在西江苗寨的总户数为 1130 户，其中农业户为 866 户；总人口为 4559 人，其中农业人口为 4200 人；妇女总人口为 2078 人，其中农业人口为 2008 人。[①] 可见，西江社会主要是一个农业社会，西江妇女的主体是农民妇女。作为主要研究对象的农民妇女，她们各自生活在两种家庭，即农业家庭和亦工亦农的家庭。生活在农业家庭的农民妇女，主要类型特征是：依赖农业生产，以它作为其生活来源，家庭成员都是农民。她们的生活特点是：辛劳、清苦、单调。这里我将花较多的篇幅来介绍她们的基本情况，让读者知道西江苗族农民妇女是怎么生活的。

西江农民一年大致的农活儿

种稻谷：按中国的农历安排，每年开春，即农历三月，农民就忙着整理秧田：犁、耙秧田；放干水，抬牛圈粪去撒，抬大

① 1994 年人口年报表统计数据。

粪去浇；再把粪踩进泥田，整平；泡谷种，待发芽拿去撒进秧田里，水不能放得太深，待种子破土发芽，再往田里加水……

种苞谷：挖松土，刨坑，施肥，撒种，盖土。

育红苕秧：先在地面上撒一层肥料，挖土，埋红苕种，再盖牛圈肥，再浇大粪，待发芽后浇水。

育辣椒秧：挖土，放牛圈肥，浇大粪，把泥土敲碎，撒种，盖细泥。

育西红柿秧、茄子秧等同上。

四月种棉花：先挖土，用肥料拌和棉花籽撒进土里，再用钉耙去扒一道泥土，使肥料和种子混入土中。并收小麦、油菜等。

五月初开始插秧，进入大忙季节：先给所有的水田撒粪、犁耙。然后把秧田里已育成五六寸长的密密麻麻的秧苗拔出来，移植到平整好的稻田里，按一定的间距，分行栽种。

插秧完毕，抓紧薅苞谷，把土挖松，以便套种红苕。

种红苕：把先前育在地里已长出的红苕藤割下来，按三匹叶子为一段的间距剪下来，每段再剪掉相近的两匹叶子，留下一叶，然后拿去栽种。有叶子的一头留在地面上，无叶子的一头埋在地里。

五月在种红苕的同时，还得抓紧扯辣椒秧、西红柿秧、茄子秧等移植栽种。做完这些就进入六月了。

六月抓紧薅秧，水稻抽穗前至少薅两次。随着，也要抓紧给茄子、辣椒、西红柿等追肥和薅修；苞谷和红苕也要管理。

七月给棉花打尖，在秋收之前去采棉；稻谷抽穗，要去割田坎，免得鸟来吃稻谷。

八月大量砍柴，准备足够的柴火，以便腾出足够的时间进行秋收；收苞谷。

九月投入紧张的秋收（收稻谷）。

秋收完毕挖红苕，再挖土施肥，撒白菜种、青菜种，种大蒜、葱等，待长大后再分出来种。如果种小麦和油菜，就要将稻田放干水，进行秋种……

以上是田土里的一般农活儿。此外还有许多家里日常按季节做的事。例如春耕时节，一边忙着田里的事，一边忙着将割下来的青菜洗净晒干，切成细丝装入坛子，以备一年食用。

到了夏天，辣椒红透，也忙着洗净切碎，装入坛子，作为一年做菜的佐料。妇女们还得抓紧好天气洗布、浆布、做染料、染布等。

而更让农家天天月月都忙的活儿，是砍柴、割草、摘猪菜。砍柴是解决家里的燃料，一年里天天都需要柴烧；家里喂了一头牛（如果不喂，就无牛犁田），一般每天要割两挑草，至少也要一挑草，而且十天半月就要为牛除粪，换圈草；猪是农家主要的甚至是唯一的经济来源，农家没有一家不喂猪的，而喂一两头猪，每天就要摘一挑猪菜喂猪。

男人的活儿是砍柴、割草、犁田、撮田、割田坎；女人的活儿是煮饭、喂猪、种菜、做针线。其余的活儿是男女共做。事实上几乎除了犁田之外，样样活儿妇女都参与做。太忙太累的时候，男人也有帮做家务的。西江农民就是这样日复一日、年复一年地重复干以上这些活儿。

西江农民妇女的人生旅程

在没有特殊事故发生的情况下，西江农民妇女的一生通常是这么度过的：六七岁开始帮助妈妈带弟弟妹妹，并煮饭、喂猪、摘猪菜。十二三岁开始学绣花，仍然带弟弟妹妹，做家务，帮助妈妈种菜等；十五六岁开始涉足情场，跟着姐姐们去游方[1]。此时既要帮妈妈分担家务劳动，又要与大人一起上山干农活儿。此外，还有一个重要任务是赶制嫁妆。十七八岁的姑娘一般已出嫁，未出嫁的姑娘一边承担家庭一份成人的农活儿，一边继续绣制自己的嫁衣。做新娘期间的妇女，在娘家和夫家两头生活。农忙时到夫家帮忙干活儿，农闲时回娘家居住。这期间，在夫家要尽量表现优良，做个合格媳妇，即在家人起床之前，便梳妆完毕；在天亮前舂好米，天亮时水满缸；尊重公婆，举止得体，待人礼貌等。在娘家要视情况而定，若娘家困苦，缺乏劳动力，那么在家做女儿的最后时期，回门的新娘会尽力帮助父母，减轻父母生活压力，表达孝顺之情；若娘家条件优越，这一段时间是难得的一段轻松时光，既无须像过去那样承担太多的家务农活儿，又可以享受父母的宠爱。于是尽可能利用这段时间做小孩子的衣物，尤其是背带（背小孩儿用的布带子），以备将来生儿育女之用。新娘多在插秧和秋收两个农忙季节去夫家，每次去约待十天半月。去夫家的新娘总是想方设法躲避怀孕，以延长这段自由的时光。但她去的次数多了，住的日子久了，迟早是要怀上孩子的。一旦怀上孩子，新娘就不能再长住娘家，她将要结束新娘的身份，成为家庭妇女。因为在苗家的观念里，如果在自己的父母面前挺着一个大肚子，那是很难为情的，会被耻笑。做了母亲以后，苗家妇女进入了一生中最艰难也是最漫长的时期。她们大多数与丈夫从公婆家分离出来（最小的儿子跟父母居住），独

① 苗族男女青年以谈情说爱为中心内容的娱乐活动。

自经营小家庭。此后孩子将一个接着一个地生（在国家还没有实行计划生育政策，推行计划生育措施之前，当地苗族没有任何避孕措施和手段），农活儿没完没了地做。西江苗族妇女几十年如一日地为生儿育女和找吃找穿焦头烂额地生活着。直到她们的儿女长大成人，开始助她们一臂之力时，才抬起头来喘一口气。回头一看，大半辈子的光阴也就过去了。于是她们又把目光转向儿女，开始考虑他们的婚配。待子女们都成家了，家庭的劳动力足够了，她们对劳动的热情也积习难改了。到了六七十岁，甚至七八十岁，也还丢不掉干农活儿的习惯。直到她们觉得确实体力不支难以上坡了，才安心在家歇息。歇息在家，她们仍做家务、带孙子等，一直辛劳到离开人世。传统的农民妇女，工作场所在家里和坡上的田地里。对她们来说，偶尔外出赶集，或走亲访友，便是一种娱乐和享受了。西江农民妇女的一生，是劳作的一生。

西江农民妇女普通的一天

农村的农民工作时间是以光亮为标准的。白昼长他们就干得长，白昼短他们就干得短。遇上“加班”，那就是摸黑出门摸黑回家，也就是通常说的“披星戴月”。妇女比起男人，工作时间要更长一些，因为她们还要承担家务。而家务的安排就在出工前和出工后，往两头延伸。妇女一般要在天亮前舂米、洗漱，天刚亮抬水做饭。赶在早上十点左右一家人能吃上饭。然后再喂猪、喂牛、喂鸡鸭……一切安排妥当，就上坡干活儿。农家一般只吃两餐饭。早餐在早上十点左右，晚餐是天黑回家后八点左右。若在农忙，天亮开饭，中午三点左右挑稻谷回家或回来抬稻秧时，简单地吃点儿早上的剩饭（特意多煮一些作为午饭的），晚饭仍是天黑以后才吃。在坡上干了一天活儿，天快黑时，男人就要割草，女人就要在坡上土里田里摘一些可以喂猪的家菜、野菜，然后赶在天黑时抬回家。回家后，赶快生火煮饭，奶孩子，喂鸡鸭，赶它们进圈，切猪菜……一阵忙乱之后，饭菜上桌，一家人狼吞虎咽。最后还由她收拾碗筷、刷洗完毕，之后喂猪、喂牛。一位西江农家妇女，通常一天的劳作时间是从早上五六点钟开始，到晚上八九点钟为止。劳作的顺序是：家务——农活儿——家务。如在农闲，干活儿比较轻松，她们会在夜晚纺纱、纳鞋底及做其他针线活儿。在农忙，劳动强度太大，她们多是做完家务后倒在床上就睡着了。

西江一般农民的生活水准

西江农民吃什么？各家经济状况不同，略有差异。但一般来说，是吃大米饭和素汤菜。只要粮食还够吃，农民家庭通常正餐要吃大米饭。大米不够吃的时候，才用杂粮补充。杂粮主要有苞谷和红苕等。但苞谷产量不多，红苕不能完全顶饭吃，只能掺和着吃，即切成小块和在饭里，或煮一大锅在开饭之前先吃。菜的内容则因季节不同而有所不同，有白菜、青菜、瓜类、豆类等。总的原则是素菜，但餐餐清汤寡水，也会觉得没有味道。因而煮菜通常是放在甑脚里煮，掺和一些米汤或米；或者是煮酸汤菜，即先把菜在清水中煮熟，再从坛子里抓酸菜或舀酸汤放进去，做成酸味。由于菜吃得清淡，必然少不了开胃的“辣椒水”（把盐和辣椒放进小碗，掺上菜汤，用来蘸菜），辣椒水是唯一用来调味的东西。日常里，如能在汤菜里放点儿猪油或用菜油炒点儿瓜豆，就算是好生活。肉类只有在年节或有客人来时才吃。一般情况下，一个家庭在过苗年节时杀一头猪，此外其余的节日就杀一只鸡，或到集市上买一两斤肉。有客人来，买肉招待，若十分尊贵的客人，就杀一只鸡，杀鸡是最高规格的招待。

西江农民妇女的穿着

像所有的民族一样，西江农民的穿着，最讲究的是少女。少女们从十五六岁开始，便专心致志地绣花做衣服。过去的布料，多系她们的母亲所织，少女们的任务是把布做成衣服，再往衣服上绣花，或者就专管绣花，制衣由母亲负责。花先绣在绣片上，然后再镶配到衣服的相关部位。她们只要一有空，就拿起绣片绣花。自己若挣得一点儿钱，也用来买绣花线和做绣片的绸缎。出嫁时，她是必须把自己的这些“作品”带去夫家向亲友们展示的。姑娘做的衣物多少，花绣的质量好坏，都体现姑娘的才能和价值。妇女们的衣服，一般分几种：有干活儿时穿的，农闲时在家穿的和逢年过节或走亲访友时穿的。这几种衣服，款式都一样（从民国以后，分为便装、盛装两种款式，但盛装是在特殊情况下穿），但分新旧和精粗。一件衣服，新做时择日穿，旧了当休闲服，烂了缝上补丁当劳动服。以前妇女只穿裙不穿裤（20世纪二三十年代）。裙分几种，节日穿的又长又大，劳动穿的则又短又小。以前多穿家织布，现在只有中老年妇女还穿这种布，小孩儿、男人和少女多在市场上买布。每人大概一年要添置两套衣服，一套夏装一套冬装。夏装要浅色的薄布料；冬装用深色的厚布料。夏冬的差别，只是夏天穿单衣，冬天多套几件衣服而已。除老人外，不做棉衣。现在有了毛线衣，则买毛线衣御寒。成天日晒雨淋，挑重担子，农民很费衣服，所以有的人家穿得补丁摞补丁。农民尤其费鞋。过去打草鞋穿，一双草鞋穿不了一个星期。后来有人穿胶草鞋（用胶轮胎制的）。现在解放胶鞋和塑料凉鞋已成为人们常穿的劳动鞋。

西江农民的主要经济收入

西江虽然有集市，且是区镇政治、经济、文化的中心。但西江寨太大，农民多，机关干部少，购买力差。加之又没有什么可以换钱的土特产、经济作物，因而农民挣钱只有靠喂猪。一般家庭，一年一般要喂两头猪。一头杀着吃（其实并不仅仅是吃，还要送亲友，解决礼俗上的需要等），一头拿去卖（过去是上调给国家，国家付钱）。农民除了吃盐巴外，一般生活可以自给。吃盐巴靠卖鸡或蛋得来的钱去解决。卖猪的钱，要解决家中一些较大的事情，如买衣、请客送礼、交孩子的学费等。很长一段时间，农民家庭收入一年二三百元（人民公社时期）。改革开放以后，农民外出做副业、打工等，收入比过去增加了。

从以上介绍中可以看出这类妇女的生活水平、劳动强度和活动圈子。不过这类妇女还可分为两种情况：一种是家庭出身"好"的，另一种是家庭出身"不好"的。中华人民共和国成立以后，进行土地改革。对原来的农民，根据其富裕或贫穷的程度划分为不同的成分，因此，有的人被划分为"好人"，有的人被划分成"坏人"。当然其"好"和"坏"的程度各有不同。此后出生的子女，看你拥有什么样的父母。如果你的父母出身贫贱，你就拥有一个"好"的家庭出身，一个"好"的成分，反之则相反。这样一来，同样的农村妇女，却形成了两个等级，其命运就有了差异。

本人成分"好"或家庭出身"好"的妇女一般幼年较苦。

【访谈 1】

宋欣欣[①]：我小时候很苦，那是中华人民共和国成立前。

① 化名。

家里很穷，母亲每天去讨饭。有一次，讨得饭来，母亲就喊我和哥哥去吃，担心拿回家被爸爸吃掉。我怕狗咬，哥哥带着我去。我和哥哥吃了以后，还剩下一些饭。妈妈说，晚上没有饭给你们吃了，就把这些饭藏好，当晚饭吃。我们找不到地方藏，就藏在草墙的稻草里（没有板子隔房间，用稻草来隔）。有一次爸爸妈妈都不在家，一位伯伯来问我们怕不怕？说怕就跟他到他家去住。我们说不怕。等了两三天妈妈才回来，给我们带杨梅来，只得一小团饭。妈妈煮广菜[①]给我们就饭吃。吃广菜涩嘴，我就哭了起来。哥哥说："不要哭，我拿一样东西给你吃。"他拿杨梅给我吃，就真的不涩了。我们家房子是敞的，没有板子隔，冬天很冷。我们没有炭火烤，只好烧柴根烤。父母靠给地主当长工得点儿钱来买米吃，没有田土种……

（女，57岁，雇农出身，童年贫苦，
中华人民共和国成立后历任妇女队长）

本人成分"不好"或家庭出身"不好"的农民妇女情况正好相反，她们在童年和少年时期无忧无虑，比较幸福。

【访谈2】

李某：以前我们当姑娘时，无忧无虑，也不干活儿，只做针线。老师喊我们去读书，一个村去几个。当时我的女友们小，我已经有12岁。听大人们说读书没有好处，还被人家讲闲话，所以我只读了几天就不去了。前不久我看电视，见毛主席小时候在读书，读"人之初""赵钱孙李"……那些我也会。我们读书就读那些。那时不知道什么叫穷。一群

---

① 一种蔬菜品种。

姑娘在一起做针线、打“平伙”（各人从家里端饭菜来一起吃）、写字等，高兴得很。没有多久，有一个人来提亲，我家就答应了。他家花费十几斤酒，喝了一顿。以前年轻人来游方，个个英俊潇洒，不知道为什么，现在不行了。麻江有人来找人照相，说是给漂亮的姑娘照，我们就把门闩了。我们怕把影子照进去，把灵魂弄丢了，但后来还是照了一张，藏起来悄悄看，后来又被男青年们抢走了……（回忆起过去的事情充满欢乐的样子）

（女，84 岁）

【访谈 3】

龙某：我们当姑娘时，每天在家做针线，寂寞了，就从各家抬饭抬菜来吃。又去找猪菜，捞浮萍，洗衣服等。总之，每天傍晚找个借口出门，去与自己的男朋友见面。男朋友读书放学了，这时也找个借口，牵马来河边吃草喝水。大家就借此机会约定晚上到游方场上游方。那时简直没有什么操心的，满脑子只想着怎么才好玩，遇到一点点儿事情也笑得死去活来……

（女，70 多岁）

在旧社会，西江的贫富悬殊已相当严重了。广大贫苦农民没有田土，田土都集中在少数地主富农的手里。他们有了田土，就有粮食，有了粮食就有了本钱。中华人民共和国成立前夕，西江已经有了很多生意人，他们都是地主富农家庭的人。贫苦农民没有饭吃，没有钱用，就去借。借 1 斗米还 1.5 斗，借 1 块钱还 1.5 块，结果越借越穷。在中华人民共和国成立前，婚姻的缔结讲究门当户对。富人家的女子嫁给富人，穷人家的女子嫁给穷人。这样一来，那些少女时代比较幸福的妇女，结了婚还仍然比较幸福。中华人民共和国成立以后，经历土地改革，西江地主富农及其子女一下子跌到人生的谷底，贫雇农的处境颠倒了过来。地主富农家庭的妇女们虽大多没有文化，也不是家庭主要成员，不是斗争的主要对象，但是她们的社会地位也随着家庭的主要成员一落千丈。她们与同一阶层的男人一样都是社会里的下等人。在那几十年中，她们一直夹着尾巴做人。相反，那些昔日特别穷苦的妇女或她们的子女，后来则是扬眉吐气，春风得意，得到社会优待。我访问了一些曾经心惊胆战地当过几十年地主分子的农民妇女，也访问过中华人民共和国成立后一直受到重用的出身贫苦的农民妇女。

下面是对她们的访谈。

【访谈 4】

访谈人：过去怎么对待地主？

被访谈人：重活儿就叫地主去搞；人人都可以吼他们；公社、大队开会，就叫他们去义务砍柴；“困难时期”[①] 要参加“野战队”[②]；出门走亲戚必须请假；出了差错就要斗争……

【访谈 1】

宋欣欣：解放军来，我爸爸说解放军好得很，要人读书，叫我哥妹俩去读书。哥哥说他年纪大了，我读就行了。我就去读书，区委要哥哥去搞勤杂工。后来我家分得田地和房子，我爸爸很高兴，说这个国家领导人太好，只要展劲干就得吃了。就来犁田、抬粪。可惜没多久他就去世了……

---

① 1959 年前后三年自然灾害时期。

② 从事野外最艰苦的生产活动的临时团体。

> 我读书读到初中一年级，是考上初中的五个女学生之一。当时初中生必须读高中，但我们在读初中时就想参加工作了，那时有点儿文化也可以工作。我想逃学，哥哥不准，“困难时期”读书很不正常，我一气之下就嫁出去了。后来选举我当保管员，管粮仓……后来推选出去开社教会20多天，回来以后就当妇女队长、大队妇联主任，一直当到现在。

无论是出身“好”还是“不好”的妇女，她们在中国共产党的十一届三中全会以后，即进行农村经济体制改革之后都合流了，大家机会均等，只有勤劳才能致富。

二、非农业家庭的职业妇女

中华人民共和国成立后，除了那些年轻的后来出生的一些女孩以外，一般的非农业人口的妇女，都是职业妇女。因为她们如果没有职业，就会回家务农；或者应该说，她们是因为先有了职业，才脱离农业生产而成为一个非农业人口的。西江苗族最初的职业妇女一般是两种。一种是因为出身贫寒，但比较活跃，中华人民共和国成立初期积极参与社会变革，被政府选拔出来参加工作的积极分子。例如在雷山民族商店工作了几十年、现在已退休的宋国秀。她是西江苗族首批参加工作的农民妇女。另一种是虽然出身不好，但因为读过书，有文化，也被政府吸收来参加工作的妇女。例如与宋国秀同龄、也同样在商店当营业员的侯天英。

作为农村积极分子被选拔来参加工作的妇女，根正苗红，在历次的政治运动中多是政府依靠的对象，很少遭受打击，在政治上一帆风顺。在生活中，她们也感觉良好。一方面，她们出身贫苦，从小就经受锻炼，能够吃苦耐劳，不在意工作中的辛劳；另一方面，她们从众多的妇女中被选拔出来委以重任，获得从未有过的信任和承认，作为中华人民共和国的主人，她们感到扬眉吐气，春风得意。如果说她们还有点儿什么苦恼的话，那就是文化水平低，有时候会给工作带来一些困难，别人因此也会轻视她们。但与她们的优势相比，这是微不足道的。

【访谈 5】

宋国秀：第一批解放军到西江时，我们跑去躲在谷洞，后来又躲到仓脚。解放军回去以后，过几天又来了。他们来帮我家扫地，我们就不怕了。领导来叫我去搞“姊妹团”，去唱歌、跳舞。赵部长又来叫我去查赃物。我不懂汉语，他们叫我：“小宋，来吃饭。”我说：“我不知道您说什么。”常常闹笑话。领导觉得我可怜，给我一张头巾，我很高兴。后来他们觉得我蛮积极的，又叫我到雷山去开第一次会。他们带我来到龙坳，我惊喜地说：“到雷山了！”他们说：“还没有。”一会儿，来到黄里，我又说：“到雷山了！”领导说：“不是，给两颗水果糖吃。”吃了两颗糖又继续走。后来到陶尧，再走又遇一个村子，又问，说是“治安”。到雷山后见到了大领导，他说：“你们带这个姑娘来不懂汉语怎么办？”他们说时间长了她就会了。我那时 16 岁，开会时因听不懂就打瞌睡。看见我打瞌睡了，他们就说：“小宋，来唱一支歌！”我就唱歌。他们每天叫我唱三支歌。后来就把我留下来参加工作。参加工作时，我连名字也不会写，他们就教我写。潘主席说：“小宋，你的手不要发抖，手抖得这么厉害写不成！”潘主席握着我的手写了两次，才写成“宋国秀”

这三个字，大家高兴地说：“写成了！”我留下来体检以后就参加工作。我没读过书，是丢下手中的镰刀就来的。

访谈人：你当时唱什么歌？

宋国秀：唱“嗨啦啦……”，我天天唱那首“花篮的花儿香，听我来唱一唱……”，还唱那首“中国妇女们，来了解放军，男女是一样……”。大家都欢迎我唱。

访谈人：还唱苗歌吗？

宋国秀：唱“新的生活顺河来，旧的日子见鬼去，与男人一样，我们来争上游……”（只译大意，很难确切译出）。

访谈人：你唱这歌也是讲男女平等的意思，是你自己创作的吗？

宋国秀：是我乱编的。有时他们叫我唱，我说等我晚上去想好了再唱。

访谈人：此后就直接参加工作没有经过培训吗？

宋国秀：没有培训。当时先去龙坳搞合作化。

访谈人：参加工作以后学文化了吗？

宋国秀：没有学。忙着搞大跃进，只是自学，工作组长教的。

访谈人：你们搞大跃进搞哪样？你一开始不是在门市部工作吗？

宋国秀：先搞合作化，帮大家量土地等，后来分去卫生科，又调来丹江区，再调回卫生科，后来到供销社。之后又说我一辈子不改装，要我到民族商店。以后我一直都在民族商店。

访谈人：要求你一辈子都不改装吗？

宋国秀：是。省里面的领导和沈科长、赵主任等来问我，说："你们通常需要的银饰有哪几样？"我说七样，一位苗族农妇要有围腰牌、围腰链、簪子、钗针、银梳、耳环、银别针。这是普通少女也好，做了新娘也好；在家也好，去菜园也好，都必须要用的基本银饰。他们说："问谁谁都背不熟，一问你，你就顺口溜。"我说我用过这些东西。

访谈人：你一生很顺？或是有什么困难和苦恼？

宋国秀：钉子也碰，顺利也有。有时自己搞出成绩，但不会写。人家会讲就成了好的，自己不会讲就成了差的。有时是自己做的，别人会说成是他做的。

访谈人：这是没有文化的苦恼。你觉得一生中哪段比较顺，哪段不顺？

宋国秀：刚来的那一段在领导的带领下很顺利。自己时时都在想，感谢毛主席的父母恩，我要"吃水不忘挖井人"。毛主席救我出来，解放军帮我家扫地，我要好好工作，报答他们的恩情。有时碰钉子苦恼时又想，我搞这个对不起领导，不如回家种地。

访谈人：工作主要苦恼就是文化水平低，其他没有什么？

宋国秀：对，我来搞民族商店盘点也合，没有什么差错。就想我也对得起党和人民，得多少上交多少，有多少工资就用多少。

访谈人：那么算账是你后来学习的吧？

宋国秀：我口算，不会打算盘。我一边用手扯布，一边用心算账，布扯好，账也算出来了。

访谈人：家庭方面情况怎样？

宋国秀：小时候把他们一个个从头摸到脚，现在又操心他们的前程。

访谈人：你有几个孩子？

宋国秀：五个。

访谈人：你个人的一生中没什么更多苦恼？

宋国秀：有。就是小时候父亲死后，家里没有男孩，我就顶男孩用。有人劝我母亲改嫁，准备将我们姊妹分给大家养，那时候苦得很。挖蕨粑、犁田、打米、扛谷桶等，我都干过。中华人民共和国成立后好了，领导教我唱歌，吃饭时还往我的碗里夹鸡肉。我觉得很温暖，我没有了父亲，觉得他们比父亲还好。

访谈人：工作中没遇到过太大的挫折吧？

宋国秀：有过一次。我 5 年的账没有出现过差错。后来人家看我穿灯芯绒衣服，就要查我的账。其实我星期天都是自己砍柴烧，用节省下来的钱买的衣服。查了四五天，才查出 5 年差了 33.4 元。也因此批判我。当时我想不通，觉得没有文化，就像一把锁一样起到锁的作用而已，怎么这么看我，真想自杀。我去问县委书记，他说这不算什么，叫我别担心。

访谈人：当时把这个数字看得很多吗？

宋国秀：不是。人家一个月亏七八十元、上百元也没有什么。主要是自己没有势力，没有文化。后来领导说 5 年才少那么一点儿不算什么。这才卸下了我的思想包袱。

……

可见在参加工作前，宋国秀无疑是较苦的。但在参加工作以后，她的生活确实应该算是最平顺的了。

而与宋国秀同龄、同样的工作、也同样有五个孩子的侯天英，因家庭出身“不好”，其心理感受和精神状态就不大一样。侯天英也是平平顺顺的，工作没有差错，当了一辈子的模范营业员。但她一生过得小心谨慎。

【访谈 6】

访谈人：你家成分“不好”，你的经历可能不太顺吧？

侯天英：有什么不顺的？自己成分“不好”，就老老实实，领导让做什么就做什么，只是有一两件事情，人家把它推给我。我就把事实说出来，把真相说清楚，大家也就明白了。此后我就更谨慎了。我不串门，不讲话，也不与人交往。开会时也不和女人坐在一起。让干什么就干什么，让走哪里就走哪里。人家不愿意做的事情我做。一段时间叫我去厨房煮饭我也煮。人家说我憨，有些事情男人都不愿意搞的，我也接受。我心想：“自己成分‘不好’，能够来参加工作就很不错，只有好好搞，还有什么条件可讲的。”一辈子都是这样，只有一个思想包袱是成分“不好”。

访谈人：姑爹（指她的丈夫）成分“好”吧？

侯天英：他是菜园铺这里的，他是“好”。

访谈人：他好就好了，就没有事了。

侯天英：他没有权，也保不了我，搞不好还要被我拖累，他哪里能帮我。

访谈人：日子就这样一天天地过去了。

侯天英：是的，懵懵懂懂地就过去了。领导说这人老实，不错。单位评奖也得奖状，心里也就热热的，也就很热心地去工作。并不知道什么工作好，什么工作不好，也没想到要调个单位或换个工作。当时想，自家成分“不好”，共产党还吸收我来工作，如果是国民党可能要杀头了。我还有什么理由说这样不好，那样不好的呢，只有老老实实地干。

……

当然，对于出身“不好”而因其有点儿文化被吸收参加工作的职业妇女来说，只要她们一没有什么政治历史问题，二不要闯什么祸，三丈夫也没有什么政治问题，她们与出身“好”的职业妇女实际的生活处境也不会有太大的差异。

除去上述内部的差异之外，这一类妇女是最让人羡慕的。因为与农民妇女相比，作为非农业人口，她们每月有由国家定量供应的低价口粮；作为政府机关职员，她们每个月又有固定的经济收入，既免去了繁重的体力劳动和日晒雨淋之苦，又有固定的粮食供给和经济收入，可以衣食无忧，可谓旱涝保收。在体力和心理上都是幸福的人。她们是西江苗族妇女中的幸运儿。她们的条件和地位是农民妇女所向往的。以至于农民妇女包括男人在教育他们的子女要认真读书学习时，都以她们为榜样，希望子女能像她们一样跳出“农门”。不过，在西江苗族妇女中，这类妇女占的比例很小，不是西江苗族妇女的主流。现在分布在西江各部门的职业妇女有：

县直属单位派出的各机构：2 人；镇政府机关：7 人；中学：1 人；小学：8 人；医院：5 人；粮管所：3 人；供销社：5 人；林业站：2 人；雷公山自然保护站：1 人；邮电局：1 人；农推站：

1 人；信用社：1 人。合计 37 人。[①]

职业妇女尽管每个人的情况不同，但作为一个群体她们是幸运的，是一个“贵族”群体。但她们幸运也是有等级之分的。这里不说职业和职业之间，也不是领导与被领导之间，而是前面所说的成分的“好坏”。对于家庭出身或个人成分“好”的职业妇女，绝对是属于最好的类别。而对于家庭出身或个人成分“不好”的职业妇女，在经济上比农民妇女优越，在政治上又不及家庭出身或个人成分“好”的农民妇女。因而，政治走红的农民妇女对家庭出身或个人成分“不好”的职业妇女怀有双重心理，既羡慕她们又歧视她们。

现在职业妇女中两种阶级成分已经不存在，彼此间的那条界限早已被时光抹掉。而农民妇女和职业妇女之间的差距也逐步缩小。有的农民妇女做生意、摆摊子，比职业妇女还能挣钱，况且现在大多数农民也不愁吃穿。

三、“亦工亦农”家庭的农民妇女

“亦工亦农”是指夫妻两人，一个参加工作，从事非农业生产的劳动；另一个务农，即从事农业生产劳动。这种“亦工亦农”的家庭，绝大多数都是男方在外工作，女方在家务农。其类型特点为：由妻子一方独立承担农业生产劳动。[②] 这类家庭里的妇女也分两种情况，差异比较大。

一种情况是丈夫有经济来源、社会地位高的妇女。这类妇女的丈夫往往是在特定的政府机关或企事业单位工作，有工资收

① 西江镇政府侯天仁同志提供数据。

② 因其类型特点，特将女性单亲家庭以及相类似的家庭的农业妇女也归为此类介绍。

人，有经济来源。作为有职业的男人，他们有一定的社会地位，比务农的男人更受尊敬。一般来说，一位职业男人找对象，首先要在职业妇女里找，实在找不到满意的，才到农村找农民妇女。因为与职业妇女结合，经济负担比较轻，也利于子女的前途。在中国，孩子户籍从母。如果母亲是非农业人口，子女也就是非农业；母亲是农业人口，子女也就是农业人口。如果子女是非农业人口，将来长大了，就业就有保障。因为一般情况下，非农业人口，即有城镇户口的居民就业机会要多得多。然而参加工作的男人远比女人多，这就使得许多职业男人不得不到农村找对象。既然拥有职业的男人比农民男人社会地位、经济条件都优越，他们必然在农村中挑选拔尖的女子作为妻子；而农村中拔尖的女子也愿意选择职业男人作为丈夫。因为她们也同样觉得嫁给职业男人比嫁给农民男人好。但是，成为职业男人妻子的农民妇女比农民家庭的农民妇女辛劳。她们的男人每天要去上八个小时的班，不能和她们一起上山下地，不能帮她们挑担子，砍柴割草，所有农家男人的活儿与女人的活儿都由她一个人承担。有人把这叫作“男人做先生，女人做长工”。更有甚者，妻子在农村生活，丈夫在城镇工作，常年分居。这种情况妻子就更辛苦。但尽管如此，很多农村姑娘对职业男人还是很向往，她们觉得自己成不了职业妇女，有个丈夫是职业男人也好。第一，她们觉得自己也会沾男人的光，相应会受到尊重和羡慕；第二，丈夫有职业，能确保家庭一定的经济来源；第三，夫妻中有一方有文化，在城镇工作，孩子今后受教育的条件好。因而这类妇女宁愿承担比一般的农民妇女更大的劳动量，嫁给职业男人。这类妇女最需要丈夫的体贴、关心和安慰，但又往往得不到。她们凑在一起常常抱怨丈夫对她们的辛劳不理解。某妇女 40 岁左右，五官端正，衣着得体，长得结结实实，泼辣能干。别人认为她和她的家境都不错，夫妇关系也好。在访谈中她却抱怨说："我忙得要死，盼望丈夫星期天回来帮忙。丈夫回来了，他却说搞了一个星期的工作，要睡觉，气得很。"

另一种情况是丈夫去世或被判刑的农民妇女。我们前面说了，丈夫在外参加工作的妇女，虽然很劳累辛苦，但受人尊重和羡慕。她们家中有一定的经济来源，虽然独自承担家庭农活儿，但并不是独立承担家庭重负，所以她们自我感觉还是好的。而那些丈夫死了或丈夫去劳动教养的妇女情况就不一样了。她们不仅独自承担所有的家庭负担，而且心境凄凉。对于寡妇，社会还给予同情，但对于劳改分子家属，社会就要歧视了。一个女人，特别是没有文化、没有经济和社会地位的女人，她的丈夫的命运对她影响是非常大的。若嫁一个各方面都很平稳、顺利的男人，她的一生就会稳定、平顺。若嫁一个生活道路曲折的男人，特别是被社会歧视、专政的男人，那她也会跟着受苦，受歧视。因为她已被丈夫"污染"了，人们也将你视为同类。这里我选择一个典型的例子来介绍这类妇女。

该妇女不是西江寨人，但她所在的寨子离西江不远，与西江人交往密切，其服饰、习俗、心态等都与西江人一样，仅说话的音调略有不同。访谈是在我家进行的。在访谈的过程中，我们一会儿哭，一会儿笑，使访谈中断了好几次。

【访谈 7】

龙玉琼：我所经历的苦从我妈那一代就开始了。我外婆很早就死了，是外公把我妈拉扯大的。他把我妈嫁到西江去。西江那个人爱抽鸦片烟，是个烟鬼。我妈嫁过去很苦，跑回来后就不愿再去。后来就补偿那个人25块大洋，跟他离婚了。我父亲先是从格细（所属凯里市，离西江很近）讨得个媳妇，后来死了，留下一个小孩儿。我爸就把我妈娶过来。我妈嫁过来以后，就生了我，还生了一个弟弟。弟弟才9个月时，我爸就死了，只有42岁。留下我妈和我们仨孩子。那时我妈还很年轻，才27岁，我爸死后她就守着我们生活。那时，我7岁，弟弟9个月，哥哥（父亲前妻的孩子）14岁，都还小，不能帮妈妈干活儿。妈妈自己犁田，还要喂一头老母猪、九头崽崽猪和一头水牛。每天天刚亮她就割得一挑草回来了。晚上还要带着我们一道去看田水（清理水沟，让水流进自家的田里）。她背着弟弟，牵着我们到坡上去，找一处低凹的地方，铺上稻草，安排我们睡觉后，就去清理水沟。弟弟常哭闹，说蚊虫太多了，不要在坡上睡了。母亲去把水沟刨好，又割得一挑草，就对我们姐弟说："你俩在这里守田水，田才不会干旱，否则就没有吃的了。"我们就守在那里，有谁要来刨水沟（把水引到他的田里），我们就说："我妈已经引田水了。"人家就不刨了。

国民党时期，有人看到漂亮的姑娘就要抢，抢去做土匪的老婆。我妈年轻时很漂亮，怕遭人抢，就常常带一把小匕首在腰上防身。我家有一把小匕首，上面有一个小扣扣，是用来剖鱼的。我渐渐长大，也很漂亮，怕被土匪抢去，就天天躲在家里，不敢出门。天一黑就闩门，也不敢去与年轻人游方。爸爸死了，哥哥去读书了。我们家没有男人保护，很怕有人来抢。妈妈叫我早点儿嫁人算了。我17岁就嫁人了。

现在想起少女时候的事情，还是很清楚。记得我爸死时，我妈还很年轻，我非常害怕她改嫁。有一天，一位老太太到我家来，她问我："你妈在家没在？"我说："在。"可心里怦怦直跳，怕得不得了。我怕她来说媒，让我妈出嫁。我就悄悄地哭。我妈说："这位老人家来了，你烧火煮饭给我们吃（招待这位老太太）。"我答应着，就去烧火煮饭。我一边烧火一边哭，把饭都煮熟了也不知道。待妈妈来问说："饭熟了没有？"就赶紧擦掉眼泪，生怕她看见。

平常，妇女们说我家没有老人，就喜欢集中到我家来纺线。她们各人拿来菜和米，在我家煮，吃姊妹饭。我就想，可能她们是在一起商量着怎样把我妈嫁出去，我十分担心，又悄悄地哭。寨上的妇女们邀约我妈去走亲戚，我心里又想，她们是骗我的，可能带我妈去看人家的房屋地方（西江等地苗族妇女，在接受一门亲之前，总是先了解男方的家庭情况，如地方好不好，田土多不多，房子宽不宽，干活儿近不近，水源缺不缺，等等），好把我妈嫁过去。我成天就这样疑神疑鬼，提心吊胆，总担心我妈改嫁，我们仨不知跟谁住（改嫁的妇女一般不能带着孩子走，即便带走，也遭受歧视）。其实我妈并没有打算改嫁，她一直留下来带我们。

在那个时期，像我们这样的孤儿寡母，是要受人欺负的。时常有人来问我妈："你家有米没有了？"我妈说："不晓得还有没有了。"那人就威胁说："没有？！小心你的孩子失踪在深山老林里！"

我母亲一生很苦，幼年丧母，她爸把她装在衣袖里去讨奶吃。她有两个姐姐，姐姐出嫁时，她抱着姐姐的腿不让走。来接亲的人哭了，姐姐哭了，全村的人都哭了。她姐姐只去了9天就回门。她长大后嫁人两次，中年丧夫，仍然很苦。到了晚年，儿媳妇又待她不好。她病了，儿媳妇舀了一碗饭一碗菜放在灶上，叫她起来吃，然后锁上房间门就上山去了。她想吃点儿热的也吃不到。80岁的老人了，也不给她吃饱。后来她是倒在猪潲桶里死的。真惨！

我妈说："我们娘崽太苦了，我要把姑娘嫁给一个富人家。"她为我选中了一个人家，那家有三个兄弟，两个兄长都结婚了，我嫁给老三。她家喂有一匹公马、一头公牛和两头母牛，很富有。但没想到，我妈把我嫁过来才4年，他家就被划为地主，日子也就不好过了。

访谈人：你结婚时办得很热闹吧？富人家怎么也娶你这穷人家姑娘呢？是你很漂亮吧？

龙玉琼：是热闹，是漂亮，我到哪个芦笙场跳芦笙，人家都说我漂亮。我家穷，很穷。但就我一个姑娘，我妈守寡，也为我积攒了一堆银饰。我出嫁时，我妈打了150两的银饰给我戴。

访谈人：150两？怎么戴得动？你家很穷怎么积攒了这么多银饰？

龙玉琼：那些银饰仅就项圈来讲，一只有50两，一只有35两，还有一只有20两，戴得我身上都痛了。我的爷爷奶奶还是比较富有的，他们有两个儿子，一个是我爸，一个是我叔。我爸死了以后，我家才穷起来，我叔家仍然比较富有。我奶奶是从西江羊排村嫁来跟我爷爷的，她娘家也很富有。她嫁过来时，带有一坨100两重的银子。她没有生养姑娘，就把这坨银子分给两个儿媳妇。我妈分得50两，就拿来打了一只项圈给我。那只项圈好大，有手臂那么粗，把我脖子戴得满满的。我爸死了以后，我妈为了给我挣嫁妆，就悄悄到深山里去种罂粟。那个时候禁种罂粟，如果被发现，是要抓去坐牢的。但孤儿寡母没有别的办法了。我妈都是夜间去种，到很远的、人家查不到的地方去种。种好了，趁没人注意时就去收割，收回家来晒干。我妈收了9两罂粟，托人拿去卖，换了银子给我。那些罂粟换了100两银子。因为这样，到出嫁时，我才有150两银饰做嫁妆。后来土改时，我丈夫叫我把这些银饰全部交出去。一套银饰白净净的，我心痛，就背着他悄悄藏了一些。我用一个土罐，装了两对手镯，一对有1斤重，再加上一块银衣摆，然后到坡上挖了一个洞，把罐子深埋起来。我藏了这些银饰，后来我姑娘才得用，否则就没有了。还有衣服的背片和压领等，连同衣服一起上交了。

我17岁出嫁，当时丈夫在外地读书。等丈夫读4年书回来，教了两年书，我们生育了两个孩子。他又考到北京中央民族学院读书去了。待他从北京回来再教几年书，我们又生养了两个孩子。后来他又因一起冤案受牵连被送去劳动教养。我几乎一直一个人支撑这个家。直到20世纪80年代，孩子们长大了，丈夫获得平反回来，日子才慢慢好起来，但这时候我已经60多岁了。

我嫁到丈夫家，是我妈和他家老人做的主。我嫁过去3年，也没和他见过面。我们苗家新娘，只在农忙时才去夫家帮忙，其余的时间回娘家。农忙季节就是栽秧和打米，一般在每年的四五月份和九十月份。而我丈夫在学校读书，只在寒暑假回来。因此，我去他家时他不在；等他回家时我又不在。不是农忙季节，我不会到他家去；他假期回来也不敢到我家来。直到他从学校毕业回来，我们才得见面。他回来以后，到桃江参加土改，调到莲花小学教书，我在老家农村（有孩子以后，就常住夫家了）。虽然也还是不在一起，但隔得近了，他也就可以经常回家，我也可以带着孩子到学校去看他。那是一段比较好的日子。后来他考取大学，到北京读书。在大学读了 4 年，回来后又到广西等地去下乡，最后才调回凯里。这期间他去了 7 年，只回凯里来教了半年的书，就被送去劳动教养了。

我丈夫去劳动教养时，大女儿在凯里读小学三年级。去劳教的前一夜，他把几年积攒下来的四五百元钱缝进女儿的大衣里。一边缝一边对她说："我去教养了，回不了家了。我已经发电报去叫你妈来接你回家，我明天就走了。"第二天早上，我女儿送她爸爸上车。车子启动了，他呼唤着女儿的名字，哭得说不出话来。他把铺盖卷带走了，留下了一条毯子给我们母女用。当晚我就到凯里，女儿住在邻居家。女儿跟我说了钱的事。我问女儿："你爸哭不哭？"女儿说："哭，我爸一边把钱缝进我的衣服里，一边哭，哭得我的这只衣袖全湿了。"丈夫有一堆书，我去抬了一挑。母女俩就这样回家来了。我俩走了一天又累又饿，到南花、排乐天就黑了。我们先到我娘家去，告知这件事情。我妈哭得很伤心，说："可怜我的孩子，怎么我苦了一辈子，我的孩子也还是照样苦呢？"我对弟弟说："舅舅（随子女称呼），现在雷山那边饿饭得很，我留我的孩子和你们在这里，日子要好过一点儿。”我弟弟同意了。司务长[1]到凯里开会，帮我把女儿的户口迁移来弟弟家。但人家说户口已经迁移到雷山报德这边来了。我想报德太穷了，还是让女儿到外婆家来住。我只好又到报德去转户口。领导说，这张迁移证，你要赶快拿到凯里去，过两天就作废了。当时已是晚上七点，人家又刚刚抬死人丢在山坳上，横七竖八的，但是我还是要摸黑从报德到凯里去，为了女儿有口饭吃。在当时，凯里的情况比雷山好。我就这样，赶了一晚上的夜路，终于把女儿的户口迁到凯里地区的娘家。后来死人太多了，允许人们砍小米土，可以种点儿吃的了，我才去把女儿接回来。

丈夫就是这样连续不归家。我一个人在家里照顾两个老人和小孩儿。女人的事我干，男人的事我也干。我和公公一起锯板子，你锯过来我锯过去，锯得板子抬去卖，换得钱来买油盐。我又和公公一起劈柴，也是你一斧子我一斧子。我们家喂有一头大牯牛，公公老了没有力气，我就去犁田。我的公婆去世以后，就由我一个人来喂养这头牛了。这头牯牛好斗。有一天我在上一丘田犁田，有家人在下一丘田犁，我的牛就从上面一丘田梭到下面一丘田去挑衅。下面那家人看见了，把牛拉开躲起来。它找不着才罢休。吃新节时，人家要拉我的牛去斗牛。我说你们要拉你们拉去，我不敢拉，怕伤害人家的牛来不好。喂这头牛，每天要割两挑草，十分辛苦。尤其是在搞集体生产的时候，我都是在头一天晚上磨好

① 人民公社时期搞集体食堂，大家都到食堂吃饭，伙食集体管理，所以有司务长。

镰刀做好准备，然后天不亮就出去割得一挑草回来，再与人家一道去干活儿；待收了工，别人都回家了，我又顶着月光割得一挑草才回来。一个女人家，独自喂养这么一头大水牯牛，真是太辛苦了。记得有一次，是搞集体大生产的时候，大家正在扯秧，那丘秧田有16挑。队长叫我去拉我的牛来犁田，又叫一个男人也去拉他的牛来犁田。当时我想，一个生产队的人都在扯秧，如果两头牛打起架来怎么办？但是队长的话是不敢不听的。我只好回家去脱掉外衣，穿着一件单衣和一条单裤，拉了牛来犁田。我在田的边上犁，那个男人在田的里边犁。犁着犁着，我的大牯牛突然蹿过去猛撞他的牛，两头牛激烈地角斗起来。人们惊呼着四处散开，而我还紧紧地拉着牛绳子不放。大家疾呼："快撒手！快撒手！"大家看着两头激怒了的牛束手无策，被惊呆了的我感到既恐慌又悲凉！我的牛大，他的牛小，他的牛斗不过就跑。我的牛顺着河沙坝就追。可怜我打着两只赤脚去追牛。我一边追一边"哈——哈——"地呼唤它。牛听见是我的声音，便停下脚来，回过头温顺地望着我。我抓住牛鼻子，牵它到河边去洗。我一边洗一边哭，眼泪顺着河水流。我想如果家里有男人，怎会如此呢？伤心透了。但是，这日子总是要过的，不管这生活怎么苦怎么难。我把牛牵回圈里，解一把草给它吃，擦干眼泪又转回去和大家一起扯秧了。

犁田是农活儿里的重活儿，是男人干的，我都干过了，别的就不用说了。例如每年春天要割秧青[①]，我挑的都是200

① 从山上割来嫩树梢树叶，埋在田泥中，待腐烂后成为肥料。

斤一挑的担子。有位比我个子高一点儿的姐妹割秧青，每挑要抬210斤。我挑200斤，还可以挑到田里去，她挑210斤，就只能挑到田坎边，进不了田里了（田泥松软，抬脚很费劲），你看我们姐妹多苦。

在我的一生中，熬过许多艰难的岁月，日子真是一天天地挪过来的。困难时期，我们常常用蕨粑[①]煮稀汤喝。我去挖蕨根，7岁的孩子和爷爷就去找野菜。有一段时间，我们还出去讨饭。1958年，大家去办工厂，田土都荒废了，长树长草。9月份要大家去种豆子（豆子应该在二三月份种），7月份才插秧、撒肥料（应该三四月份上粪，四五月份插秧），长出来的禾苗根本不行，只好割来喂牛。像这样不正常地干活路，才饿饭，才死人。我家死了4个：大哥、二哥、公公和婆婆。每个人的脚都肿得很厉害，没有饭吃，树叶和野菜吃得太多了。人死多了，连哭也没有力气哭了。记得我公公死的时候，我正在河边滤蕨粑。孩子跑来说："妈，爷爷死了！"我问："爷爷怎么死了？"孩子说："他在坡上面死了。他死之前说：'我种烟，卖得7元钱，锁（用锁针）在你的荷包里。我不管死在哪里，你都不要让人家把钱拿走了。'"后来就因为有了那些钱，买了点儿米，每餐抓几颗放在野菜里煮，我的孩子才没死。公公死了，两个哥哥因饿饭已经没有力气抬他们的父亲下山了，我只好自己去背。我那时20多岁，蛮有力气。其实孩子看到他爷爷死的时候，他还没有断气。夜里我和婆婆守他，他一直不断气。我看他太

① 用野生多年生草本植物的地下茎制作的淀粉。

可怜了，就说："公公，你走了算了，活着太苦了。"我婆婆也对他说："你走吧，可能你还惦记着你的小儿子，但是他离得远得很，来不了看你了。"公公听了婆婆的话，两脚一伸，就断气了。婆婆说："他断气了，我们去睡吧。"睡也睡不着，我起来找衣服给公公穿，也找不到一件好的衣服。幸好丈夫曾留下了四五百元钱，我还存有一点儿应急用。办后事时，才用南瓜煮稀饭，买得一只小猪来杀，请大家帮忙安埋。不久，婆婆也死了，两个哥哥也死了，一年死了4个人。

访谈人：你婆婆怎么死的？

龙玉琼：饿饭了，不行了，我去讨饭，讨了几天才得两碗米，赶快煮给他们祖孙吃。我滤蕨粑，煮好，去喊婆婆，才发现她已经死了。当初埋公公时，还有点儿积蓄，还有一合棺材。到婆婆时，去把两个哥哥喊来，煮两个南瓜，用两块板子就埋了。两个哥哥不久也死了。一个就死在村子下边，另一个去砍小米土，砍着砍着，没有力气砍了，回来时倒在路上死了（访谈人问：你一个人埋两个哥哥怎么埋？）两个嫂子还没有死，我们就挖了一个坑，用两块木皮盖盖就埋了，尸体不露出来就不错了。

（女，67岁）

从上面两代妇女的经历中我们可以看出，一个没有丈夫的女人，比普通的妇女要承受更多的苦难和重担。她们的艰难贯穿在日常生活的细节中。传说，有对夫妇感情很好，后来丈夫死了，妻子带着女儿去找鬼师看米（据说很有灵性的鬼师能让死人与活人交谈）。鬼师说，叫她的丈夫来讲话，于是死去的夫君便通过鬼师的口说起话来：

【访谈8】

死去的丈夫："你妈来了？"

妻："来了。"

死者："我女儿也来了？"

妻："我们苦得很才来看看是怎么回事。"

死者哭起来。鬼师说："不要哭，让她们母女心情平静点儿，不要引起她们悲伤。"

死者对着他的女儿说："我想念你妈得很，天天跟在你妈的身后。有一次，你妈去砍柴，有一捆柴太重。你妈用扁担插，插也插不进去，柴把你妈翘翻了。你妈坐在一边哭，我坐在一边看。还有一次，你妈挖土，不小心一锄头挖了自己的脚，出了很多血。"他接着又说，"你妈苦得很，你长大了要照看她啊！还有家里的那丘田，积不了水，你们去把水放干，用泥巴把缝塞紧，再放水进去……"

那母女俩听了哭得死去活来。

这个关于阴间、阳间人的对话，是封建迷信传说，然而我们却从这个故事中看出生活是很具体的，没有男人的女人很不容易。没有男人或男人去劳教等的农民妇女，是西江社会最底层的妇女。

第四章　人生旋律和幸福标准

上一章我们将西江苗族妇女分为三种类型，两个等级，一共是六种人。如果我们不从家庭结构这个角度，也不做阶级成分划分，那么我们大致可以将西江苗族妇女分为两大类，职业妇女和农民妇女。职业妇女在本书中也会涉及，但我们研究的主要是西江苗族妇女的主体——农民妇女。我们要在本书中关注那些极为普通的、众多的劳动妇女的经历和生活。那么，作为一个群体，西江苗族农民妇女的人生特征、人生目的、人生理想等是什么样呢？让我们从对一个老太太的访问入手，去了解那些普普通通的苗家农民妇女的人生。

我访问了一位 91 岁的老太太，她叫"妮莫"[①]，与她的孙子住在一起。这位老太太很老了，不能干活儿了，每天不是坐在堂屋里或火坑边，就是站在门外的楼梯口，凭栏观望过往的行人。她特别喜爱喝酒，甚至很贪杯。她的孙媳妇说，有一次没有人在家，她悄悄地把家里的酒拿来喝了，结果醉得不省人事。她的孙媳妇回来看见，吓得哭了起来，去把房族的爷爷奶奶们都叫来守她，过了好一会儿她才醒过来。此后她的孙媳妇只好控制她的饮酒量，让她早上喝两杯，晚上喝两杯，多的不给。她家平常都要把酒藏好，免得她喝多了误事。

① 苗名音译。"妮"是女孩的意思，"莫"是帽子的意思，"莫"是"妮"的父名。

既然她爱喝酒，我去访问她时就买了瓶酒送给她。她当场就将酒打开，倒了两杯，一饮而尽，喝了个底朝天，一副很不过瘾的样子。老太太这么爱喝酒，在苗族中是少见的。她个子比较高大，背稍有点儿驼，耳有点儿背，但身体和精神尚好。她的孙媳妇说，她喝酒后吃一碗饭（农村的土碗），不喝酒可以吃两碗饭，饭量较好。在我去访问她之前，就听说这老太太精神很好，头脑清醒，口齿伶俐。我听了满心欢喜，觉得很难遇到这样高寿的老人，可以向她了解一些年代更为久远的妇女的事情。然而，当我真正去访问了以后，发现实际情况与我想象的相差甚远。这老太太对日常礼节明明白白，她凭着二楼的围栏，与过往行人打招呼，热情而亲切，把人辨认得清清楚楚。我到她家，她同样很热情友善。但是，当我向她了解她早年的生活情况，了解过去妇女生活与现在的变化时，她显得毫无兴趣，对我的行为迷惑不解，甚至觉得我很无聊。问到她的中年、少年甚至儿童时代的生活时，她觉得那些都十分遥远，回忆不起来了，也觉得没有什么必要回忆。过去的生活就过去了，对她来说没有什么值得留恋的。我不得不感慨，除非有特别悲伤或尤其值得骄傲的事情之外，劳动妇女一般不会对她们的经历进行思考和追忆。因为她们的生活太千篇一律了。这位妮莫老太太就是这样。现在她只关心死亡——上了80岁的老太太多是这样。你去和这些老太太交谈，她会不停地念叨：“我已经该死了，怎么还不死呢？再活下去都不好意思了，寂寞死了。”我在羊排访问的一个老太太也是这样，她84岁了，翻来覆去地说她老了，好像要因为她的长寿而向年轻人道歉，为她的年老而惭愧，觉得她做了对不起人的事似的。这些老人常常形容自己老得像鬼一样。唱起歌来不免要唱这样的内容："过去我们也很年轻，过去我们也很漂亮；现在我们的脸像猴子一样，现在我们的手像松枝一样……"这些老人并不是因为她们晚年凄凉而想到死亡，恰恰相反，在她们的一生中，晚年是比较轻松、幸福的。她们时时念叨着死，并不表明她们内心急切地想要去死，而只是说说而已。"死"成了她们的一个主要话题，因为她们已经没有更多别的话题了。但从她们的关于"死"的议论中，我们却能洞见这些农村劳动妇女的一生以及她们的人生观念。

记得我母亲（一位西江妇女）对我说，在过去生活困苦的时候，一天的日子觉得好长好长；现在生活好了，不知道这个日子为什么那么快，快得总让人担心自己老了。是这样的，如果你的一生过得比较惬意，你会觉得人生一世过得很快；如果你的一生过得十分艰难，你会觉得这人生道路太漫长了。西江苗族老年妇女如果总是感叹自己"老不死"的话，说明她们的一生是过得比较辛劳的。和现在的城市人相比，西江农民衡量"老"的标准提前了很多。七八岁的孩子，就开始就被当成大人看。女孩十七八岁还不结婚，就会被当成嫁不出去的老姑娘。20岁出头，可算完完全全的当家人。三四十岁，便开始自称"老"了。很多家庭，夫妻刚过40岁，就当了爷爷奶奶或外公外婆。如果这些人都活个七八十岁的话，他们是会觉得自己的老年阶段太漫长了。投入生活太早，是她们觉得自己"老不死"的第一个原因，也证明了她们生活辛劳。第二个原因是她们的早出晚归，承担着繁重的体力劳动。日子是一天一天熬过来的，这样的日子，她们能觉得不长吗？第三个原因是她们生活的重复性、单调性。每天日出日落，每年春夏秋冬，今天重复着昨天的日子，今年重复着去年的生活，同样的农活儿翻来覆去地做。这种生活的单调重复，必然增加她们对时间的漫长感。第四个原因是农民妇女都是劳动妇女，到了老年，事情不能做了，没有娱乐活动，也不能读书看报，也没有思索问题的能力、习惯。虽然现在有电视可看，但她们又听不懂汉语。每天这样呆坐着，难免不感到寂寞！还有，“民以食为天”，对农业生产的责任感很强，深知农活儿的繁忙，老人们不愿意自己是个闲人，成为子女们的负担，这也是一个原因。有一位老太太重病卧床很久了，也无好转的迹象。于是，在秋收大忙季节来临的前夕，她与自己的灵魂对活（灵魂是她自己想象虚构的）。她说：“灵魂，你要么快点儿走，要么快转回，不要这样犹豫！过不久就要打米了，可怜孩子们忙得很。”这位老太太希望自己要么快点儿死，要么好起来，她担忧自己病重的身体会拖累孩子们。这就是为什么长寿的老太太们感到寂寞、无奈甚至还伴有上些歉意的原因。这些都说明了西江妇女的一生是劳碌的一生。

妮莫老太太尽管不愿意讲，而且她的记忆已经筛掉了生活中生动具体的细节，但我还是了解到了她一生的梗概。她可谓是西江农民妇女中普通的也是具有代表性的一员。

这位老太太姓文，出生在凯里县（雷山县邻县）的一个小山村。她有两个哥哥两个姐姐，排行第五。幼时家里有点儿吃的，主要是苞谷和小米等。田很少，土占 2/3。当姑娘时也出去游方，但因为家里穷，从不参加跳芦笙。长大了由父母包办，嫁来西江。父母没有银饰陪嫁。嫁的这家男人有父母，有兄弟。她嫁给大的。这一家也很穷，田土少，靠烧炭卖和外出做长短工来找饭吃。干农活儿天不亮就走，天黑才回家。丈夫对她好，两人从来不吵架。他们生养了五个孩子，包括两男三女。孩子都是自己带，自己背着上山劳动，男人不背孩子。生孩子坐月子时，家里有鸡就杀一两只吃，没有就算了，和别人一样吃。她的孩子都先后死掉了，只剩下一个嫁到远方的女儿。现在女儿也老了，很少来看她。回想一生，没有哪个阶段过得好。现在子孙大了，不愁吃穿，算比较好。她说老年人有机会聚在一起的时候，谈论的就是如何死了算了，坐着很寂寞。

妮莫是高寿的老人，像她这个年纪还活着的老人在西江已经屈指可数了。六七十岁的老人多一些，她们一般是结婚后不久便遇上解放，是经历了两个社会的人。她们一般以是否温饱作为苦乐的标准，把满足生活的基本需求作为追求的目标。在她们看来，就整体而言，自己一生都苦，直到改革开放，实行家庭联产承包责任制后，生活才有好转；就人生阶段来说，做母亲以前没有思想和经济负担，相对较好；就社会历史阶段来说，"黔东事变"和"困难时期"最苦。

【访谈9】

务娄[①]：（唱歌）我们穷苦的一世，就像一蔸冷水田里长的稻禾，想抽穗怎么也抽不出来……人家苦，还苦得抑制在麻乱的心里，我的苦苦得顾不上掩饰，成天蓬头垢面……

访谈人：一辈子哪一段日子比较好过?

务娄：就是这些年有饭吃才忘掉苦处，还有当新娘时，头几年也好一点儿。

访谈人：当新娘时好?

① 化名，苗语里表示"老奶奶"的意思。

务娄：当新娘时还没有娃崽不知道苦。有了娃崽，做不得吃了就苦。后来的苦不是个人的苦，是全社会的苦。

务仰[1]：个个都苦，不是自己一个人苦。保安团来烧房子[2]的时候和“困难时期”等，个个都哭这张嘴没得吃的。搞集体时拼死拼活，一天两头黑也不够吃。苦就苦这些，就苦得很。

访谈人：真是个个都苦？或者有些人好些？

务娄：除了当干部的才好以外，当农民的个个都苦。

务仰：农民都一样的。

务娄：那时候饿饭（指“困难时期”），饿得个个都不怀娃娃了，饿坏身子了……

（务娄，女，77岁。务仰，女，70岁。）

在访谈的过程中，当我问及妇女们对自己的人生感觉如何时，都无一例外地说“苦”。我问她们：“怎么苦法？”她们说：“穷。”为什么会穷呢？难道她们还不够勤劳，不够能干吗？不是。西江农民的“苦”“穷”与整个社会经济的发展分不开。除了如像国民党保安团烧房子毁掉了西江苗族的家园、1959年前后“困难时期”饿死了人之类的天灾人祸外，20世纪的西江苗族的生活状况与社会发展有着密切的联系。他们的经历大致分为这样几段。第一阶段：中华人民共和国成立以前。这一阶段由于统治阶级压迫以及战争、自然灾害等造成大部分农民贫困，贫困的直接原因是土地集中在少数人的手里，广大农民没有土地或土地很少。第二阶段：中华人民共和国成立后到改革开放之前。这

① 化名，苗语里表示叫“仰”的奶奶的意思。

② “黔东事变”以后，国民党保安团镇压参加暴动的农民，一把火烧了西江。

一阶段，进行了土地改革，没收了地主的土地分给农民，随后不久，又把土地集中，进行集体生产。[①]这种生产方式虽确保了土地的集中使用，产品的平均分配，但它抑制了农民的积极性，许多人“出工不出力”，生产仍搞不上去，农民的温饱还是没有得到解决。农民贫困的直接原因是生产方式和生产力的不相适应。第三个阶段：在中国共产党的第十一届三中全会之后，广大农村进行了经济改革。其具体做法是，按人口平均分配土地，由各家各户自主经营，确保了农民在生产和消费两方面的自主权。改革以后，农民的生产积极性有了很大的提高，农业生产得到了有效的管理。所以农业生产得到了突飞猛进的发展，粮食连连丰收，大部分农民迎来了温饱。但几年以后，这种发展势头慢下来了。原因是靠发挥农民的积极性和靠农民起早摸黑的精耕细作传统农业生产方式来挖掘土地的潜力已经达到了饱和，西江苗族农民需要有新的出路。他们的出路在哪里呢？让我们先来看看西江这个地方。

西江确实是一个适于水稻和蔬菜等农作物生长的地方，他们的祖先也确实为他们开垦了层层的梯田，培育了无数的物种。但是，他们的人口发展得太快，而土地又很贫瘠。他们生产的主要农作物产品——水稻，一年只能产一季，而且产量不高。除了种植农作物之外，几乎没有任何经济收入。这里也没有特产和矿产。这不能不说是一个让西江人民“愁吃穿，生活苦”的根本原因。现在让我们来看西江 1980—1987 年的两组统计数字（见

① 从 1953 年开始，农村实行农业互助组—农业合作初级社—农业合作高级社—人民公社的集体生产。

下表）[1]：

1980—1987 年西江农村人口的增长情况

年度（年）	户数（户）	人口数（人）	人口增长数（人）	人口增长率（%）
1980	963	4945		
1984	1028	5230	285	14.4
1986	1052	5359	129	12.3
1987	1063	5538	179	33

1980—1987 年西江农村实有耕地面积

年度（年）	1980	1984	1986	1987
土地数（亩）	4699.05	4608	4607.77	4606.55

人均不足一亩地，户均不足五亩。而且人口还越来越多，土地却越来越少。在没有任何其他经济收入的情况下，西江农民要达到温饱，奔向小康，就主要看亩产了。而他们的耕作方式是祖祖辈辈传下来的传统耕作方式；农作物品种也是历代祖先培植传承下来的品种。他们懂得如何不误农时，如何精耕细作、精心管理，但要利用科技的发展，使农作物的产量、质量发生质的飞跃等，这对于以文盲和半文盲为主体的西江农民群体来说，无疑是办不到的。在这一点上，社会主义发挥了它的优越性。国家发展农业生产，解决农民生活的出路。在政府机构中，设有专管农业的部门。这个部门又下设一些对农民做具体农业技术指导、推广的机构，例如农推站等。这些部门在科学技术和农民之间搭起了一座桥梁，使农民在发展生产、改善生活等方面走向了一条宽广

① 刘德昌，《对西江苗族文化现象的思考》，《苗侗文坛》，1989 年第 3 期，第 77 页。

的道路。广大的西江妇女都评价说，她们一生中就近些年来生活得最好。西江农民如是说：

【访谈 10】

宋国英：过去粮食产量低，不像现在。只因去年受灾①，否则南贵和羊排就吃不完饭。②现在靠吃去年的粮。

（女，65 岁，平寨村人）

【访谈 11】

李正兰：两段育秧③搞得四五年了。这几年搞得更早。现在搞两段育秧才够吃。如果不是因为粮灾，大部分家庭的粮食都够吃。我们今年就靠吃去年的余粮。

（女，63 岁，南贵村人）

【访谈 12】

侯昌德：现在人多，只有搞良种、两段育秧，粮食才够吃。搞集体生产时就开始推广“三农矮”，现在搞“三优”。“三农矮”大约增产 7.8%，搞“三优”就增产多了。我家那丘田有 2.99 亩，以前搞集体生产时，一般收入 19—20 挑，最多的一年收 24 挑。现在我们一年收 40 挑，好的年份可达 45 挑。

（男，74 岁，羊排村人，曾当过教师）

我还访问了现任西江镇的科技副镇长，他这样说：

【访谈 13】

被访谈人：1975 年开始种常规良种，有“常熟稻”“三

① 1994 年西江粮食受灾，稻谷患“断颈病”。

② 南贵和羊排两村的田多。

③ 在温棚内把秧育出来以后，移植到稻田再育，叫两段育秧，这种做法提前了禾苗的生长期，能获得高产。

农矮”“凯中一号”“凯中二号”“梅选”“黔育”等品种，产量比本地良种增产 20%—30%。后来到杂交和其他常规良种，增长 40%—50%，好的可达 100%。现在推行的良种主要是“三优”“二优”“低优”，全搞两段育秧。以前播种，多因倒春寒等的袭击，延长了稻谷的生长期。又因估计不足，插秧时才发现秧不够等，粮食产量上不去。搞两段育秧，早种早收，现在每年 9 月 20 日就秋收了，以前要到 10 月份才秋收。过去春季桐子开花播种，现在桐子开花，秧苗就已经长出三叶了。搞两段育秧，在温棚里培育 7 天（温度 25℃—42℃之间），秧苗就长出两叶，移到秧田去栽，十几天就长出三叶。搞两段育秧，增加点秧（把温棚的秧苗移植秧田）这一道劳动工序，但是可靠保险。

西江平均每人 7 分田，原来搞集体生产人均生谷 150 公斤左右；现在分到户，人均收入约生谷 300 公斤。现在就搞科技良种来保证温饱。农业科技在农村已经普及。这当中有一个接受过程。两段育秧从 1984 年就开始搞，但那时大家不接受。政府免费出种子、出农膜，无偿地帮助农民护理培育秧苗他们也不搞，直到 1991 年农膜还半价出售。1989 年开始接受，到 1992 年以后就普及了。1992 年以后国家不再免费，农民也主动搞两段育秧了。推广良种和搞两段育秧，使西江农民粮食基本上自给了。

随着农村经济体制的改革和农业科学技术的推广，西江农民不但能粮食自给，还节余了劳动力，能够走出西江去打工挣钱。

近些年来，每逢农闲时节，西江的中青年男女就有许多人到外地及沿海一带去做副业或打工。有的甚至长年在外面挣钱。这就使得西江很多家庭有了一个新的经济来源。1994 年西江灾荒严重而且受害面广，若在以往，家家户户早就上山挖蕨根了。但这一次，人们主要是以外出打工来度过这一困难时期。据说，这一年外出打工的人特别多，约有一两千人。他们出去一是给家里省一份口粮，二是找点儿钱给家里买粮食吃。西江正在发展之中，西江苗族妇女渴望摆脱贫困的理想正慢慢变为现实。但要减轻西江的农民妇女繁重的体力劳动，改善她们的生活处境，提高她们的生活水平，还有相当漫长的路程。

西江老一辈的苗族农民妇女人生的主旋律是贫苦。那么，这十几年来，她们已经逐步地从贫困之中摆脱出来，是不是就不再苦恼，觉得很幸福了呢？她们的幸福标准是不是就是生活的富裕呢？其实，人的需要是多方面的、变化的。而每个人除了具备人最基本的需求外，又因其经历、遭遇不同，需求也有所不同。这里把贫困当作西江妇女一生的首要痛苦，是就整体而言的。具体到个人，情况又不一样。对于各方面情况很正常的妇女，生活的富裕很可能就给她带来满足，因为她不再缺少什么了。但对于各方面情况不够正常的妇女，也许有比生活的贫困更让她痛苦的事。那么，对于西江苗族妇女来说，比贫困更能困扰她们的是什么呢？

西江苗族把人的灾难分为两类，一类叫光明的灾难（直译为“亮处”），一类叫黑暗的灾难（直译为“黑处”）。光明的灾难是可能转化的、不危及性命的灾难，例如，不至于杀头的迫害、不至于饿死的贫困等；黑暗的灾难就指不可转化的灾难或直接指死人，失去亲人。那么，在西江苗族看来，比贫困更困扰人的是灾难（其实贫困也是一种灾难）；比灾难更困扰人的是失去亲人

（最严重的一种灾难）。这里需要说明的是，人总是要死的，人的生老病死是自然规律。人的一生中难免要遇到亲人死亡的事，比如爷爷奶奶的去世、父母亲的去世等，但是西江苗族“失去亲人的灾难”不是指这种正常的失去亲人的痛苦，而是指失去了不应该失去的，而又对他的生活至关重要的人。比如说，一个婴儿失去了母亲，一个年轻的女人失去丈夫，一位年迈的老人失去了儿子……西江苗族认为具体的幸与不幸的标准是幼年父母是否健在，中年夫妻是否双全，晚年是否有儿有女并且老有所养，说得再远一点儿是子女是否又有子女，家庭是否能传宗接代。如果满足这些条件，那么一个人就是幸福的，否则就是不幸的。这就是西江苗族农民的幸福标准。由于妇女承担的生活担子更沉重，感情更丰富，因而对于这些幸与不幸的体会更为细微。下面让我们看看西江妇女对幸福与不幸福的感受、评价。

幸运人的例子：

【访谈 14】

访谈人：你们几位老人家从哪里嫁过来？

被访谈人 A：我从开觉来。

被访谈人 B（幸运人）：我不成人了，成猴子了（耳朵背，所答非所问，意思是说老了，脸上的皱纹像猴子一样）。

访谈人：（提高音量）不要这么说。奶奶您多大年纪了？

被访谈人 B：84 岁了。

访谈人：你也是从开觉嫁过来的吗？

被访谈人 B（幸运人）：从 ×× 村来，你不知道这个，就说是开觉算了。

访谈人：您叫什么名字？

被访谈人 B（幸运人）：叫老太月里[1]。

访谈人：（转向 A）奶奶，您叫什么名字，多大年纪了？

被访谈人 A：我姓龙，70 多岁了。

被访谈人 B（幸运人）：我比她大 10 多岁。

被访谈人 A：没有吧，我上 75 岁了。

被访谈人 B（幸运人）：我比不上你们了。

被访谈人 A：等我们到您那个年纪时，还不如您。

被访谈人 B（幸运人）：我就这样一整天地坐着，聋又聋，瞎又瞎，做不得什么了，死去算了。从以前坐到现在已经很寂寞了。

访谈人：当姑娘时，您家过去是富还是穷？

被访谈人 B（幸运人）：你说什么？（访谈人大声重复一遍）啊，也是有吃有穿，有好几个姊妹。

访谈人：您家是不是地主？

被访谈人 B（幸运人）：可能是中农吧。

……

访谈人：请您说说您的经历。

被访谈人 B（幸运人）：我耳聋得很。

被访谈人 A：以前她十五六岁就在家做针线活儿，家有爹有妈，有田有土，有哥有弟，有势力，也很好的。

被访谈人 B（幸运人）：现在老了，才不能做了。才不成人不像话了。过去冬天还去捞浮萍等，什么都能做。现在老了，70 多岁时还能干点儿，现在 80 多岁了，就一点儿也

① 化名，“月”音近苗语“簸箕”，“里”音同苗语“稻田”。

不行了。又瞎，认不得人。天天说死了算了，但也还活着（大笑）。孩子们上坡干活儿去了，我就这样坐着。年轻时多好，现在谁讲话都听不见，也不敢去谁家串门，怕人家讲话听不见。您不聋吧（指A）？我一点儿都听不见了。

被访谈人C：过年时，小孩儿扫地，把一颗没有炸过的爆竹扫进火坑里，爆炸起来，她就聋了。

（A、C在谈论她们年轻时的趣事）

访谈人：您老人家年轻时嫁到本村来，是老人包办或是自由恋爱？

被访谈人B（幸运人）：是老人包办。我还想退婚，但怎么也退不掉，逃不脱，没有办法才来的。

访谈人：把您逃婚的事说来听听！

被访谈人B（幸运人）：（大笑）逃婚！我真的逃过。想起来已经很久远了。我十二三岁父母就给我订婚了。但我喜欢的是另一个男孩，那男孩的父母也帮他与一个女孩订婚了。我和那个男孩都想退亲，但两家的亲戚都各自去杀猪吃了（亲家相认）。退不脱了，没办法。

访谈人：你喜欢的男人是哪个村的？

被访谈人B（幸运人）：是××村的。后来他和我各自都结婚了，也就算了。婚后不久，他的妻子死了。我以为我嫁来这里也会死掉，没想到活了这么长。那时艰难得很，我死活也不想嫁过来，但退亲怎么也退不脱。

被访谈人C：（唱歌）想退刺蓬，退也退不掉……

被访谈人A：退不掉，是因为您和这里的缘分合了。后来您是结白天或结晚上？[①]

被访谈人B（幸运人）：结白天，还抬猪，来了几十个人接我。老头子（丈夫）说无论如何也不退亲。他不放我，我只好嫁过来。

访谈人：老头子对您好不好？

被访谈人B（幸运人）：好。只是我当时不喜欢他，才不愿意嫁过来。告诉你们这些真难为情。

被访谈人A：因为如此，她才长寿，要不然她可能早就死去了。

访谈人：您老头子对您好，怎么个好法？

被访谈人A、B：他不打不骂就叫好了。

……

被访谈人B（幸运人）：慢慢想起来，我们年轻时真艰难，逃来逃去也逃不脱一门包办的婚姻。真是得这个命了。你们年轻人才好，我们老了不成人了。

访谈人：我们将来也会老的。奶奶，您来这里生了几个娃娃？

被访谈人B（幸运人）：六女四男，丢了两个，又死掉两个，还有三男三女。

……

被访谈人C：老太月里好，她有老伴儿，她丈夫70多岁才死，刚死得几年。

访谈人：少时有父母，婚后有儿女，丈夫不早逝就算好吗？

① 接亲有两种形式，一种是白天接亲，一种是晚上接亲。

被访谈人C：她好！她的孩子当干部[①]，有钱养她，她就好。

访谈人：她的孩子当干部，她的丈夫不当吧？

被访谈人C：她的丈夫当农民。

被访谈人A：她有一群儿子能干，每一个都有一群孩子，都好了。

被访谈人C：他大儿子有三男一女，二儿子有三男三女，小儿子有两男两女。她就有这么好！年轻时她还想退婚，其实她来这里很好。

在我们看来，幸运人月里老太太也并不幸运，她年轻时不能嫁给她的所爱，做母亲后因为贫困死了两个亲生女儿。但是，在当地人看来，她就是幸运的人。她的第一个幸运是长寿。从她不停地唠叨她老不死的话语中，就得知能活到她这个年龄的老人不多；她的第二个幸运是幼年有个好家景：有父母兄弟，还有吃有穿；她的第三个幸运是有人长相伴，老伴儿也很长寿；她的第四个幸运是有儿女，且孩子们还当干部，有钱养她；她的第五个幸运是她的孩子们都儿女成群，关键都生了男孩，使她家后继有人。月里老太太的幸运在于，她一生中从幼年到老年，各个环节都得到完满的衔接，都得到了亲人的帮助。她一生中感情没有受到大的伤害和打击。幸福，是一种感觉。如果一生中没有受到类似于失去与自己生活关系最密切的亲人的情感上的伤害和打击，人生就算是幸运，就算幸福。这是西江苗族农民对幸福的理解和追求，这是他们对人生最基本的认识和要求。

由于我所访谈的这代妇女是艰难的一代，所以她们当中能达

① 通常把在政府机关工作、领政府薪水的人称为“干部”。

到月里老太太的各种幸运条件的人不多，她们绝大多数只能部分地达到。假如有谁人生的各个阶段都不能满足像月里老太太那样的幸运条件，那么这个人就是最不幸的了。斋往[1]老太太就是这种最不幸人中的一个。正如像月里老太太那样的人不多一样，像斋往这样极端不幸的人也不多。斋往老太太是主动来找我的。她听人说我是来了解妇女疾苦的，想和我谈谈。她把她的想法告诉了别人，别人把她介绍给我。访谈在介绍人家进行。

【访谈 15】

斋往出生于 ×× 村，幼年时父亲身体不好，自己又没有哥哥弟弟，早早地就顶替父亲干活儿。像砍柴这样的男人做的活儿，都由她来承担。父亲去世时，正好母亲外出修公路，只有她守着父亲去世。当时还有她的伯伯在场。在她父亲咽气之前，她伯伯对她父亲说："你有什么话给孩子说一说！"但是她父亲喘不过气来，没办法说，没给她留下一句话就死了。按照苗家的风俗，女儿是不能遇到父亲断气的，所以她爸爸快断气时，伯伯催她说："你快走！你快走！"但是她固执地留了下来。她觉得生活已经很黯淡了，似乎也预感到将来的日子不会好，所以她说："我不走，反正我也是这样了，我就守着我爸爸。"她父亲死了。伯伯伤心地说："没有人合眼，还让我这当哥的给他合眼。"伯侄两人哭成一团。少女时代的斋往很早地承担了生活重担，又经历了失去父亲的痛苦和目睹父亲咽气的悲惨情景。这一切使她过早地体验了生活的艰辛，年轻的心灵被罩上了阴影。她的少年是不幸的。

---

① 化名。"斋"与苗语"水果"同音，"往"与苗语"王"同音。

斋往结婚以后，丈夫经常出门抬树子挣钱，对她很少关心和帮助，但也不坏。然而她不巧遇上一个恶婆婆。在苗族里恶婆婆是极少的。第一次怀孕时，婆婆拿一块柴来要劈她，她一急就流产了。婆婆已经把她的一只手臂打伤了，但她还不得不用另一只独手去薅秧。她丈夫的家景并不好，她嫁过来以后，还得去地主家当短工挣米来养家糊口。家里的大小农活儿自然也由她承担，婚后的生活并不幸福。而更不幸的是，她的丈夫不久去世，婆婆把她们母子赶到仓脚去住。

斋往已经够不幸的了，但还有更不幸的事等着她。后面有些事情她本人也难以启齿，是另一位老太太事后补充告诉我的。斋往后来带着两个孩子改嫁到邻县的一个村。丈夫虽然比较老了，但待她还好。两个儿子长大以后，大儿子回西江来住，小儿子留在当地娶了媳妇生了孩子。日子如果就这么过下去那也就不错。但偏偏那日子又出现了新的变故——她老伴儿去世了。这也没有什么，给她带来致命打击的是，她小儿子突然原因不明地死了，留下了只有7个月大的女儿，这个家就只剩下祖孙三代三个女人。小儿媳妇的哥哥还来逼他的妹妹抛下孩子另外改嫁，并抬着箩筐来搜刮财产。真不知这日子怎么过。好在这时候老太太的大儿子呼唤她们回西江来。老太太又回到了西江。小儿媳妇也跟着过来与亲戚住。小儿媳妇带孙女带了两年，就把孙女送到她身边，自己改嫁了。现在老太太带着孙女跟大儿子住。虽然这日子一天天地过下去，但老太太的心灵创伤太多，白天夜晚只想着她的苦处，随时随地都想哭想去死。她哭的时候，目睹的人也陪着她流眼泪，可怜她不仅“守寡守崽”，还要“守寡守孙”，人人都觉得她是个极为不幸的人。常常是谁家有不幸的事，她去看望人家，人家反过来要安慰她。有一回，她背着孙女去安慰刚失去孩子的叔妈，正巧在那里遇着孙女的母亲，孙女哭着要妈妈，怎么也劝不住，弄得一屋子的人都在哭这祖孙俩。一个一个地来拉着她的手，安慰这一辈子都受苦的老奶奶。她说白天神志恍惚，走起路来轻飘飘的，晚上经常失眠。大儿媳妇对她也很尊敬，不让她干重活儿，劝她多吃饭。但她的心里装满愁苦，吃不下去。她说今年 76 岁，如果不是为了带孙女，长寿毫无意义。

（作者整理）

斋往的苦难是双重苦难，非致命的苦难和致命的苦难。非致命的苦难是从小到大，从童年到老年都一直承担生活重负，一直从事繁重的体力劳动，一直处于贫困之中，以及被婆婆虐待。致命的苦难是她少年丧父、中年丧夫和晚年丧子。后者的苦难比前者更甚。一般来说，少年丧父母、中年丧配偶和晚年丧子女，遇着其中一种情况就算是很不幸了，而斋往却是三个阶段的苦都集于一身。而且她还不是一次丧夫，一次守寡，而是两次丧夫守寡。更有甚者是她不仅丧夫丧子，而且要重新回到前夫的故居生活，并亲自抚养没有了父亲的孙女。她真是苦到家了。

从不幸的老太太斋往和幸运老太太月里的身世经历及人们的评价中，我们可以看出西江苗族妇女看重情感寄托，把感情上的苦看得比物质上的贫困和体力上的劳累更严重。由此也看出西江是一个以家庭为核心的社会，个人融入家庭，家庭成员的状况对个人的命运至关重要。

此外我们还可以看出，由于观念上的原因，西江苗族妇女在“幸运与不幸运”的认识上的一些特点。她们认为妇女改嫁后又重新回来，自己没有生养男孩或自己的子女没有生养男孩都算是不幸。斋往老太太为生活所迫，从改嫁地又回到了前夫的故居。她在心理上就有一种低人一等、见不得人、寄人篱下的感觉。因为传统上，一个女人不好好地守着自己的孩子却要去改嫁，要被人瞧不起。好在斋往是把孩子带着走，对孩子是负责的，孩子因此对她也有责任心，长大后没有伤害她。尽管如此，重新回到西江来，斋往还是有一种无地自容的感觉。只是她苦得麻木了，顾不上这么多的自尊了。

西江有一个敬老院。那些没有人赡养的老人可以到这来，由国家赡养。那里有一对老夫妻，他们只有一对女儿。女儿出嫁后他们跟着到女儿家去住。但女婿待他们不好，所以不久就分开自己过。后来敬老院的负责人去做他们的思想工作，他们才到敬老院来的。其实那老太太是有儿子的。她先前从西江嫁到某寨，生了六个孩子，后因她丈夫当兵一去不复返，她等了 5 年才改嫁。改嫁以后她才不再生养儿子，但因她已经改嫁，就等于她做错了事，儿子就没有了赡养她的责任。她跟我说，她守寡时才 25 岁，有些人到这个年龄还没有结婚，她觉得就此守寡下去划不着。所以她就改嫁到西江某村。现在她的前夫又从台湾捎话来，要找儿子和她。她托人捎话给他，儿子在某寨，如果他有家室子女就算了，如果他没有可以回某寨跟他的儿子过。虽然那老头子未曾抚养过他的儿子，但他却没有什么过错。现在这老太婆 85 岁，她看上去就像 60 岁的人，比她身边那个 79 岁的老头儿年轻得多。我佩服她当年改嫁的勇气。五六十年来夫妻的恩爱生活比什么都划得着。如果她没有当年改嫁的举动，也许现在已经不再活着。我想她心里不会后悔。但作为一个改了嫁又无后代赡养到敬老院来生活的孤寡老人，她还是觉得难以见人，不好意思出门。改嫁在苗区是允许的，但多多少少有些微词，至少被人认为你的生活没有成功，你的意志不够坚定。老人常说，一根光光滑滑的绳子才好，断了接上的不管怎么说也有个疙瘩。

一个有文化的男人临死前对他的妻子说了一番话，这既是为了孩子也是为了妻子。他对妻子说："凭你的一双手走到哪里都会做得吃。但是孩子想念你，你也想念孩子。你已经不能再生孩子了，你必须留在这里抚养孩子。即使将来孩子对你不好，人家嘲笑孩子；如果你走错了一脚，孩子对你不好，人家也不同情你。我死去了，你安心抚养孩子，将来一定会好的。孩子骂也好，也要在。"丈夫死时 55 岁，妻子 44 岁。这位妻子现在 84 岁了，儿孙满堂，她一直没有改嫁，确实也过得不错。但她却也深有体会地说："我过一生就知道了，哪怕生活再苦，也要有个丈夫才好。"

我正在敬老院访问的时候，进来了一个老太太，颤颤巍巍的，耳背，牙缺。她 80 岁了，早上从开觉那边一个村子走来，慢慢挪动，下午两点才到。她来要求敬老院收留她。她有两个女儿嫁在西江，也有儿子。但女儿养她不合习俗，儿子待她不好。这也是一位改嫁过的老妇人。她说她的丈夫死于 1958 年，儿子不赡养她，打了米就藏起来，不给她吃，所以她只好改嫁。但他的儿子又去接她回来，说以后会对她好。但她真正回来了，儿子又一如既往，不仅每天把门锁着，只给她一点点儿吃的，甚至不给，还要打她、踢她，打得她浑身伤痛。现在她既然回到儿子身边，又有负于改嫁的那一家了，不可能再回去。村上有人出主意叫她来找敬老院。但敬老院没有当即收留她，说是要将情况调查清楚，通过政府一起解决。

敬老院有敬老院的难处，一是这口子不能开。因为如果一旦接收了有儿子赡养的老人，那么要来的人就太多了，敬老院将无法容纳；二是敬老院没有经费，房子是靠国家拨款和个人捐赠修的。现在日常的开支都是借的。院长对我说，人老了，也吃不了多少，主要担心的是办后事。老人到了这个年纪，还能活多久就很难讲了。农村办后事很隆重，没有几千元钱拿不下来，他们没法弄到这些钱。他们收留老人都先和他（她）所在的村签订协议，老人把自己的责任田交给村里人种，村里也相应为老人承担一些责任和尽一定的义务。

刚才说到的两位老人是不幸运人中的一种情况。妇女中年丧夫不改嫁是苦，改嫁了若命运不好或处理不好也是苦。中年丧夫苦，晚年无子也苦。改嫁妇女若成了孤寡老人，那么除孤苦之苦外，还有失去尊严之苦。

妇女除了失去自己的亲人会带来种种之苦外，还有一种不可思议的第三代人给她带来的苦恼，孙子给她带来的苦恼。有个老人本来有个好好的家庭：夫妻两个加上一对儿女，儿女也都各自成家了，日子过得好好的，老人也很满意。但突然女儿撇下一对孩子撒手而去，不久丈夫也因脑溢血病逝了。好端端的老人此后就变了个人，整日以泪洗面。西江苗族妇女为了社会地位，需要男孩，但为了感情寄托，又需要女孩。如果跟儿子处不高兴，就去找女儿诉苦。现在这老人没有了诉苦的地方，连互相依靠的丈夫也不在了。她承受不了这样的打击，几乎要垮掉了。好在老人还有个儿子，算是她的最后安慰。但她儿媳妇只生了两个女儿，没有儿子，这又是老人的心痛之处。她觉得自己这颗心简直是无处着落了。她儿媳妇后来悄悄地超生了一个男孩，这才使她终于找到了安慰。她常说这孙子是来救命的，既给她生命的延续带来希望，也给她在这个世上挣回了面子。

由此可见，西江苗族还恐惧“绝种”——后代无男孩。这在他们看来是最大的不幸。其实苗族里极少有不生育的人。如果有，往往容易招致人们的怀疑，觉得那人是否做了什么伤天害理的事，才受到苍天的惩罚。

另外，少数的家庭还有一种隐秘的不幸，即被人认为是有“蛊”或“酿鬼”。“蛊”类似于一种毒药；“酿鬼”是一种鬼，类似于害人精。因为“蛊”和“酿鬼”都是害人的，人们避之不及。因而凡被认为有“蛊”或“酿鬼”的家庭，在社会上极端孤立，其成员痛苦的心情，与以上诸类不幸之痛苦无异。其实“蛊”和“酿鬼”都是“说”成的。当初怎么“说”成很难考证，但现实中你的家庭一旦被“说”成有“蛊”或“酿鬼”，那你的子孙后代就再无出头之日，这是永远掀不掉的黑锅，洗不净的污秽。当地人就直呼这种家庭为“不干净”。许多苗区娶媳嫁女，首要一个条件就是要看对方干不干净。在 1950 年前夕，有一位地主家小姐长得十分漂亮，但却因她家“不干净”而嫁不出去。据说当时在雷山工作的一位北方籍地下党员，为了移风易俗，在组织上的安排下，准备娶这位小姐为妻。后来因局势发生变化，这桩婚姻没有搞成。时间过去了好几十年，现在当地还有这种说法。在一次田野调查中，我还遇到这样一桩事。一个姑娘和一个小伙子相恋了，但因小伙子家“不干净”，遭到姑娘家庭的强烈反对，最后姑娘只好屈从。我问姑娘为什么在乎“不干净”这件事情，她回答说：“我在乎这件事情，是因为如果‘不干净’的话，家里人就会与我断绝关系。我还是不想失去亲人。我不知道为什么要这么说，也不懂，但我不能改变现实。本来自己好好的，一嫁他，被说成‘不干净’。”这种“不干净”的说法之所以一直阴霾未散，是与人的自我保护本能有关的。人们大约已经不再相信有“蛊”或“酿鬼”的存在，但害怕被社会孤立。从自我保护的角度出发，宁可信其有，不可信其无。可怜那些不幸的人家，背上这个莫须有的罪名，不知何时才能抛开。

有学者研究说，“蛊”的说法产生于阶级社会出现之前的一种“性嫉妒”心理。当一个集团的男性无法得到另一个集团的漂亮女性时，便想办法孤立对方，即使自己得不到的女人也不让别人得到，并让对方承受痛苦。因而一般被说成有“蛊”的人，往往多是漂亮的女人，由于“蛊”是传女不传男的，这种说法对妇女的残害很深。“酿鬼”还没有人做太深入的研究，道理大概跟“蛊”差不多。在苗区，似乎“酿鬼”比“蛊”更可怕。

第五章　性的羞耻感

作为一本研究妇女的书，我应该关注男人和女人的问题，看看西江苗族妇女怎么看待男人，怎么看待自己，怎么看待男人和女人的关系，等等。

作为一名西江妇女的女儿，我在西江度过很长时光，与西江人打过很多交道。所以我一直认为自己对她们几乎是了如指掌。然而，在我着手正式调查，接触我的第一个访谈对象时，我震惊了！我发现了一种遏抑着西江妇女言行的最深层心理障碍——对性的羞耻。而以前我对这一点一无所知。我与我所有的西江亲属——母亲、外婆、姨母、舅母、表姐妹等（男性当然不用说）统统都没有谈论过性的问题。她们也包括我在内，都羞于谈论性（这也恰好证明了西江人对性的羞耻）。我感谢我的第一个访谈对象，是她积极配合我，让我知道在性问题上过去不曾了解的问题。

那是1995年的春节前夕，我回到老家——我父母的家——雷山县城。我急于下到西江去做妇女调查（需要坐两小时的汽车）。母亲对我说，春节期间家家都忙着过年，到人家家里去不合适。她建议我的工作可以先从县城开始，说西江妇女现在在县城的很多，有些正是这个时候来县城探望儿女，可以请她们到家里来做调查。我同意了，并请母亲帮忙联系一些能抽出时间与我交谈的人。她推荐给我的第一个人是雷山职业中学文远荣老师的妻子。文老师的妻子不是西江人，但与西江有密切的联系，她所生活的圈子是属西江文化的。她的生活能反映西江人的生活。母亲说，她与文老师的团聚，是晚年的事情。而在以往的漫长岁月里，她独立支撑着家庭，是一个阅历丰富的生活在社会底层的女人。

访谈在我家进行。她叫龙玉琼，67 岁。她给我谈了很多，其中谈到了这么一件事情：

【访谈 7】

龙玉琼：我有个叔妈，昨天她来跟她儿子一起过节，我们刚还谈论过她以前的事。有一次她快要生娃娃了，不敢跟丈夫讲。丈夫叫她出门去干活儿她也跟着去。那天去的地方很远。到了坡上，她有了反应，要生娃娃，但还是不敢跟丈夫说。只说："我回家去了。"丈夫说："吃了午饭再去。"她说："我不吃了。"丈夫说："这样也好，剩下的半盒饭，正好给我当晚饭。我今晚就睡在坡上，明天早上再犁一早上，把田犁完再回家，免得这牛走来走去的，把脚走伤了。"这样她就回来了，还是没有跟丈夫说要生孩子的事。她说讲生孩子的事害羞得很，太难为情。你看，以前老辈子真笨，憨得很。她在家就开始肚子痛还要去上坡。到了坡上，又翻山越岭，杵着根拐杖挣扎着回来。正遇到我妈在半路割田坎。她一把抓着我妈的手说："姐姐，您陪我回家去，我要生孩子了！"我妈急忙丢下手中的工具，扶着她回家。她阵痛越来越厉害了，把我妈勒得紧紧的，几次央求说："我不行了，在这里算了，姐姐，我在这里生算了。"她想在野地里生下孩子。我妈就吐口水在手掌上擦她的肚皮，说：“不能在这里生，难看，你要坚持回家去，回家去接财接富去。”（认为吐口水擦肚皮可以稳住孩子）我妈好不容易把她拖扯着回到寨边，娃娃的头就掉在裤裆里了。她们死劲把裤子提起来，兜住那个娃娃。快到家了，她把钥匙递给我妈，我妈刚把门打开，她就垮在地上，娃娃生出来了……

后来家中老人回家来了，问她来时丈夫知不知道要生孩子，她说她害羞得很，不敢跟他讲。你看苦不苦！第二天我叔叔才回来，我妈正杀鸡给叔妈吃。我兴奋地向他报喜：“爸，爸，我们家有个娃娃了（把叔叔作父亲称，表示亲近）。”叔叔回答说：“哦，有了？”但他也不敢进房间看，也害羞得很。直到满三朝，我妈把娃娃抱到门口取名，叔叔才得看见一眼。

龙玉琼讲述的这件事情使我这半个西江人也感到不可思议。丈夫本来是孩子的父亲，妻子竟然难以向他启齿生孩子的事情。而这种害羞的程度竟然达到置生死于不顾的地步。我预感到这里面一定有某种深层的东西，为了探明这个问题，我在后来的访谈中做了特别的留意。

后来我的访谈印证了龙玉琼所说的，也证实了我对这个问题的看法——西江妇女对性有着强烈的羞耻感，包括与性有关的一切事情，诸如生孩子之类，因为孩子是性行为的直接结果。

在语言上，西江传统社会的新婚夫妻彼此不说话，也不互相称呼，连招呼也不打。如果家里有事非讲不可，比如丈夫要安排生产或妻子要钱去买东西之类，他们就自顾自地说话。如果家中有小孩儿，话就好像是对小孩儿说；如果家中无小孩儿，话就好像是对着空气说。而对方也能心领神会，也照此方式回答，或者不声不响地照办。这种“僵局”通常要维持到有了孩子，或孩子长大，新夫妻成了老夫妻之后。我实在不解，便问西江的老太太们：“为什么要这样呢？”她们理所当然地回答：“怎么好说话呢？家里有公公婆婆，小两口儿说话亲亲热热，不害臊死了！”于是我又说：“那也总不能一天到晚都不说话嘛，是不是晚上两个人回到卧室单独在一起时才说话呢？”她们诧异地说：“那就更不能说了，公公婆婆就在隔壁睡觉（木板是不隔音的），任何一点儿响声都听得到，小两口儿怎么能在自己的房间里说话呢！”我说：“那真是一天到晚都不能说话了，那还成什么夫妻！”她们习以为常地说：“是不说，老辈人就是这样的呀！（包括她们自己）”

在行为上，夫妻不好意思一起出门，不好意思一起上坡劳动，不好意思同桌吃饭，甚至不好意思同一间卧室睡觉……最好还是请西江人亲口告诉读者吧。

【访谈 12】

侯昌德：老辈子夫妇之间很害羞。互相不称呼，只有生育了孩子以后，才彼此称呼为“你妈”“你爸”。刚结婚时，见到配偶很害羞，如果在山上，妻子见到丈夫就躲起来，为的是避免熟人取笑。在家里时，有父母在，也尽量回避，怕不体面，怕被认为是放荡。

【访谈 16】

阿莎[①]：在我们羊排村，父母亲表面分居（不在同一间卧室睡觉）的大约占 1/3（指现在）。姑娘出嫁回来娘家，

① 化名，苗语里表示“清水”的意思，用于女孩名。

跟母亲睡。父母不好意思在一起干活儿。一些年轻夫妇一起上山干活儿，老人看不惯；反之老年夫妇感情太好，年轻人也会说。我觉得我们羊排村特别封建。

（女，22岁，羊排村人，初中毕业，未婚）

【访谈17】

甲妇女：我看见老人们都是分床睡的，比如某家，老头儿和老太太分开睡。

唐玉[1]：我见父母也是分床睡。

乙妇女：现在50岁以上的夫妇，有50%不睡在一起，有位妇女跟我说，她对她的老头子厌倦得很。

（唐玉，女，30岁。甲、乙是羊排村妇女）

【访谈18】

晓林[2]：老辈人怕羞，夫妻上坡各走各的。他们年轻时，家里如果有一个老人陪同，就一起同桌吃饭；如果没有别的人，他们就一先一后地吃饭。同桌吃饭怕被别人看见了笑话。就连我丈夫（机关干部，30岁左右，有文化），前几年回老家，也叫我先走一段，和他保持一些距离，一前一后地走。我丈夫自懂事以来，就看到父母是分居的。他大姐是1954年出生的，结婚之前一直跟妈妈睡一床。父母是悄悄同居的。我和丈夫结婚以后，怀孩子9个月，回老家时要生孩子，就请伯妈来护理我。丈夫也不敢来照顾我，怕羞，怕被人指责。我坐月子一直是婆婆照顾，丈夫不敢照顾。听老辈人说，有一个女人嫁过来三四年不认识丈夫，因为她只有

① 化名。

② 化名。

插秧、打米的农忙季节才来丈夫家，丈夫很少有机会与之同居。同居时也是半夜悄悄来，一会儿就走了。后来有一次，丈夫挑了一担米回来，满身大汗。她以为他是一位大哥，就端了一盆水递过去，轻声说："大哥，洗脸。"丈夫不答应，还有点儿生气的样子。她这才知道这人就是她丈夫。

（女，30岁，职业妇女）

【访谈9】

务娄：老辈人很害羞，做新娘刚来夫家时不敢吃饭。我刚嫁过来时，他家人多，害羞得不敢进家，不敢睡觉。见老头子老太婆都害羞。过路见人不敢看，更不敢直视丈夫。老辈人男女分居，认为夫妇俩睡一床不雅观。如果两个人太思念了，就悄悄同居一会儿就分开了。新婚夫妇睡在一起，有了孩子就分居。同居就像做小偷儿一样。以前农忙时要包中午饭上坡吃，夫妻俩各包各的，各吃各的。在家吃饭，妻子要等丈夫吃饱走了才来吃，要不然就舀饭到厨房单独吃。打米也各打得各人抬走。妻子生了孩子，丈夫害羞也不去看，更不要说帮忙照顾。与丈夫最痛快的时候（指最愉快）是游方的时候。嫁到他家以后，就不好意思和他说话了（这老太太年轻时是自由恋爱嫁过来的）。上坡都不敢和他一起走。我刚嫁来时，婆婆叫我去摘禾[1]。因为我不认识路，婆婆就叫我到大路上去等他，和他一起走。结果他还骂我："谁叫你在这里等我！"我们去了，也是各摘各的禾，各吃各的饭。第二天要跟丈夫去割田坎，晚上肚子有点儿痛，要生孩

① 有一种糯性很强的糯稻品种叫摘糯。收割时需要用摘刀一穗一穗地摘，"摘禾"就是去收割摘糯。

子了。早上起来，丈夫对我说："我先去了，你包饭来。"我不好意思告诉他说肚子痛，只说："我不去了。"他说："去割一把也好，要去！"我只好去了。割了一会儿，肚子又有点儿痛了，我就说回家去了，也不告诉他要生产的事。

（女，77 岁）

【访谈 10】

宋国英：过去家家都是一样的。新娘出嫁，到丈夫家好几次了，也不认识男人。那时普遍是那个样子。

【访谈 19】

阿妮[①]：以前的父母有孩子以后就分开睡，我小时候 1 岁就跟奶奶睡，长大以后也从来不见父母同床。

（女，41 岁）

我曾经问过一群老太太，结了婚就是合法夫妻，是被社会承认的，连合法夫妻同居也感到难为情吗？她们异口同声地说："是啊，怎么会不害羞呢！"我说："那你们怎么会有那么多孩子呢？"只有勇敢而直爽的老太太回答："偷偷地呗，就像小偷儿一样。"据她们说，辈分越大的人越害羞。

为什么西江妇女对男人会有这样强烈的羞耻感呢？我们需要考察一下她们成长的环境。对西江人来说，绝大多数人从出生到死亡都生活在同一个地方，祖祖辈辈都生活在同一个地方，在那里有他们固定的社会关系网。这网对于一个家庭来说，是一个社会；但对于一个社会来说，它只是一个扩大了的家庭。西江苗族原来就是聚族而居的，它类似于一个父系大家庭。后来由于这个"家庭"的人繁衍多了，才分为若干个"家庭"。"家庭"又分

① 化名。"妮"在苗语中常用于女孩名。

为若干个“小家庭”。因此，整个西江寨叫“寨”，寨下面分为“村”，村里面又分“家族”，家族再细分为“房族”，房族又分为“家”。这里人和人、家和家交织成亲疏不同的血缘网络。社会关系成了血缘关系。现在，虽然可以开亲的村和村、家族和家族之间已经不视为血缘关系了，但在本村或本家族中，血缘关系仍然存在。你家的房屋和家族的修建在一起，你出生在一个村子里，你就必然地属于某个家族里的人。在你的家庭之外，有一个家族组织。你是一位家庭成员，同时也是一位家族成员。你实际上是在家族里面生活。不管你是吃饭睡觉，还是上坡干活儿，你都生活在家族里面。村子和家族就是你的社会，也是你的家庭，一个扩大了的家庭。所以你应将所有的叔叔伯伯（叔妈伯妈）和堂叔叔堂伯伯（堂叔妈堂伯妈）当成你的亲爹（亲妈）；把所有的堂爷爷（堂奶奶）当成你的亲爷爷（亲奶奶）；把所有的堂兄弟（堂姐妹）当成你的亲兄弟（亲姐妹）。你置身于一个大家庭中。你的社会就是“家庭”，你的“家庭”就是社会。你一生中只有一个阶段的某些时间例外，只有在这个例外的时间里，在规定的场合，你能够接触“家庭”之外的社会。这个很短的、难得的时机就是你少年时期在游方场谈情说爱的时候。这个时候，男孩子可以走出“家门”，女孩子获得一块划定的“门外”场地，在规定的时间你可以面对家族成员之外的人。但这段时间对你的一生而言是很有限的，你注定一生都生活在“家”中。只是女人与男人不同，男人一生都固定在一个大家庭里，女人则在大约人生的1/3的时间，从一个“家庭”换到另一个“家庭”。妇女的角色转换便是在这个“家庭”的转换过程中完成的。问题就在这里，妇女从原来“非性”的角色突然变成“性”的角色，这才使她对她的男人，即性行为的对象采取回避的态度并产生强烈的羞耻感。同样，作为男人也是，由于妻子的突然到来，使原来无“性色彩”的他突然有了“性”的色彩，被推向了“性”的角色，他仿佛觉得大家都在用异样的目光看着他，就像舞台上的聚光灯突然照射在他的身上，使他难堪，变得不自然起来。

怎么说女人原来是“非性”的角色，而结婚后就变成“性”的角色呢？“性”是男女的特质，说西江女人“非性”，并不是说她们在结婚前不具备女人的特质，在结婚以后才具有这些特质，而是说在女人结婚前，所处的生活环境不关注她作为女人的特质，而在她结婚后新的环境里才突然关注她作为女人的特质，使得她女人的特质特别醒目。我们前面说了，传统的西江人，是生活在“家庭”里。尤其是女人，她的活动圈子不是在家庭，就是在一个或几个家族组成的村里。她在家生活在爷爷奶奶、爸爸妈妈、兄弟姐妹的圈子里。她出门仍然生活在她堂爷爷奶奶、堂叔叔伯伯叔母伯母、堂兄弟姐妹的圈子里。她在家里的言行怎么样，出门言行也只能怎么样。在她生活的圈子里有男人，但这些男人全部都是不能与之婚配的男人，是哥哥或弟弟。与他们相处不会产生特殊的男女之情。对他们除了更多一些尊重、爱护，没有其他关系。反过来说，她在这些男人的眼里，是孙女、侄女、姐妹，不是性意义上的女人。在这个圈子里她是一个具体的家庭、家族成员，不是一个女性。她不是以一个女性身份生活在其中。而她本人也习惯这种家庭、家族成员的身份，感到安全和温馨。她在娘家的这个角色，就是一个“非性”的角色。虽然她在一定的场合也以女性的角色出现，那就是游方场上。但那很有限，还不足以锻炼出她们自如地担当“性”的角色的心理素质。

因为在传统的游方场上，男女之间只局限于情爱，还未涉足性爱。你尽管可以抒情，但要保持距离，不能说任何淫秽的词语，当然关于两性生活的问题也绝对不会谈论。况且这种与异性的交往（真正的异性，可以与之婚配的人），是在一定的场合下进行的，属于半秘密状态，没有进入日常的生活轨道。这些少女，压根儿还没有充当性角色的习惯。

当一个少女突然成为新娘，被抛在一个完全陌生的环境中时，她会感到窘迫，更何况在这个环境中她充当的角色是她陌生的一个角色，引以为耻的角色——性角色。全村的人，即新环境里的人都知道，她是作为某人的妻子而来的。而作为某人的妻子，也就意味着作为某人的性对象。这个新环境和她旧环境不一样，在这里她作为女性的特质似乎是赤裸裸地摆在人们面前。因此，她在他们的眼皮底下，在这些和她没有任何血统关系的男人和女人的眼皮底下，感到害羞。她会匆匆而过，尽量回避男人，尤其是那些与她年龄相仿而又同一辈分的男人，因为她在这里任何不恰当的言行，都有可能引起有关于性的猜忌、联想。因为她在这里已经不是一个孙女、侄女或姐妹，而是一个孙媳、儿媳、嫂子或弟媳之类的角色。

而她更要回避的是她自己的男人。因为她作为这个男人的性对象，不管出现在哪里，人们只要发现她和她男人在一起，就会联想到性，就会认为这是一种过分的行为。因而她要回避，避免别人的议论。这就是前面那些被访谈人所说的夫妻俩不敢讲话，不敢同桌吃饭，不敢一起出门，不敢一块儿干活儿，如果那样了就怕被别人指责为放荡。而夫妻说话、吃饭、出门、干活儿怎么与放荡扯到一块儿去呢？这中间就有了一个联想问题。为什么会这么联想？这是少女长期生活在“非性”环境里的结果。因为女子很少在公开的日常生活中与可以通婚的男子有经常的交往。当她作为性的一方与另一方结合时，双方“性”的色彩就凸现出来了，人们就会产生联想。这些道理对男人也一样。

但是，我们进而要问，夫妻间说话，一起吃饭、出门、干活儿等，别家要笑话、指责，要“性”联想，那么要笑就笑，要指责就指责，要联想就联想，那有什么关系呢？反正你们是合法夫妻，受社会承认、保护的，怕什么呢？这里关键在于，西江妇女对“性”感到羞耻。如果说，“性”让人感到羞耻，那么“性”本身就是一种罪恶。这种羞耻感的背后就是一种罪恶感。有些妇女临产时，哪怕冒着生命危险，也不愿意让丈夫帮忙；而这些丈夫明知道妻子正在受难，也不能够给予一点儿慰藉。这些背离人性极不道德的做法，都源于他们对“性”的认识。在他们看来性行为可耻，与性行为相关的行为也丑陋。好像妻子生孩子不是明媒正娶后的结果，倒像是偷情得来的野种，妻子怕丈夫知道，丈夫也不屑去关心似的。这是一种极为矛盾的社会现象。一方面，西江是个父系家族社会，很看重血缘，很强调传宗接代，希望多子多福。一个人如果没有生育儿女，特别是没生育儿子，便被视为“绝种”，是很不幸的事情。也就是说很看重生育。不管是男孩还是女孩，如果到了一定年龄还找不到合适的对象结婚，或者结了婚迟迟不生育，父母是很着急的。从这个意义上来讲，它也看重性事，希望他们结了婚的子女尽早地行房事，尽早地生育子女。但是，它只承认性是生殖措施，而否定其欢愉功能。因此它极力冲淡男女间情感上的色彩，而只鼓励把性作为一种生育责任来冷静理智地履行。它把性的两种功能割裂开来。性的生殖功能被视为一种义务，性的欢愉功能则被视为一种罪恶。因此，半夜三更黑灯瞎火，丈夫才悄悄地进入妻子的卧室与之短暂同居后便走，而夫妻俩如果还在此基础上调情亲热，或者哪怕是同出同进、眉来眼去就统统都是罪恶。为了避免指责，一切有可能引起嫌疑的行为，诸如相互说话、同桌吃饭、一起出门、一块儿干活儿等统统都要回避。其实，在西江传统的观念里，性交实际上全是罪恶的，至少是极其丑陋的，在任何情况下都没有什么"美"可言，是人类为了生育，才不得已而为之。如果有什么方式能使男女间没有性接触便能生孩子，并能确保这孩子是丈夫的血统，那就宁可采用这种方式。当然这种方式必须是天然的方式，不能是"试管婴儿"之类的。在这种观念的影响下，夫妻间的性行为，当然是越隐蔽越好，最好是隐蔽得让不懂这事的人压根儿就不知道有这回事。夫妻间的假分居，就是这个道理。也是自欺欺人。这种观念希望人们纯洁，纯洁得就像相信婴儿是涨大水时冲来的。[①]

既然性行为如此丑陋，男女就都做出自己没有那回事的样子。男人可以做得到，而女人则不行。女人肚子大了，就露馅了。女人觉得自己丑陋，要生孩子了也不敢跟丈夫讲；男人觉得生孩子的行为丑陋，妻子分娩了也不去看，以表示与己无关。那丑陋就全让女人给担待了。久而久之，女人也就真的觉得性行为丑陋、生孩子丑陋、性器官丑陋，总之一切与性有关系的东西都丑陋，结果是女人丑陋。晓林给我讲述了这样一个事实。

【访谈 18】

晓林：我有个邻居生了三个孩子了，但没有人帮她接生过。因为她不给别人看她的阴户。生第一个孩子时，快要生

① 大人们常对不懂事的小孩子说，婴儿是在涨水时，从河边捡来的。

的时候，她就在床前走来走去。丈夫见了，就起身走了。她要来一个凳子倒在床前坐，把裤子褪到膝盖，孩子就生下来了，胎盘也一起掉下来，自己用剪刀剪脐带，穿戴完毕后，才去把婆婆叫来捡小孩儿，自己上床睡觉。

听了这个故事，人们会为这位苗族妇女独立担待风险的勇气而心酸。但这是另一方面的问题，我们这里仅讨论她不让人看阴户的心理。她的这种心理，从小就形成了。通常大人在给孩子把尿时的态度是不一样的，如果是男童，不管什么场合，周围有多少人，大人们都把那孩童的生殖器亮出来很随便地就把了，不回避什么，似乎那生殖器是一种骄傲、一种光荣；而如果是女童，则躲之不及，认为这很羞。这种心理，除了封建性的重男轻女观念外，已经反映了男人生殖器美、女人阴户丑的审美观念。女孩从小就生活在这种环境中，受大人审美观念的影响，长大后必然认为阴户见不得人，哪怕在特殊情况下。

那么西江传统社会关于性的罪恶观念是怎么形成的呢？这涉及两性行为与社会的关系问题。费孝通先生说，人的两性行为对社会绵续和稳定上具有两重性："人们都容易理解人的寿命有限，不通过生殖作用和世代继替，社会不可能绵续下去。生殖作用是社会绵续的生物基础。人类是男女分体的动物，生殖作用必须通过男女的两性关系。因之，两性关系是社会得以生存的大事。这是一方面。另一方面是两性关系也存在着破坏社会结构的潜在力量。食色，性也。色是从生物基础里生长出来的一种男女之间感情上的吸引力。如果容许这种吸引力任意冲击已经建立起来的社会中人与人的关系，那就会引起社会结构的混乱和破坏，以致社会分工体系无从稳定地运行。所以自从人类形成了社会，没有不运用社会的力量对人的两性行为加以严格的控制的。就是说没有一个社会不立下种种规定，以限制一个人只能在一定时期、一定场合、一定范围里，对一定对象发生性行为。而且一般说来，为了维护这类社会规定，对越轨行为总是运用了很强烈的社会制裁。这也是社会生活里的一桩大事。[①]”既然人的两性行为对社会具有两重性，那么社会的绵续和稳定就取决于社会控制，社会控制的强弱和措施的取舍又取决于具体社会组织结构和统治者的需要。

传统的西江社会类似于一个大家庭，它需要维护父系的绝对权威。这种宗法制社会的第一原则是承认父系血统，承认本家族内皆为兄弟姐妹。因而绵续该社会就必须实行族外婚，禁止本家族内通婚。这是维护这个社会稳定的最基本的保证。如果破坏了这个通婚制度，就动摇了这个社会的根基。西江的社会组织结构，就是聚族而居，一个村子是由一个或数个家族组成的。这些家族内部是绝对禁止通婚的。

然而，我们应该看到，本家族间的兄弟姐妹是家族结构上的而不是具体实际意义上的，是理论上的而不是实质上的血缘关系。不是本家庭而仅是本家族的兄弟姐妹的血缘关系实际上是很远的。那么要让这些血缘关系实际已经隔了很远的年轻人仍像亲兄妹一样，情同手足而绝无非分之想，那是需要有强大的力量来制约的。这种制约措施首先从观念灌输入手。观念又分两个方面，一方面是“家族就是家庭”，另一方面是“性是丑陋的”。这种文化训练一代一代地传承，内化为几近生理遗传的文化遗传。

① 费孝通，《重刊潘光旦译注霭理士〈性心理学〉书后》，《性心理学》，生活·读书·新知三联书店，1987年，第554页。

使得人生下来就自然地将家族成员看成家庭成员。这种制约非常成功，它随父权制的确立自然而然地发挥效用。这是婚配上的禁忌。婚配上的禁忌内含着两性行为的禁忌。既然不能婚配，当然就更不能有两性行为，否则就是乱伦。这可是作为人起码要遵守的自然法则，如果连这点也做不到，就沦为禽兽了。这个禁忌是人类繁衍社会延续的根本禁忌。

但要稳定社会，只有以上的婚配禁忌是不够的，人类还需要对两性行为加以别的限制。或者说，婚配上的禁忌是人类早期确立的禁忌，而随着人类的发展，社会的进步，人类又会制定一些相应的两性行为禁忌。一般来说，古老的、保留原始文化比较完整的、更接近人的自然形态的民族，婚姻禁忌较多而其他两性行为禁忌较少。有不少的民族按民族规矩择偶婚配，但两性行为又比较自由。但对于西江苗族来说，一方面要绝对严格地遵守族外婚制，只与家族以外的人通婚；另一方面还要严格限制婚前性行为和婚外性行为。不管是男人还是女人，异性对他们来说只有两大类：一类是不可以与之婚配的，一类是可以与之婚配的。不可以与之婚配的便是家族以内的，可以与之婚配的是家族以外的（不包括血缘关系很近的姨表兄妹）。家族内的男女严禁婚配（含性行为禁忌），家族外的男女严禁婚前性行为和婚外性行为。既要维护父系家族内的秩序，也要维护家族外即社会（社会由数个家族构成）的稳定。社会的稳定又反过来保证家族秩序。因而，西江传统社会既严禁家族内部“兄妹”婚配，也严禁家族之间男女随意发生两性行为。多层次的禁忌，使西江传统社会对性高度地回避，以致形成“性是丑陋的”这样的观念。观念一经形成，舆论就会发挥作用。在西江这种人口密集的地方，舆论的力量是非常强的，面子观念也很重。

在西江，如果谁触犯家规族规，与不该婚配的人婚配，那是会遭到全家族的谴责和社会的嘲笑，乃至开除族籍。到目前为止，还没听说谁敢冒天下之大不韪，与本家族的人开亲。而如果发生了不合规范的两性行为，社会舆论会铺天盖地地扑向他，尤其是向她压来，让他们无法正常生活。但这也还要分两种情况，一种是婚前越轨，一种是婚外越轨。如果是婚前越轨，主要是当事人的事情，社会多采取孤立的态度；如果是婚外越轨，损害了当事人的配偶及其家族的利益和声誉，社会则必须给予制裁。

关于对婚外性行为的惩罚条例，历史上一定会有，但目前我在西江没有搜集到有关的文字资料。据苗族研究专家唐春芳老先生说，过去他的家乡对偷情的人处以极刑，即处死。他曾多次目睹过这种场面。对偷情的处罚一般是推下悬崖或溺水而死，还要女方本家（娘家）来执行。对女方的处罚比对男方的重。比如说，某有夫之妇偷情，当哥哥或弟弟的就要当着妹（姐）夫的面将其妹（姐）处死，还说“她对不起你就处罚给你看”。

唐老是台江人，台江是西江的近邻，其文化是西江文化型，至少是西江亚文化型的。这种对偷情妇女处以推崖或溺水的极刑，在台江发生过，在西江也有可能发生。可能西江村子大，文化人多，外来文化影响大，这种极端的行为消失得快。

西江社会为了维护其内部的父系血统和社会稳定，从观念和法规上都给“性”树立起一个丑恶的形象。它要求西江人，尤其是妇女应清纯、端庄、稳重。这些行为规范必然导致西江妇女一方面外表上要做出对性很害羞、很害怕，疏远、冷淡男人；另一方面自己也真的相信性是一件可怕的事情。这就必然导致了一个结果：对男人必须疏远。这就是西江女人对男人的看法和态度。

西江苗族妇女对“性”、对男人的这种态度还体现在苗族婚姻的一个习俗上——新娘不住夫家。“新娘不住夫家”指新娘刚嫁到夫家时，只住半天、一夜或最多十天半月，便返回娘家居住。此后每年农忙时才去丈夫家两三次，每次只住十天半月，然后又回到娘家来住，直到怀孕为止。这阶段持续的时间一般是两三年。这种习俗不只是西江苗族有，我国西南地区的许多少数民族也有。

对于这种习俗，学者们最通常的说法是，它是一种母系氏族制的残余，原来是男嫁女，后来改为女嫁男，是这一转变过程中的抵抗形式。这种说法是否符合事实，有待于进一步研究。但不管这个习俗的起源如何，从客观效果来讲，这个习俗都为苗族妇女提供了一个心理调适的机会，是她们转换两个生活环境、两种身份角色的一个过渡。它起到一种缓冲作用，避免了新婚妇女的心理失衡和社会行为落差太大。按照常规，新婚夫妇总是迫不及待地生活在一起，欢度蜜月，而怎么能够刚结婚就两地分居而忍受思念的煎熬呢？问题就在这里。传统的西江苗族妇女对未来的婚姻生活不渴望不向往，对于她们的丈夫也不思不念。在这个问题上我问过很多的老人，她们的感觉是一生最快乐的时光是当少女时期，而一旦结婚便跌入了苦难的深渊。

这当然与她们婚后要承担的责任有关。结婚以后她们要为人媳、为人妻、为人母，要侍候公婆、丈夫，经历一次又一次的分娩痛苦，没完没了地生儿育女，为养育一大堆的娃娃没日没夜地辛劳，管他们吃穿，待他们长大以后，又为他们的前途操心。一般新娘结婚以后，不仅尽量不住夫家，而且到丈夫家后尽量不摸饭甑。苗族的风俗上，饭甑是当姑娘的一个临界点。端了饭甑她就从根本上成了夫家的人，列入夫家宗族的谱系，由夫家祖宗保佑，生了病也要由夫家来驱鬼。因为按苗家的说法，端了饭甑，新娘的灵魂就嫁过来了，而在这之前，她人虽然嫁过来了，但灵魂还在娘家，还由娘家祖宗保佑，驱鬼之事由娘家进行。未端饭甑的姑娘，回娘家还可以和姑娘们去跳芦笙，反之则不行。据说，饭是祭祖的，要保证其纯洁性，如果新娘还未列入夫家谱系，就不能触动祭祖的物品。而米饭也具有神性。鬼师在做法事时，都是用米粒带路。访谈时我问：

【访谈 7】

访谈人：去当新娘是高兴还是难过？

龙玉琼：哭得要死，还高兴？

我母亲：难过得很，哪里像现在的年轻人。

龙玉琼：从此离开爹妈，难过得不得了，苦得很。

访谈人：为什么觉得苦？

龙玉琼：想家。本来住在自己家里，一下子要去别人家就难过。

访谈人：不想丈夫家？

龙玉琼：没什么想的。

访谈人：为什么我们苗家新娘结婚了还回娘家住？

我母亲：就是因为要成别人家的人了，没有机会回娘家住了。要趁早多住些日子，一旦生了孩子，就一辈子住别人家了。

龙玉琼：回家来休息一些日子，以后到别人家就很辛苦了。在自己家才可以自由自在。出嫁回娘家，娘家也不叫干活儿了（龙的丈夫插话：回来时，就抓紧做针线，绣背带），有的做了几床背带才去。

……

不过，结婚后新娘赖在娘家，迟迟不去夫家还有更深层的原因，但这一般人是不会说出来的。新娘害怕男人，害怕性，这才是问题的实质。这种害怕一方面是假害怕，另一方面是真害怕。假害怕是，如果新娘不赖在娘家，如果不经过夫家三番五次来请，爽爽快快地、三天两头地往夫家跑，人家必定会认为她是渴望性，渴望同男人睡觉，她就显得轻浮浪荡，没有身价。因此，在娘家赖得越久，越显得她纯洁、稳重。真害怕是，这些新娘从小就被灌输一种观念：性行为是可怕的、肮脏的、丑恶的，长大以后她们当然害怕去实践。但凡新婚夫妻（其实老夫老妻也差不多），在夫妻生活上女方多是被动、勉强应付，而绝少积极主动的。有一位老妇人告诉我她伯母的一桩笑话。说她在少女时，顽皮地问伯母害不害怕结婚？伯母说害怕极了。老辈人，妇女是不穿裤子的，只穿裙子，裙内无内裤。所以她伯母每天晚上睡觉之前，都要把门闩死，并用裹脚布把两条腿并在一起缠紧才睡觉。这样的情形持续了五六夜，结果把伯父惹火了。他一把将木门闩抽掉丢了，代之以一个红苕做的门闩。这个笑话不管是真是假，但它从一个侧面多少说明了不仅是面对社会，就是面对自己的男人，无论真假，新娘也要有一个害怕性生活的过程。不管她内心情不情愿，在丈夫面前也绝对要表现得极不情愿，以免丈夫误认为她是个轻浮女子。更何况她们婚前没有性经验，结婚后和丈夫也只是像在“偷情”。其实连“偷情”都不如。“偷情”虽“偷”，但有一定的作案空间。她们和丈夫连这个空间都没有，因为“隔墙有耳”。如此紧张的夫妻生活就感受不到应有的乐趣了。不少妇女都说，她们到 40 岁左右，就厌倦丈夫了，这大概与此有关。

既然如此，新娘总是尽量回娘家住，能躲避就躲避。当然，新娘回娘家住的习俗原因还不仅限于此。比如有的少女年纪还小，嫁早了怕难以承担新的家庭责任，但嫁晚了，又怕错过好人家，那么先嫁过去，再回娘家住几年就不失为一个好方法了。再有，女人一般结婚不久就会怀娃娃，为将来的娃娃准备些衣物，也需要一定的时间。这些事也正好在当新娘期间在娘家做（西江苗族的新娘身份不是一天两天，而是持续一两年乃至几年，直到真正住夫家为止）。可见，新娘住娘家虽有多方面的原因，但对性害怕、紧张是一个核心、深层的原因。性的羞耻感深深影响着西江妇女，导致了她们在诸多问题上的态度，而对男人的疏远、对性的冷淡仅是这种根深蒂固观念的表现而已。

第六章　妇女小群体与文化传承链

上一章我们讨论了性的羞耻感导致西江苗族妇女对男人的疏远。这一章要讨论对异性疏远又必然导致了她们对同性的亲近。

与西江男人相比，西江妇女更活泼开朗，更富于感情。一个活泼好动的灵魂是无法禁锢的。西江妇女同性间的感情出奇地好。这一点也出乎我的意料并让我深深感动。是妇女间那种同病相怜、患难相助的友情才让她们担起了生活的重担，走过漫漫艰辛的人生旅程。一位从西江羊排村嫁到离西江 2.5 公里外的开觉村的年轻媳妇快言快语地这样对我说。

【访谈 20】

被访谈人：只有我们妇女之间才互相同情关心，互相沟通感情。丈夫不仅不与我们交流思想，而且看到我们妇女喜欢交谈还骂。我们来自三江五水的一群一块儿干活儿的妇女，关系非常好。

我们妇女只有大家聚在一起喝酒、唱歌的时候才高兴。我们最愉快的时候，是与女伴在一起的时候。与丈夫在一起不仅不愉快，还经常吵架，叫他干什么他都不干。我们一生中最痛快的时候是当姑娘的时候和结婚以后一群媳妇待在一起的时候。只有这时候我们才笑声朗朗……

我有个表姐，40 岁出头，原是西江平寨姑娘，后嫁到也薅。

她年轻时很腼腆，现在上了一点儿年纪倒越发开朗起来。她儿女大了，相对比较轻松，常常希望有些社会活动可以参加。比如唱歌比赛之类，对文娱生活有强烈的渴望，充满了青春活力。我觉得她生活的“兴奋剂”来自她的一群女朋友，那些与她朝夕相处的“媳妇”们。她们谁家要点秧了，就一窝蜂似的去帮忙；谁家扫墓了也一大群去凑热闹；谁家老人病了又一起凑钱买东西去探望；谁家来客了又去吃姊妹饭……她母亲说，她们这群朋友是想方设法找理由凑堆玩耍。有时候连谁家菜园里的菜长得好也成了聚会的理由。本来，苗族社会就有一家有事全村相帮的好传统，加之是朋友间的情谊，她们相处得更加亲密。她们大多或近或远地有些亲属关系，但在称呼上往往不分谁是谁，直呼“某某妈”（以别人的孩子名字称呼），亲切而又随和。有一位汉族妇女从外地嫁到西江来，就住在西江街上。她原来与丈夫一起开了一个私人诊所。后来丈夫与她离婚了。丈夫搬走了，她和两个女儿却留了下来。她是我表姐的朋友之一。虽是一个汉族人，却说的一口的西江苗话。她离婚多年了，一直没有改嫁，整天乐呵呵地自由自在地生活。我问她，从那么远的地方嫁到一个苗寨来，对这里人的感觉如何？她不假思索地说：“西江妇女善良勤劳，热情大方；西江男人太大男子主义。”问到她还考不考虑再婚的问题，她不愿多谈，她说这地方虽穷，但人好，她就是舍不得离开她的那些好朋友。连有个比较厚道的丈夫的小学教师唐玉芬也说：“妇女有痛苦，只有找同伴倾吐，而不是跟丈夫说。”

以上这些，说的都是当代西江妇女。而当代西江妇女比起老辈人，早已变得随心所欲多了。她们尚且与同性为伍，那么那些在丈夫面前话不敢说，头不敢抬，谨小慎微的西江妇女先辈们，就更以同性为依靠了。

按说妯娌间容易攀比嫉妒，但龙玉琼说，她出嫁都三年了才认得她丈夫，因为丈夫读书去了，所以她每次去夫家，只与公公、婆婆、妯娌们相处。她嫁的是老三，丈夫还有两个哥哥，他们已经娶得嫂嫂。她每次去都跟小姑子睡，还跟小姑子去游方。公婆和哥嫂也不责怪她。他们都说："她还年轻得很，让她去玩玩也好，驱驱寂寞，免得她跑到哪里去了不好。"她跟姑娘们去游方，回来得晚，睡得晚，自然起来也晚。每天早上都是大嫂二嫂早起挑水做饭。待事情做得差不多了才叫她起床："叔妈（跟着自己的孩子称呼），快起来梳头。"那时，她丈夫家喂七头猪、一对母子牛、一头公牛、一匹马，喝水太多，通常二嫂挑满了大水缸才对她说："我挑满这缸了，你再去给小缸挑点儿，我吃点儿饭团先去扯秧了。"她吃了点儿腌鱼下饭团，就去扯秧了。龙玉琼去挑得两挑水，饭就熟了。她吃了饭，才把饭给二嫂包到田里去。嫂嫂们从来都很照顾她。过去的大家庭多，待生养子女多了，兄弟们才分家。在大家庭里，妯娌间多是分工协作，互相体谅关照。

西江传统的妇女们，有困难互相帮忙，有欢乐共同分享，彼此在对方需要的时候，出现在对方的身边。在家庭中是这样，在村寨里更是这样。以村寨一定的群体为单位的妇女们特别喜欢聚会。聚会的目的不仅是为了彼此间排忧解难、交流思想，更是为了打发时光。

在过去的岁月里，传统社会给西江妇女的聚会提供了两个前提条件：一是过去西江主要农活儿是只种水稻，农活儿季节分明，空闲的时间较多。一般是春天二三月犁耙撒种，四五月扯秧

妇女们喜欢聚在一起　　（张学捷 摄）

插秧，八九月收割入库。整个冬天他们没什么农活儿可做。二是在传统的生产活动中，男女有明确的分工。男人主要管“吃”，女人主要管“穿”。“吃”要上坡去干，“穿”多在家里完成。由于有了这两个便利条件，又加上对异性的隔膜疏远，妇女们需要聚在一起也乐于聚在一起。妇女们依年龄和身份的不同，自然而然地聚在一起。未出阁的少女们聚在一起，已婚嫁的媳妇们聚在一起，年老的奶奶们聚在一起，等等。由于场地所限，聚集人数一般四五个至十几个人不等。这就是妇女小群体。妇女小群体里的成员一般比较固定，都是本村本寨的人，要合得来大家就一直相处下去。她们的活动场所也比较固定，一般是群体中一位家里比较宽敞、家庭成员比较开通（或离婚、丧偶）、她本人也有点儿号召力或平易近人的妇女的家。妇女们聚会时一边做事一边玩乐。做事的内容多是绣花和纺纱，也有纳鞋底、分麻等。玩乐的内容是说、唱和聚餐等。

在传统的社会里，姑娘和媳妇、老奶奶们还有比较明确的分工。母亲们的任务是从种棉到裁剪，完成一件衣服的全部工序。女儿们在这些衣服上绣花。中年妇女和老年妇女又各有偏重。一般是中年妇女织布，老年妇女纺纱。还有纳鞋底之类的是姑娘和中年妇女多做，分麻是老年人做。但这些分工也不是那么绝对，有时也有交叉的。

一个家庭的穿衣一般由家庭主妇负责，家庭主妇多是做了妈妈的中年妇女。她首先要对全家人在一年中要织多少布做多少衣做到心中有数，然后计划种多少棉花。在她的带领下，家中的女性们在春天去把棉种了。日后棉花收来，在家中用土方法把籽挤压出去，把棉花弹了。然后用一根芭茅秆或一根细长木棍（比筷子略粗点儿，约一尺半长），把棉花擀成一根长条（在桌上把棉花铺成长溜儿，用锅盖来擀），然后拿来纺纱。纺纱机还是比较原始的单纱手工纺纱机：右手摇纺纱机柄，左手扯纱，右脚拇指协助把纱缠到纱锭上去。纱纺好后，再把纱锭上的纱缠到一个可伸可缩的木架上，缠成一支一支的，方便浆洗。浆洗之后，由几个妇女协助，根据所需布料的长度和宽度，把纱梳理出来，缠在圆架上，置于织布机，就可以准备织布了。织布机有一个单人床那么大，一般放在家中的楼阁上或主妇的卧室里即采光比较好的地方。把纱上到织布机上停当，妇人有空就织。织布时，人坐在织布机的一头，左右手交叉拿梭子和拉档纱板，脚配合手一道运作，一根一根地将纱织成布。布织好了，进行浆洗。阳光明媚的时候，农家妇女在河滩或凉台上拉出浆洗好的一匹匹长布来晒。晒干晒透后，把这些带着日光香气的布匹折叠起来放入箱子随时选用。除了做衬衣、被里等外，大部分衣物都需要有颜色，这一方面是好看，另一方面是耐脏。因而这些布还要染。染色又是另一道比较复杂的工艺。一般也是中年妇女来操持。染布需要先制作染料。苗家的染料是蓝靛，蓝靛是自己种植、自己制作。种植蓝靛是在每年的农历二月。届时选择一块土质较好较厚的地方，在地中相间 7 寸挖一个深约 4 寸的坑，然后把头年保存下来的蓝靛秆或根的根部插入土中，只留 1 寸左右露在外面。此后常照料，到农历九月就可以收割。收割的方式是把其枝叶一并剪下来，留 5 寸左右的秆或根备次年做种用。

将剪下来的蓝靛枝叶浸泡在盛有水的木缸中大约七八天后，把腐烂后的枝叶捞出扔掉。然后给余下的绿茵茵的蓝靛水加入石灰水搅拌，待沉淀后把清水滤出便得蓝靛。蓝靛晾干置于坛中备用。

染布前先将适量的蓝靛和酒放入木缸里的灰水中（草木灰）搅匀，待半个月后才可以染布。具体的染法是将布匹放进染水里浸泡半小时，捞上来滴干水再放进去浸泡。一般一天浸泡 8 次，连续浸泡几天。当布开始发蓝时就拿去清洗，把一些沾在布上的渣质清洗掉。一匹布大约染过几十次，直到颜色呈青，相当满意为此。最后清洗一次晒干就可以缝制衣服。

裁剪缝制衣服仍然是中年妇女，不过制作裙子多是有经验的中老年人。西江苗族妇女裙子很长，长至脚踝。系百褶裙，每个褶皱只有半厘米宽，密密匝匝的，难度很大。

这是西江苗族妇女从种棉到制衣的一个梗概。此外还有些细部的工作，比如线。苗家用的线也是自己制作的，线用麻来做。同样地要种麻，种得麻要剐，剐出麻晾干，用手慢慢分成细丝，以做两个用途。缝衣线要细，用一个简单的工具搓成细线。纳鞋底的线要粗，就直接用手在大腿上搓。这些线搓好后用草木灰水来煮，煮后拿到河边清洗。一边洗一边捶，一直要捶到麻的青色褪掉，露出白色为止。然后将其反反复复地晒，即晒干后淋水再晒，如此往复。线就会晒得很白很白。尤其是早上有露水时，就铺在露水草上，待太阳出来晒干，这样的效果尤其好。

少年时代的我常看见大家在做这些事情：纺纱、织布、搓棉条等，也学做一点儿。尤其是洗麻线的事，大人们常常叫我们这些小姑娘去完成。捶线既枯燥又酸手，捶个没完没了。但晒线很有趣，看着那些晒得一次比一次白的线，心里有种满足感。其实所有家织布都有这个效果，用灰水洗（碱性足）或煮过，洗后晒了再淋，淋了再晒，就会越洗越白。

刺绣的工作并不等到衣料制好才进行，而是各做各的，齐头并进。姑娘学会刺绣以后，要正式做嫁妆时，自己做好打算，要做多少件盛装，多少件便装（厚实的便装也是要镶花的），多少张围腰，多少条花带裙；绣什么样的图案；用哪一种刺绣方法等。刺绣的第一道工序是先剪出图案，那些有经验的老妇人，随手就剪出许多图案来。这其实就是剪纸艺术。再把图案贴在需刺绣的布料上。为使布料有一定的硬度，方便刺绣，布料还要用布壳衬底。布壳是用旧衣料粘贴而成的。黏合剂是煮熟、舂烂、稀释的魔芋浆。把这种魔芋浆均匀地抹在布料上，抹一层糊一层，三至四层即可，然后晒干烤透。这样做成的布壳硬而不涩，很方便刺绣。

刺绣的种类较多，通常有平绣、贴绣、绉绣、锁绣等。平绣是一针挨着一针地绣，让丝线一根根地排列以布满图案。平绣是很多民族都通用的一种绣法，简单灵巧，光洁平滑，适用于表现细小的花鸟草虫。贴绣的方法是按图案剪下布壳，再按图案放大一点儿剪下各色绸缎，用绸缎包裹着布壳，再粘贴到布料上去，绸缎面是正面。然后再用金色的纸和金线贴边锁边。贴绣色彩明快，质地光滑，粗犷大方，宜于刺绣较大面积的花纹图案。绉绣是一种古老的工艺，它先用八根丝线编织成各色的辫，再根据图案进行绉缩，形成的花样硬而凸，显得凝重、古朴。锁绣也是一种古老的绣法，它用两颗针两根线交叉进行，丝线一环套一环，形成一种扁平的紧贴在布上的均匀有序的辫，显得精致平整。

苗族绣片上的鱼龙图案　　（台湾辅仁大学服饰研究所提供）

姑娘们的嫁妆，除了刺绣衣物之外，还要做嫁鞋。嫁鞋往往是做给丈夫家的，一般每人一双或多双。做鞋是先用纸壳剪出鞋底样，再根据鞋底样用笋壳剪出鞋底，用针缝扎实。再往笋壳底的背面贴几十层白旧布，贴出一双厚厚的鞋底。贴鞋底要一边贴一边烤，而且只能用魔芋浆做黏合剂。最后在鞋底的正面和背面贴上一层新布，鞋底就贴成了。一般贴鞋底不是一双一双地贴，而是五六双、十几双地贴。贴完一双再接一双。这样大批量地做才便于集中使用旧布料和舂搅魔芋浆。鞋底贴好烤干放着，然后一双一双地纳。纳鞋底需要较长的工夫。纳时用一个锥子，一颗大拇针，锥一针纳一针，要纳得整整齐齐。鞋底都纳好了，再做鞋帮（鞋面）。鞋帮也是根据大小先剪出样子，再剪出鞋面布壳，再剪下鞋面鞋里布料。古时鞋面布料可能用家织布，后来就改用绸缎和平绒、灯芯绒之类。鞋里用白布。把布料贴在布壳正面和背面，缝上边，鞋口另用布包，再在脚趾处密密缝上几排，鞋帮就做成了。若是女鞋还绣有花。花大致绣在脚无名指的位置上（记得小时候表姐们不喜欢了的绣花鞋，我高高兴兴拿来穿）。最后把鞋帮上（连）到鞋底上（缝合），一双鞋就完成了。西江苗家的布鞋和我们见到的汉族布鞋不完全一样，都是小口布鞋。

若是出嫁回娘家的新娘，还要做背孩子的背带。苗家背带是用家织布做的。背后一块长方形的布，大约能盖得住娃娃的大半身，上面再横接一块长长的布，呈“丁”字形。伸出去的两边布匹，是背带手，用于把幼儿捆在大人身上的。从背带的背后两边到背带手两边，都镶有花边。苗族背带绵软好用，比较素净。后来人们学会制作汉族背带以后，就学做汉族背带。汉族背带同样有一对背带手和后面一块，但它却用布壳衬，比较硬。同时，后面一块绣花特别多。整个背带几乎都是图案花纹，显得喜气、华丽。

除背带外，新娘还绣娃娃帽子等。不过这些东西，都是悄悄绣的，她们一般不好意思拿出来。但她的娘家及姐妹们在她怀孕以后，也要准备这些东西。因为一旦新娘分娩，娘家人要送些礼物，送这些小孩儿用的东西很合适。往往妇女生一个孩子，尤其是头胎，要收很多床背带、十几顶帽子，孩子用都用不完。

以上这些，便是西江妇女聚会时所做的事。不过无论是纺纱织布还是剪图刺绣，抑或做鞋搓线，样样都是费工费神的活儿。这是极难学会的。一个少女要学会这一套套工艺，一是要经过很长时间的训练；二是需要时间来完成。那纺织要一根根地纺，这刺绣要一针针地绣。所有的活儿都经过手工一点儿一点儿地做。西江苗家有一句谚语叫“妈巧女穿好，爹勤儿不饿”。当母亲的不但要手巧，还要善于安排时间才能完成那些工作。

我妈常常给我讲一个故事，说是有一对好朋友，她们同时各自做了母亲。但是过年到芦笙场相遇时，一个母亲的儿女穿得崭崭新新，另一个母亲的儿女却穿得破旧不堪。那位母亲惭愧地问她的好友：“我们一样忙，你怎么能给儿女们做出衣服呢？”那位自豪的母亲回答说：“把纺车准备好，放在房间方便的一角。”第二年，她们又相遇了，情形依然如故。那位母亲惭愧地又说：“我已经把纺车准备好放在房间显眼的一角了，但我还是没有做出什么东西呀！”那位自豪的母亲说：“叫你把纺车准备好，是让您见缝插针地做。你空摆个纺车在那里，而不去使用它，怎么会有收获呢？”母亲用这个故事来教育我，它说明了妇女的工作需要日积月累持之以恒地来完成。

在整个冬天，或是下雨的时候，在那大块大块的时间里，妇女们便聚在一起做以上那些工作。那些都是手工活儿，天天做就会熟能生巧，也不需要用太多的心思，随手做就成。手在忙，但脑子和嘴巴是空的。于是妇女们就动起脑子和嘴巴来。脑子想起所能想到的一切事情，嘴巴说出所能说的一切事情。脑口结合，

苗族的歌咏比赛　　（杨光才 摄）

妇女们便像开汇报会似的，把各种各样的事情搜来讲。谈来谈去，离不开她们的苦和乐。共同的感受多了，她们就把它提炼为诗句；话说腻了，便编成歌来唱。词越创越精，歌越唱越好。少女们热衷于学情歌，少妇们更关注酒歌，老奶奶则喜欢诉苦歌、古歌和嘎百福歌[①]。当然还少不了讲传说和神话故事，等等。

古代的西江苗族是个歌的民族，人们聚在一起时，唱歌比说话多。即使是现在，老太太们聚在一起也是唱歌比说话多。我到羊排访问时，一位老太太就提出来要把还活着的另外两位老太太找来一起摆谈。她觉得她们仨在一起比她一个人有更多的话说。待她们仨凑在一堆时，她们还是觉得找不到话说。搜肠刮肚，还是不知说什么好。常常讲着讲着就唱起歌来。可见她们更善于用歌的形式来表达感情和描述事物情态。唱起歌来，她们可以一首接一首地唱个没完，而要她们说话则显得别别扭扭。

我虽然是位苗族妇女，但我听歌比听话困难多了。因为歌词常用古语。而更关键的是诗歌极难翻译，那些歌词在苗语中意味深长，而翻成汉语就会像白开水一样乏味。这里我介绍一些歌词大意让读者略知一二。例如她们形容人生的悲苦，就说："我苦得一世，像冷水田里的一蔸稻谷，抽穗抽不出。"她们诉说人生的艰辛，就说："别人的忧烦隐在心里，妮（少女）我的忧烦露在仪表，忙得蓬头垢面，也无心去梳理。"说到年轻人的择偶标准，她们说过得去就行了，"羡慕富人干什么，嫌弃穷人干什么，一天才吃一碗米，同在一个人间里生活，成一个家也就算了"。或唱："富也两碗米，穷也两碗米，你怕哪两碗要好点儿，合情合理像常人就算了。"谈到年轻姑娘无忧无虑，舍不得出嫁时，

① 一种民间说唱文学。

就唱："水有这么畅，天有这么蓝，光阴这般好，何必要出嫁。"为了驱除内心的忧伤，自我安慰时就唱："树子长多了会填满山谷，愁苦说多了会愤懑心中，旧事丢地上，去往新处说。"说到土匪抢漂亮的姑娘为小老婆，就唱："富男两头牛，雄男两个妻，两头牛能干活儿，两个妻会拆桩"等。这些都是她们在说话时即兴创作顺手拈来的诗句，若要正正规规地唱起来，就是唱几天几夜也唱不完。这里录一首最为流行的诗歌，以飨读者。

春之歌

HXAK DIANGD DONGD

歌词的大意是：天气越来越暖和，虫鸟声声在歌唱，叶子吐芽探头望，田水清漪波连波，人心激动情满怀，准备镰刀和锄头，上山劳动春耕忙，哥姐不要再惆怅。

妇女们聚会时除了唱歌，还讲故事；除了讲故事，还要交流生活经验。聚会的场地成了文化的场所。苗族妇女创造和传承的文化除了服饰文化、诗歌文化之外，还有饮食文化、礼仪文化等。这里先来看看她们是如何创造饮食文化的。妇女每天在家主持家务，烹调做饭都经过她们的手，作为掌管全家吃的人，她们不能不考虑怎样烹饪饭菜能提高家人的食欲。妇女们聚会时，一个重要的内容就是聚餐，每人从家里端自己做的饭菜来吃。这就免不了比一比，评一评，相互切磋烹调技艺。如此日积月累，妇女们就创造出了一些特殊的烹调方法来。一般来说厨师是必须要有好材料的，但西江苗族生活清苦，没有多少饮食材料可运用和选择。她们只能在有限的条件下发挥自己的聪明才智。西江苗族妇女竟然将有限的食品做得非常可口，独具特色。苗族有不少有特色的名菜，就像民间文学是集体创作代代相传的一样，苗家这些名菜也不知出自谁的手，也是苗族妇女集体智慧的结晶。我这里给读者介绍一些名菜的制作方法。

酸菜。每到春天，把事先种来做酸菜的大叶子青菜割下来，洗净晒干，切成细丝，拌入少许糯米饭，装进坛子密封，十几天后就可以取出来吃。酸菜既可以干吃，也可以汤吃。干吃是取出酸菜，直接拌上适量的食盐、辣椒、葱蒜等即可以吃，这种吃法最方便，农民包午饭上山时经常携带；汤吃，是煮菜时抓一把酸菜放入菜汤中，煮成酸汤菜。酸菜是西江农民家家不可缺少的佐料。

酸汤鱼。捉来活鲤鱼，除去苦胆，放进烧得滚开的酸汤菜内，等鱼煮熟，捞起剔去鱼刺，配上适量的盐巴、辣子、花椒、葱蒜等佐料即可吃。取苦胆的方法是：右手拿刀，左手拿鱼，鱼肚朝手掌虎口，拇指和食指把鱼捏紧，从鱼的腮处数起，在三四片鳞的地方用刀轻割一个小口，轻轻一挤，鱼胆自会冒出，右手把苦胆取掉，左手就势将鱼放进菜锅里。必须明白的是，当地的鲤鱼是不需要刮鱼鳞和除去内脏的，因为它是养在稻田里的鲤鱼，个子不大，既鲜嫩，又干净。酸汤鱼味道十分鲜美，它的制作妙在鱼与酸菜的配合，鱼因酸味而美，酸菜汤因鱼汁而鲜；酸菜汤因鱼不再寡淡，鱼因酸汤菜而不带腥味。

腌鱼。捉得活鲤鱼，破肚弃肠杂，烤干，然后用糯米酿制的甜酒（带酒糟）、花椒、辣子面、盐巴搅拌均匀，抹在鱼的里里外外，并塞满干鱼的肚子，便放入坛子内封存，待各佐料味渗入鱼肉时便可吃。腌鱼的时间越久越好，如果腌得连鱼骨都变酥了，其味就更浓。腌鱼是苗家一道贵重的名菜，是用来招待贵客的。这里在 1950 年前，谁家有糯米和腌鱼吃就说明谁家富有。

鸡稀饭。鸡稀饭是很简单的一道菜，看起来有点儿怪，吃起来却很可口。其实就是在清炖鸡（只要熟透不要炖烂）的基础上放几把米进去煮。鸡煮熟了捞出来切成小块盛于大碗，而米熟烂于鸡汁里便成了鸡稀饭。稀饭本来属于“饭”的范畴，而“鸡”又属“菜”的范畴，把米和鸡煮在一起成鸡稀饭，用碗盛着吃，既可当饭亦可当菜。鸡稀饭鲜美可口，既有营养又好消化，很适合老年人吃。鸡稀饭的“鸡”是大家吃，“饭”常常是先盛给老人吃。

冻鱼。冻鱼是苗家的年菜。每当苗年来临，家家的男人或女人，便拿着竹笼到自家田里捉鱼以做冻鱼的准备。过苗年时，除了鸡、鸭、肉外，鱼是必不可少的，尤其是年初一。年初一到了，开早饭时首先要做的一件事情就是祭祖宗，而鱼是最主要的祭品。其烹调方法是比较特殊的，与平常不一样。它既不是用油煎，也不是用酸汤煮，而是直接用白水煮。具体做法是：将活鲤鱼取出苦胆后，放在滚沸的水中再加入适量的豆腐或黄豆，然后再放盐、大蒜、葱、辣子等佐料，最后舀出来盛于钵中，置于阴冷处。因冬天气温低，次日端出来便已结冻。就成了“冻鱼”。“冻鱼”就直接吃，不必煮热解冻，解冻了就不好吃了。这种“冻鱼”吃起来清凉可口，别有一番风味。[①]

冷酸汤。取适量的鲜米汤，再取同量的冷水，装进坛中密封，几日后变酸即可饮用。酸汤既可以生喝，又可以当菜的调味品。味酸凉，既能消暑解热，又不会闹肚子，是夏日农民解渴理想的饮料。制好后，可以不断加水，长期饮用；若酸味淡了，再加入米汤。

礼仪文化，是苗族文化里很重要的一个内容。在西江这样一个地方，人口众多，宾客流量大，礼仪文化就更显得重要。礼仪文化主要是妇女文化，主要是由妇女来承担、发展和丰富的。礼仪文化包括很多内容，这里仅介绍待人接客的礼仪。苗族人热情好客、礼数周到、礼尚往来。平常亲戚朋友偶有走动，都不算什么。只是到了节日喜庆的时候接待客人就成了大事。在村里举行大型活动或家里有大喜事时，苗族的客人就不是一家一户的客人，而是全村全寨或整个家族的客人，比如“吃鼓藏”或接亲

① 张寒梅，《年菜——冻鱼》，《中国苗族民俗》，贵州人民出版社，1990 年，第 33 页。

时。我的大弟结婚时，按苗家的习俗，我家的亲戚——姑妈、姨妈、表姐、表弟、已出嫁的二妹等都前来庆贺。他们抬猪、抬谷子、抬酒，还放着鞭炮浩浩荡荡地来，而我家这边人的单位同事、隔壁邻居和老家房族的哥兄老弟等就来担当主人。大家帮忙杀猪办席，搞拦门酒等迎接客人。当天由我家办席招待后，从第二天开始连续两天就由房族兄弟、单位同事等轮流请那些客人吃饭。请客人吃饭可由一家请一次或多家联合请一次，每天要吃五六家到七八家。总之从早到晚都让客人处于吃喝之中。这样吃喝当然让人消化不下，好在这个过程中客人主要是说笑、唱歌等，实际上并没吃多少，仅以此来维系亲戚之间的情感。这种场面主要是靠妇女来张罗。在这个过程中开销多少，怎么做出丰盛体面的饭菜，怎么把场面搞得热热闹闹，多是妇女们的事。在家庭中，请客送礼、待人接物，大权是在女人手中。通常谁家接媳妇或谁家嫁姑娘，抑或哪个生娃娃或哪家立房子之类的大事，在很长一段时间里就成为妇女小群体的议论话题。她们在那里进行各种各样的设想和计划，事先把事情分工得清清楚楚，安排得妥妥帖帖。因为要办喜事的也许就是她们当中的一位姐妹的家庭，而要去撑面子的也许就是她们这个群体。即使不是这样，她们也彼此传递消息来丰富话题。礼仪文化在妇女小群体中经过讨论——实践——再讨论——再实践，不断得到丰富和完善。妇女小群体就这样在创造、丰富和发展民族文化中发挥着巨大功能。其实妇女小群体的活动，并不仅局限在家庭聚会，而且在互换工的劳动中，去赶集的过程里，走亲访友的时候，她们也是集体行动的。

【访谈 5】

宋国秀：我们一群伙伴有 11 个姑娘。我们家乡有一眼泉水，冬暖夏凉，比矿泉水还好。夏天，我们就去抬那冰凉的水来喝，冬天去捞浮萍，冷了就去用那泉水取暖。薅秧时我们 11 个姑娘就互相帮忙，薅成一家又薅一家。我们去干活儿时要穿过一个宽坝子，我们就穿一件白衬衣和一条蓝裤子（那时候没有现在的花布卖），到了坡上就脱来放在一边，然后穿烂衣服干活儿。回来时又换上干净的白衬衣和蓝裤子，以免在穿过坝子时遇到小伙子难为情……

妇女小群体除了创造文化，还要传承文化。一个个妇女小群体就是一个个传授文化的课堂、场所。在这里妇女们从上一代（批）人那里学来技艺，又传给下一代（批）人。一个妇女小群体是一个环，互相传承文化的数代（批）妇女小群体一环扣一环，连成一条链，文化就这样一代（批）一代（批）地传承下去。姑娘们从姐姐或嫂嫂那里学得技术，传播给她们的同伴们；母亲们彼此切磋技艺，又各自教给她们的女儿们；孙子则也许从小就在奶奶那里受到文艺的熏陶等。文化就这样代代相袭、积累、升华……在访谈中，很多人向我谈到她们的学艺经历。

【访谈 7】

龙玉琼：十四五岁的时候，我们一群群的姑娘在一起玩，看见一群群的老太太在一起纺纱，我们就去跟她们学歌。还有我妈也教我。苦歌、酒歌、嘎百福歌等，她都教。有一次我们去游方，有一个年轻人唱歌给我们听："好日子只有那个时候，好在少年的时代，因为有父母带；来到了这个时候，衣服没有衣服穿，走路要戴帽子遮盖面。"我们一群姑娘对不上来，就回家请教我妈，我妈就教我唱歌安慰他："哥家不是小偷，妮家也不是小偷，为何要戴帽遮盖？

你仅是穷件衣服，还缺一个伴侣相伴；如果你有个伴侣相伴，再有一件衣服穿，你就可以去当官。”

【访谈10】

宋国英：以前我们五六岁时就开始学刺绣，所有的女孩都是跟大的姑娘们学的，一代教一代。我学绣花时，常常去叫姑姑们教我。她们一群朋友聚在一家，我就去向她们一个一个地学。她们也常常使唤我。这个说：“你去我家帮我抓一碗酸菜来。”那个说：“你去帮我们舂花椒来。”再一个说：“你一家一家地去帮我们舀饭来。”她们吃完饭了，我又帮她们抬碗去搁。她们教我绣花，我是很乐意帮她们做事的。白天跟她们学绣花，晚上跟她们去看对象，看她们和他们游方。过去游方，一排姑娘，一排后生，坐得远远的。唱一会儿歌，又说一会儿话。以前冬天常下雪，大家看谁家宽，老人又开通，就集中到谁家玩，屋里坐得满满的。过去只薅点儿秧，没有多少活儿。老人聚在一起纺纱，姑娘聚在一起绣花。我学绣花，五丝、七丝、九丝我都会，盛装的花带裙要从反面搞，我也会。我十五六岁时，我妈就教会我织布了。

妇女小群体不仅在相互切磋技艺，创造特有的文化，也在交流着生活的经验和感受等。这里值得一提的是，妇女小群体还是一个思想教化的课堂、场所。没有机会接受正规和非正规教育的广大西江苗族妇女，主要就是在这种小群体中，接受着非正式教育。苗家的女孩子，就是在这种非正式教育（传统教育）中成长的。黔东南苗族有一种叫“嘎百福歌”的说唱文学，具有很强的教育功能，它很能反映苗族自我教育的内容和形式。西江苗族妇女小群体就常常在聚会中，创造、传播、丰富和发展这种“嘎百福歌”，并用它来教育年轻一代。这里选录西江苗族妇女龙梅英演唱的《两兄弟和两姐妹》以飨读者。[①]

从前，翁坎[②]地方有两兄弟，天天上山安麻雀，昂务[③]寨子有两姐妹，天天下河捞鱼虾。每当两兄弟挑着一串串麻雀下山的时候，两姐妹总是非常羡慕。

一天，两兄弟挑着两挑麻雀走下山来，两姐妹看见了，一个说：“嘿！那两兄弟又得很多麻雀来了，我们去和他们对对歌，唱赢了，就把他们那两挑麻雀要过来。”另一个说：“要得。”

这样，她们就来到路中央，并排站着，笑嘻嘻地说道：“两位哥哥，休息一会儿再走吧？”

两兄弟不知道两姐妹的心计，就把两挑麻雀放在路边，坐下来和两姐妹谈心。

两姐妹说：“两位哥哥！我们来对对歌，谁唱赢了，谁就要谁的东西，怎么样？”

两兄弟很憨厚，不大会唱歌，但又不好当面失格[④]，就说：“行啊！你们先唱吧！”

这样，两姐妹就开始唱啦：

嗬嗬哎两位哥哥！
嗬嗬哎两位哥哥！
斑鸠各在斑鸠的树枝，

① 唐春芳，《嘎百福歌》，贵州民族出版社，1989年，第269页。龙梅英系西江妇女，后随夫迁居县城。

② 地名，在今雷山县境内。

③ 同上。

④ 方言，指失面子。

金鸡各在金鸡的坡塝。
井水各向一边流，
河水各向一边淌。
你们为什么天天跑上坡？
这山撵来那山拦。
打斑鸠来下[1]早饭。
捉金鸡来下晚餐。

两兄弟听了，答不上来，就说："两位姐姐！我们输歌了，你们把我们的麻雀拿去吧。"两兄弟说完，起身就走了。

两姐妹毫不客气，乐哈哈地走过去要两兄弟的两挑麻雀。但伸手一提，每挑都是几十串，重特特[2]的，两姐妹一下子犹豫了，姐姐说："我们真傻，要这么多，太对不起人家。"

妹妹说："那怎么办？"

姐姐说："我们只要一半，退一半给人家，不然，两兄弟一定很难过的。"

妹妹说："人都走了，你才说有什么用？"

姐姐说："我们送上门去。"

妹妹说："哎呀！亏你说得出来，大白日天，两个姑娘挑麻雀去找后生，像什么话？再说，他们姓甚名谁，家住哪里，我们都不晓得，有心也还办不到呀！"

姐姐想了想，说："他们可能是前面翁坝寨子的人，我们挑着慢慢走，等天黑了，再进寨子去问，看哪家有两兄弟

① 方言，指添味，增进食欲。
② 方言，指很重。

安麻雀。找着了，就把一挑麻雀还给他们。”

妹妹听了，说：“这很好！”

这样，两姐妹就挑着两挑麻雀和她们捞得的两笆篓鱼虾慢慢地走了回来。

再说两兄弟，家里有个老母亲，当他们闷闷不乐地回到家时，老妈妈问道：“两个崽！你们往天都安得很多麻雀回来，怎么今天空脚空手回来？”

两兄弟说：“我们今天本来也安得很多麻雀，但被昂务寨两个姑娘要走了。”接着把他们和两姐妹对歌的经过说了出来。

老妈妈听了，觉得很有意思，笑嘻嘻地说：“不要紧，来！妈妈教你们一首歌，拿回去唱，把你们的两挑麻雀和她们捞得的鱼虾统统要回来。”接着如此这般地教两个儿子。

两兄弟记住了歌，马上出门来找两姐妹。刚到半路，就看见两姐妹挑着他们的两挑麻雀和两笆篓鱼虾，很吃力地迎面走来。两兄弟走上前去，笑嘻嘻地说道：“两位姐姐，慢些走，我们又来对歌好不好？”

两姐妹把担子放下，说：“不用对了，刚才是我们不好，很对不起，我们正要来找你们商量，把一挑麻雀退给你们，我们只要一挑做心意就行。”

两兄弟说：“不，我们还是对歌，要是你们重新赢了，明天我们再补你们两挑麻雀；要是你们输了，那我们不但要回两挑麻雀，连你们捞得的鱼虾我们也要。”

两姐妹看见两兄弟很爽快，并不像她们想象的那样难过，就高兴地说：“那好，那就请两位哥哥先唱吧。”

这样，两兄弟就开口唱道：

嗬嗬哎两位姐姐！
嗬嗬哎两位姐姐！
你们说：
斑鸠各在斑鸠的树枝，
金鸡各在金鸡的坡塝。
井水各向一边流，
河水各向一方淌。
我们为何天天跑上坡？
这山撵来那山拦。
把斑鸠打来下早饭，
把金鸡捉来下晚餐。
我们说：
我们做活儿在坡上，
累得汗水股股淌。
刚刚撒下小米种，
斑鸠就来捡去尝。
刚刚点下苞谷子，
金鸡又来到处翻。
一年辛苦忙到头，
颗粒没有收进仓。
为这我们才结仇，
天天上山把网拦。
打斑鸠来下早饭，
捉金鸡来下晚餐。

我们的话对不对？

不对你们把话讲。

两姐妹听了，想到斑鸠、金鸡的确爱坏庄稼，两兄弟说得对，找不出歌来反驳，只好认输，把两挑麻雀和两笆篓鱼虾一起送给两兄弟。

正在此时，两兄弟的妈妈忽然赶来，拦住两兄弟说：“不能都要，崽！不能都要，崽！”两兄弟一下子呆住了，心想：“妈妈为什么来了呢？”

原来两兄弟刚刚离家，老妈妈忽然想起：“两个娃娃没得麻雀回来，心里很难过，他们回去，万一唱赢了，把麻雀和鱼虾全都要来，那两个姑娘不也同样难过吗？不行！我真糊涂！乱交代！得赶快去看看。”这样，老人家才赶紧跑来。

老妈妈望着两姐妹说：“两位姐姐！他们是我的儿子，你们对歌的事我知道了。这样，两位姐姐退一挑麻雀给我娃娃，我娃娃也只要你们一笆篓鱼虾，这叫作互相认识，送点儿礼信，不讲输赢，行不行？”

两姐妹说：“刚才我们不懂事，把两位哥哥的两挑麻雀全都要了，很对不起，我们正想来找你们家，把一挑麻雀退给两位哥哥哩。现在你老人家既然这样说，那太好了。只是我们的鱼虾，又少又小，换两位哥哥一挑麻雀，很不应该。”

老妈妈说：“刚才我不是说了吗？只是互相送点儿礼信，不讲多少好不好？”

两姐妹觉得老妈妈真好，就答应了。

老妈妈望着两姐妹，又说：“两位姐姐！听说你们是昂务寨的姑娘，是不是？”

两姐妹说："是嗨，伯妈！"

老妈妈说："那你们要经过我们翁坝寨子，先到我家去吃口晌午[1]再走，行吗？"

两姐妹觉得老妈妈心肠好，也答应了。

到了家里，老妈妈叫两个儿子打整麻雀，自己忙着煮饭，两姐妹也把她们捞得的鱼虾取出来煮。不一会儿，大家就上桌子吃晌午。

在这之前，老妈妈只顾忙着说话和做事，来不及仔细观看两姐妹，现在她和两姐妹相对而坐，发现两姐妹就像两朵花一样的美丽，回想两姐妹今天想退麻雀给自己的儿子和所说的话，老妈妈觉得两姐妹很懂事，很有礼貌，心里暗暗想："我的两个崽也是好娃娃，至今还没有成家，要是能得这两个姑娘来做媳妇，那该多好。"老妈妈想着想着，就唱起歌来：

前天夜里我做梦，
有个仙人来祝福。
说是昨天或今天，
我就得到好媳妇。
要我赶快找椿木，
挖坑门槛把桥铺。[2]
迎接新人走进家，
以后永远享清福。

---

① 方言，指午饭。

② 苗俗，常于门槛内挖一小坑，置一木板（与地基平）为桥，祈求子孙，谓子孙桥。此处意为祈求媳妇。

仙人说完就离去，
我在梦中笑唱屋。
醒来急忙挖门槛，
找来椿木把桥铺。
接着又将酒来烤，
取出银子去买猪。
样事样行准备好，
专等新人走进屋。
谁知昨天等一天，
今天又等到晌午。
始终没见人影影，
急得我老坐不住。
两眼巴巴望门外，
心里阵阵在叫苦：
我的好媳妇呀好媳妇！
你们几时才进屋！

老妈妈的歌，两姐妹听了，非常高兴。因为在一天的接触当中，她们觉得这一家人真好。老的热情体贴，小的忠厚老实，因而心里暗暗地想："这家人真好啊！若到这家来做媳妇，那多美呀！"谁知老妈妈好像看透了她们的心事似的，唱起上面的歌，她们怎不高兴呢？于是两人先是会心微笑一下，然后羞答答地唱道：

嗬嗬哎姑妈[①]！

① 苗俗，媳妇称婆婆为"姑妈"。

嗬嗬哎姑妈！
鸭子跟着河水跑，
鸡崽朝着白米啄。
牯牛遇上青草坡，
再也不想转回家。
我们现在就扫地，
挑水服侍好姑妈。[1]

老妈妈听了，喜出望外，连声说道："嗨嘿嗨嘿！你们来了娘[2]！你们来了娘……"

老妈妈高兴了一阵以后，笑嘻嘻地望着两姐妹问道："我的两个儿子当中，你们哪个配哪个呢？"

两姐妹羞答答地说："两个哥哥我们都喜欢，哪个配哪个，由姑妈决定。"

老妈妈说："那大姐配我大儿子，二妹配我小儿子，怎么样？"

两姐妹说："姑妈怎么说就怎么是。"

这样，老妈妈就叫大儿子娶姐姐，小儿子娶妹妹，同时请人去女家报亲。不久，两方家长就为两对儿女高高兴兴地成了亲。

一天的巧遇，两兄弟意外地得到美丽的妻子，两姐妹意外地得到很好的丈夫，老妈妈意外地得到两个好媳妇。这个故事，人们把它当成佳话，一直流传下来。

西江妇女小群体确实是一个多功能的团体和单位。凡是我

① 苗俗，扫地、挑水是新娘进家时必须履行的结婚仪式。

② "娘"是对儿媳妇的称呼，读"niāng"。

访谈过的人都证实，在传统社会里，妇女确实以小群体的形式聚集，并在聚集的时候有意无意地从事各种文化活动以及倾诉她们的苦和乐。

【访谈 21】

杨夫林：过去的老太太们聚集一起，谁家要是敲桐子，桐子皮就拿来烧灰，辣椒秆和豆子秆也拿来烧灰，过后把灰滤来洗衣服，做灰肉，做酸豆腐，放在坛子里，聚会时拿来吃。其他老太太都扛纺车来围坐在火坑边。一边纺纱，一边唱歌，讲故事，交流各种新闻，传授各种知识。讲唱嘎百福歌，穿无根草鞋……

（男，69 岁，退休干部，南贵村人）

【访谈 22】

李国珍：当姑娘时，家里有人干活儿，我和四五个姑娘就坐在房间里做针线。我妈还烧烤粑粑给我们吃……我妈很善良，接待一群一群的妇女来我家纺纱……

（女，84 岁，从平寨嫁来东引）

【访谈 7】

龙玉琼：当姑娘时有什么不懂就问妈妈。晚上姑娘们集中在一起打鞋底、打带子。妈妈有时也参与进来，教我们唱歌。我们就时而开玩笑，时而讲故事，时而学歌。老辈人唱歌互相恭维，一个搭着一个的肩唱。当姑娘真是无忧无虑。

【访谈 14】

访谈人：你们是否经常相聚在一起啊？

被访谈人 A：是相聚啊！经常抬纺车在一起纺纱。

被访谈人 B：有空就说“去摆苦去”，就聚在一起了。

访谈人：相聚摆谈什么？

被访谈人A：摆纺纱啊！

被访谈人B：就说这纱怎么老纺也纺不完。相聚在一起，说到好笑的事就笑，说到伤心的事就哭。

被访谈人A：纺织寂寞了，又说“来聚餐”。

访谈人：还唱歌和讲故事，是吗？

被访谈人A、B：是啊。

访谈人：年轻姑娘和你们在一起吗？

被访谈人A、B：不跟我们在一起。

访谈人：那么她们怎么能学会唱歌呢？

被访谈人A：去坡上干活儿要嫂子教，不要老太太教嘛。

访谈人：要嫂子教？

被访谈人A：以前我们也要嫂子教。自己去学会了，就来跟自己的女伴说：“今天我去学会一首歌了，好得很，我来教你们。”大家也都学会了。

被访谈人B：学会就很高兴。

【访谈9】

务娄：有空闲年轻姑娘就集中在一起。冬天不干活儿，集中烤火，各从各家抬饭来一起吃，搞姊妹饭……姑娘跟姑娘，媳妇跟媳妇，摆一天天，谈一天天。年轻姑娘摆谈小伙子，摆谈游方。有个姑娘跟大家说，她喜欢上了某青年，回家跟母亲说她想嫁给他，但又觉得他长得黑得很，母女俩正议论着，没想到那位青年就在门外偷听，听她们说到这儿，就“咚咚”地敲响了她家的墙壁。姑娘们就讲这类笑话……与女伴们在一起心情舒畅，我们在一起的共有12个朋友，现在她们都死光了，只剩我一个了。

从以上看，妇女小群体的活动主观上反映了西江苗族妇女对同性的态度：信任和依赖。客观上起到对文化的创造和传承的作用。

此外，妇女小群体还体现了时代的特征。妇女小群体不完全是一个封闭的体系，它在一定程度上与社会发生着这样或那样的联系。每一代妇女都在继承着上一代妇女的文化，同时又在创造着自己这个时代的文化；每一代妇女可能发展和丰富了上一代妇女创造的某部分文化，但也有可能遗失上一代妇女创造的另一部分文化。西江苗族妇女小群体是在运动、变化中创造和传承文化。每个时代有每个时代的文化特征，每一代人有每一代人的兴趣爱好和审美趋向。

我母亲的那一辈西江妇女的刺绣工艺是远近闻名的。她和她的两位姐姐年轻时都是有名的刺绣能手。然而，我外婆却不擅长刺绣，但我外婆会织一种图案复杂的布，而且外婆那一代人会搞蜡染。我母亲这一代人就很少搞蜡染了，我外婆织的那种布也少有人会织。到了我们这一辈，就再找不到一位会织先前那种布和会做蜡染的人了。这就说明在母亲那一代创造和发展了刺绣艺术，但在传承中失落和削弱了蜡染艺术和某种织布艺术。到了我们这一代，外婆那一代的某些工艺就彻底失落了。每一种文化的兴起和衰落都是有历史原因的，和时代背景息息相关。例如为什么织布工艺和蜡染工艺到了母亲这一代就会逐步失落了呢？这与当时刺绣工艺突飞猛进的发展有关；为什么在母亲那一代会出现刺绣艺术的辉煌呢？这又与养蚕业的发展有关。因为刺绣材料用的是丝线，养蚕业的发达提供了刺绣的前提条件，而刺绣艺术一旦出现，就以其色彩艳丽的优势，抢占了古朴凝重的织布装饰和蜡染工艺的位置。

据有关材料介绍：清朝末期，欧风美雨东渐，民国肇选，吹起了“实业救国”之风。1919 年贵州省府颁行“蚕桑计划”，饬令各县限期完成。丹江县政府委派蔡邦德为蚕桑所长，由向茂才负责请工人垦殖桑秧园（在今县委屋后）培植桑秧分发城乡广栽桑树（今县人民政府宿舍大楼一带过去是桑树林区）。1921 年创办蚕桑传习所，招收第一批女小毕业学生蔡邦元、谢跃昆等十余人入所半工半读。秦筱泉、侯寿丰（蔡、秦、侯等均系贵州省甲种农业学校蚕桑科毕业）任专业教师，授以植桑、养蚕、缫丝等专业理论和技术，抽丝、织绢已有成效。①

可想而知，丹江授业植桑、养蚕、缫丝，传入西江还不容易吗！西江苗族刺绣工艺的发达，与这个社会背景是很有关系的。

但自从刺绣占据了主要位置以后，它的自身也在不断发生着变异。在上一代人中，最流行的是绉绣和锁绣，其次是平绣。但现在，除了平绣保留下来以外，绉绣和锁绣少有人再做，很可能以后会失传。在很长一段时间，人们只做平绣和贴绣，因为这两种绣法没有以前的那几种麻烦。20 世纪 70 年代，一种新的绣法流行开来，它叫绷花，反面刺绣，正面修剪。其实这种绣法是汉族的绣法，它是从榕江——永乐——雷山——西江这样流传过来的。为什么会流行这种绣法？这完全与人们的价值观和审美观有关。由于对外交流，人们变得重实惠起来，其审美观念也在变化，刺绣图案从抽象变形走向逼真写实，由原来的神话故事变成

① 秦小峰，《清、民国时期雷山县教育梗概》，《雷山县文史资料选辑》第一辑，雷山县政协文史资料委员会编，1989 年，第 58 页。

虫鱼花鸟。绷花绣法有立体感，形态逼真，又耐洗耐磨，因而得以流行。

妇女小群体有促使文化流变的一面，但同时有保持文化稳定的一面。在文化不断创新和流失的间隙之中，妇女小群体相应地对她们所继承和创造的文化，都会维持一个漫长的过程。它能使一种文化得到升华和沉淀，让这种文化有一个发展、成熟、达到顶峰的时候，才慢慢有所回落，像西江的刺绣。妇女小群体就像一个安全阀、质检站，让每一种流行的文化必须达到一定的高度才能通过。如果没有妇女小群体的这种作用，苗族的许多文化艺术是不可能保留下来，并成为世界第一流的精品的。[①] 是西江无数个妇女小群体把西江女性艺术一代一代传承下来，使西江苗族文化辉煌了数个世纪。

然而，随着 20 世纪的即将结束，西江女性艺术明星要陨落了。这一方面是艺术自身发展规律的必然结果，另一方面也与妇女小群体的日渐解体有关。有一位女艺术家曾说："在这样丰富细致、巧妙、精美绝伦的美术品面前，除了感到神秘莫测之外，还很担心：首先，任何艺术，发展到了尽善尽美的顶峰，就无法再往前进步，所谓物极必反。恐怕舟溪苗族精心培育出来的这株奇特的美术之花的鼎盛时期，已预示着她艺术生命行将衰亡的时期……" [②] 这段话是针对舟溪苗族织锦说的，但对西江苗族刺绣艺术同样适用。20 世纪的西江妇女的纺织艺术很难再超越 19 世

① 国内外的许多艺术家在观赏黔东南苗族刺绣、服饰艺术之后，都称赞它为世界一流水平。

② 陈默溪，《论黔东南苗族美术的特色》，《中国民间美术研究》，贵州美术出版社，1987 年，第 192 页。

纪的西江妇女，她们只发展了刺绣；而未来的21世纪的女人们又很难超越20世纪西江妇女尽善尽美的刺绣艺术。她们必须寻求新的转化途径。

然而，在文化转型的过程中，尤其需要具有创造、发展、丰富、提炼、升华、传承等多种功能的妇女小群体予以保护和帮助，文化转型才得以顺利完成。但是，在文化转型的关键时期，妇女小群体却正在日益解体。随着解体，文化也慢慢轻佻起来，像走马灯似的变化着，创造得太轻松了，也流失得太容易了，变得越来越没有价值。

严格地说，西江妇女小群体至今并没有解体。我上面列举的我表姐之类的妇女们仍然以小群体在活动。只是它的大部分功能失落了，而且内容在发生着变化。因为在客观上，妇女们不像传统妇女那样有大块大块的时间聚集在一起，而且很多东西买得到，需做的针线活儿越来越少，能让她们坐下来聊天儿的理由也就越来越少。在主观上，她们似乎也失去了昔日妇女那种慢条斯理讲述故事的雅兴，随着生活节奏变快，性情也变得更加急躁。展望未来，西江妇女小群体走向彻底解体是无疑的。因为西江妇女小群体是封闭的农村文化生态环境的产物，而随着农村城镇化的发展，今日的农村妇女是未来城镇的居民。城市居民的交际方式和消遣行为与农村完全不一样。事实上，西江也正在逐渐城镇化。很早以来，她就一直是“镇”“寨”并存，并有以“镇”取代“寨”的趋向。而更重要的是，她的文化超前，城镇化的速度越来越快。先是篮球比赛、文艺节目登台表演等与传统的游方、跳芦笙、斗牛等活动并存，再是舞厅、歌厅等开始出现，而影响面最宽的是电视的介入。自从西江通电，又有人家买了电视机以来，人们大部分的休闲时间就开始在电视机前度过。这些文化超前城镇化的现象，必然对妇女小群体的活动冲击很大，使妇女们日益失去了对这一小群体的依赖和兴趣。不过在当前，妇女小群体还没有完全消失，只是进入了一个行将消失前的过渡阶段。在这一阶段中，聚会的内容有了很大变化——喝酒吃饭。

很长一段时间以来，酒成了妇女和文化的一个中介，妇女小群体不得不选择了“酒”作为交流思想和表达感情的手段。因为一来酒宴是苗族妇女在日常生活中唯一的可以公开与男人交流并且言行还可稍为放肆的场所；二来妇女们不得不靠小型酒宴，以维系妇女小群体的生存与发展，即保证它的适当活动空间。

黔东南苗族均聚族而居，村与村的交往，靠亲戚间的礼尚往来和节庆的探望访问。有亲戚来访，是全家乃至全房族全村寨的一件大事，人们要争相宴请。宴请时要有叔伯兄弟作陪，有酒肉招待。招待时要让客人尽情地喝酒，以此交流思想，抒发感情。酒宴就成了亲戚间、房族兄弟间联络感情的手段。为了更充分地表达主人对客人的热情，主人要向客人敬酒。敬酒时，为了说服客人喝酒，必须要编出许多理由，酒歌就是在酒宴的需要和刺激下产生、创造和发展的。然而，酒历来是男人的专利、男人的象征，它意味着阳刚，意味着豪爽，拿起酒碗大碗大碗地喝酒是男人们喜欢做的事情。可是要缠缠绵绵地劝人一口一口、一杯一杯地喝酒，并不是男人所擅长的。所以男人们允许并邀请女人进入他们喝酒的领域。女人们并不是坐下来与男人喝酒、碰杯，而是向男人敬酒。男人们围着长桌坐成一圈，每个人的面前摆着一个酒碗；女人们两人组成一对依次序向男人敬酒。通常的做法是：一个女人双手端着酒碗，另一个女人双手捧着酒海[①]，站在被敬酒者的肩侧，双双唱起酒歌。这时被敬人和所有在场的人都认真聆听。敬酒人唱得在理，被敬酒人只有心悦诚服地在大家的祝贺声中一饮而尽；若敬酒人唱得有破绽，被敬酒人就可以另起一曲予以反驳，对这碗酒予以谢绝，并反过来罚对方的酒。在酒宴上，敬酒者和被敬酒者形成一对对具有对抗性的双方，展开以唱酒歌为主要形式的智慧之战。在这种“酒歌争战”中，双方一方面依靠各自的老本，即早就学会的传统酒歌；另一方面要“见子打子”[②]，即兴创作（在醉意蒙眬中苗族妇女创作了许多优美的酒歌，这些酒歌又经过传播加工完善而流传下去）。“酒战”的双方，被敬酒者要善于抵抗，敬酒者要善于进攻。由于抵抗者主要是男性，进攻者主要是女性，酒宴发展到高潮就变成了一场男女论战，这是一场文化习俗允许和鼓励的合理合法的男女交锋。酒喝到这个时候，大家已有醉意，因而也就少了些束缚，多了些自由。有时男女双方索性丢开酒宴不管，分成两帮勾肩搭背地对唱起情歌来。有些地区或村寨，在酒喝到酣醉时，可以尽情地狂欢，跳起平常不跳的大幅度动作的舞蹈。在这种场合，习俗允许略有出格。换一句话说，由于性的羞耻感，女人疏远了男人，只有在这种场合，男女才恢复到常态，有了些正常的自由交往。酒酣时的狂欢，是对平常个性压抑的补偿或宣泄。不过有一点必须说明，进入酒宴尤其是参加狂欢的女人，必须是中年人，或者说必须是媳妇们。老年妇女德高望重自然要顾及身份，不去“服侍”年轻人或胡闹起哄。未出阁的少女们也无资格撒泼放浪。只

① 一种特制的盛酒容器。

② 俗语，指针对具体情况对歌或反驳。

有结了婚又还年轻力壮的中年妇女才可进入酒宴狂欢。这一阶段的妇女，既没有了少女们对异性的恐惧和神秘感，也无长辈所需要顾及的身份与尊严。她们处在生活的中心舞台，对生活最为明白、最为自如、最为大胆。这一阶段是女人一生中最少约束、最具自主精神的阶段。这一阶段的女人才具有欢娱客人的热情和驾驭客人的能力。而更为重要的是，媳妇们与男主人们是姻亲关系，与男客人们是血亲关系的可能性也极小（如果是则回避）。因而在酒宴上，男人们与女人们都不是同一个“出生氏族”，都是可以开亲的对象，言行也就没有太多的忌讳。他们和她们也才可以在酒酣之后，像当年游方场那样对歌自娱。妇女们在酒宴上有时对男人可以放肆。如敬酒时若遇强硬的抵抗者，她们会抱他的头或扯耳朵强行灌酒。通常这种情况女人们是集体作业，男人是独立作战，因而再强悍的男人也难以招架。况且，这种场合多半是女人的天下，男人可以任女人扭打，但男人却不可以撒野，在开放中又把握着文明的分寸。男女间的嬉闹可以尽情尽兴，但绝无淫欲邪念及粗俗的举止言谈。

妇女们的厉害，是以集体行动为前提的。如果她们不是一个小群体，而是单个人，那么无论她们在什么场合、是什么个性，都不与男人交锋。一个女人对一群男人当然不可能，一个女人对一个男人也不可能。在苗族社会里，单个女人与单个男人交往是受到非议的。女人只有和女人在一起，组成一个群体的时候才有力量，也才拥有更多的合法性。苗族社会妇女小群体可以说无所不在。

这里，我给读者说一点儿题外话。我国 1949 年以后直到 70 年代末，农村都是集体生产，集体生产分工多是按性别和能力来进行的。因而一群妇女往往被分配去干同样的农活儿，如薅油菜等。这种集体生产虽然不一定方便切磋技艺，但却很方便闲聊。妇女们在劳动中也讲故事，也唱苗歌，也谈论各自家庭的种种趣事。有个别活泼开朗的妇女，还把一些夫妻间的房事也拿出来说笑，这种场合更是女人的天下。如果这个时候某位不识时务的男人（必须与她们不是血亲关系）去招惹这些妇女，必定会“大祸临头”，不仅会招来妇女们的围攻，搞不好还会被妇女们捉来脱裤子取笑（已婚的中年妇女才敢这么做，未婚女子绝对不参与）。因为是在野外，妇女群体人多势众，且无所顾忌。这是妇女小群体的力量，也是对异性的疏远的反叛，这与在酒宴上的女人有某种异曲同工之处。

以上是妇女小群体的自在自由之处。在闲暇时间变少，生产形式已改变，没有了集体生产之类活动的情况下，为了维持相互间的联络，妇女们便自设酒宴。这种做法应该说不是一种创造而只是一种发展。传统的苗族妇女们就有午间聚餐和吃姊妹饭的习惯。午间聚餐前面已多次提到，即妇女们在一起做手工活儿的时候，各自从家里端来饭菜凑在一堆吃。吃姊妹饭，是一群姐妹们里有某一位出嫁了回娘家来的时候，大家各自从家里带去米菜，集中在一家煮熟“打平伙”[①]，以倾诉彼此的思念之情；或者有一位女客来访，众姐妹也这样聚餐，吃姊妹饭表示欢迎。那些姐妹们各自舀来米，捉来鱼，带来菜，放在一块儿煮。熟了端到长桌上吃，大家谈笑风生。不过吃姊妹饭着重在吃和交谈。而后来人们把它发展为小型酒宴，重点在喝酒和唱歌。而近些年来，西江

① 方言，指聚餐。

妇女还把它发展为跳舞。但妇女小群体自设的酒宴与一般酒宴不同。一般的酒宴主要是针对客人，让客人欢娱；而妇女小群体的小酒宴目的是自娱自乐，大概有点儿像城市人去舞厅跳舞，去歌厅唱歌一样。这种以某些机会和各种理由举办的自娱自乐性的小酒宴，标志着西江妇女小群体进入了行将消失的过渡阶段。前些年，这种小酒宴主要是中老年妇女举办，甚至是那些职业妇女。我们常常发现，那些退了休或尚未退休的中老年妇女在节假日里聚会喝酒唱歌。一些年轻时顾不上学酒歌的中老年妇女现在反而认认真真地学习起酒歌来。而这几年来，对小酒宴爱好的妇女群体越来越年轻化。有一次我在县城刚参加完表弟的婚礼，就与来参加婚礼的表妹们一道回西江。到西江的当晚，表妹们又将带回的礼物举办酒宴。后来我又去西江，又碰到表姐外出聚会喝醉酒被人送回来，连送她回来的女友也醉意十足，摇摇晃晃地对我说："我有胃病，不能喝酒，但是我宁可要感情不要身体。"而表姐也醉得体力不支，无法送女友出门。我不无忧虑地对表姐说："你们能不能换一种聚会方式？能不能不要喝酒呢？喝酒太伤身体了。"但表姐说："不喝酒就放不开，不喝酒就不好玩。"我无言以对，心里感到沉沉的。后来我走访了西江镇妇联主任侯玉珍。

【访谈 23】

侯玉珍：农村还很封建，妇女们想去打球、跳舞、游泳等，但都受传统习俗的约束，受到舆论的限制。只有喝醉了酒才能放得开，也只有请客喝酒这种习惯，才被习俗所允许。妇女希望参与社会活动，如果我们组织什么活动，那妇女们是个个强烈要求参加的。只因妇联缺少资金，没法满足她们的要求。每搞一次活动，都要一个一个单位地去讨钱资助……

与前几年中老年妇女热衷的小型酒宴相比，现在的中青年妇女的酒宴聚会有一个变化，即汉文化日渐代替苗文化。我在1993年参加过一两次她们的酒宴。妇女们在酒宴中尽情地唱歌跳舞，但多半唱的是“革命歌曲”，跳的是“革命舞蹈”。唱的歌曲有《东方红》《刘三姐》《下定决心》等。她们多是四十几岁的人，经历过“文革”，“文革”中“文艺宣传队”十分普遍，这些歌舞就是当年的宣传队员教给她们的，或者是她们耳濡目染模仿来的（她们中有一些人就是当年的文艺队员）。妇女们很迷恋这种酒宴，大家在一起唱歌跳舞，玩得不想回家。有一位腼腆的妇女说：“连我都喜欢，还会有谁不喜欢呢？”

我理解西江苗族妇女，她们对文化娱乐很渴望，但农村现实的生活不能满足她们。我无可指责西江苗族妇女，当看到她们不得不以伤害身体为代价来谋取生活的欢乐时，我感到深深的忧虑，并很同情她们，但我确实看到，西江苗族妇女小群体在变异之中。妇女小群体现在的主要功能只是联络感情和提供娱乐，已经逐渐失去了它存在的条件，传统文化也慢慢失却了它生存的土壤；假如西江普及了歌厅和舞厅，家家都拥有一台电视机。总之有其他的形式去消闲、娱乐，妇女小群体就不能维持下去了！如果妇女小群体解体了，“环”不在了，“链”就要断，传统文化也会失传。这是妇女小群体和传统文化的最终结局。

第七章　男女平权变奏曲

我曾问过已 70 多岁的大姨妈，以前的妇女和现在的妇女相比有什么不同？她很精练地说："以前的女人只干女人的活儿，现在的女人也干男人的活儿。"我对她关于"女人的活儿"和"男人的活儿"的概括感到惊异，便问这话怎么讲。她说，过去的女人管穿，男人管吃。即女人负责种棉花、纺纱、织布、制衣等，男人承担绝大部分的农活儿。我这才明白，西江社会也曾经历过男耕女织的阶段。而在这之前我一直认为，西江妇女一直是和男人一起并肩生产共同劳动，两性间没有太明确的分工。那么，为什么以前女人干女人的活儿而后来也干男人的活儿了呢？姨妈的话，不仅道出了男女的分工变化，还道出了西江社会、经济的变化和妇女角色的变化。

我们先讨论西江妇女劳动职能的变化。传统的西江，是一个封闭的自给自足的小农经济社会。家庭的消费和生产都主要在家庭范围里完成，由家庭成员承担。男女由于生理特点的不同，即男人粗犷有力，女人纤细灵巧等，很自然地就形成了男人承担食品的生产，而女人承担衣着的生产的习惯。随着社会的发展，整个社会中原来由家庭生产的"穿"的那个部分，已经转移到由城市工厂的工人来生产。而随着社区对外交往的增多和集市的建立，城市工厂生产的布料等轻工产品也进入了西江社会。人们的衣着等生活用品可以从集市上购买。因此用于生产衣着等生活用品的那部分生产，可以用别的能够成为商品的物资的生产来代替。那部分原来由妇女承担的用于生产穿着等生活用品的生产会日渐减少。

另一方面，由于人口的增多，生态环境的破坏和生活水平的提高，人们对“吃”的需求量越来越大，要求也越来越高，生产“吃”的担子也就越来越重。在这种情况下，原来由男人就可以完成的全家人“吃”的生产任务，现在需要男女双方通力合作才能完成。过去“姑娘少干活儿，说姑娘干活儿人家笑，坡上的活儿是男人的。女人只去踩田、捞鱼。过去姑娘也不挑粪”（宋国英语）。“当姑娘时就薅点儿秧，割点儿田坎，坐着一天天做针线。一些家庭没有父兄，姑娘也还是要砍柴割草。我有父有兄，就只做针线”（李正兰语）。但现在妇女除了犁田和扛谷桶之外，样样农活儿都干。没有男劳力的家庭妇女，连犁田、扛谷桶都干。虽然在有条件的情况下，分配农活儿时，妇女承担轻一些的，男人承担重一些的，但差别已经很小。

我在调查中发现，西江社会从过去的“男耕女织”到现在男女共同承担农活儿生产，妇女处境有两个明显的变化。一个变化是现在的妇女比过去的劳动强度大，非常辛苦；另一个变化是现在的妇女比过去的敢作敢为。这两个变化并不完全成正比，但有相当多的联系。

【访谈 24】

访谈人：依你看，妇女们是否辛苦？

李荣美：辛苦。说妇女翻身，其实也没翻身。砍柴割草，带孩子，辛苦得很。如果丈夫勤快善良一点儿，就好一点儿，否则，一直苦到死。柴草、田土、家务等样样都要料理，做了一天又一天。也许其他地方地势平一点儿，妇女也轻松点儿，我们这里山又高，坡又陡……农村最苦的是砍柴割草，如果单是种地也不是太忙。有时搞不过来，就哭起来。这里干活儿的路程太远，抬一挑柴累得要死。去砍一挑柴快的要走两个小时才到，慢的要走三个小时才到。也就是说要走二三十里路。一般一挑柴 100 斤左右来回就要走五六十里路。而去干活儿的路，去是一直爬，回又是一直下，脚杆都发抖……

（女，47 岁，中共九大代表）

【访谈 25】

某妇女：现在管家的妇女增多，因为有许多男人不在家（外出打工或做副业）。现在猪也喂得太多。我家隔壁的一位妇女，丈夫出门搞副业，她在家要喂母猪、仔猪、牛，砍柴割草……忙得连凳子也坐不住，吃饭都不安心……

【访谈 13】

被访谈人：现在妇女成了主要劳动力。男的外出打工。家里的农活儿主要是妇女干。你到田坝上去看，插秧的多是妇女，少见男人。今年男人特别出去得多，可能外出一两千人……

（男，科技副镇长）

【访谈 26】

李龙英：我 37 岁就守寡，一个人带五个孩子。当时最小的孩子才 1 岁半。孩子留给婆婆带，我每天早上起来先割得一挑百来斤重的草，才煮吃的，接着又追赶人家去出工……

（60 岁，平寨妇女）

【访谈 27】

被访谈人：羊排村田土较远，也比较多，所以妇女确实比较辛苦。开春以后，就早出晚归了。

（男，羊排村党支部书记）

【访谈 16】

阿莎：羊排妇女比男人苦，特别可怜。她们经常背上背着小孩儿，肩还挑 100 多斤重的担子。干活儿的地方最远要走两个半小时才到，还要爬坡。

你问我希望选择什么样的对象？我希望能找一个愿意帮忙的丈夫。最可怕的是妻子忙死，丈夫也不帮忙。妻子一手抱孩子，一手烧火做饭。家务全推给妇女，男人坐在一边抽烟。平寨和东引的妇女地位高一点儿。也许是小地方来的媳妇，羊排妇女互相攀比勤快。[①] 我希望能找一个可以同甘共苦的丈夫。

（羊排姑娘，22 岁，初中毕业）

【访谈 18】

晓林：羊排妇女特别忙，也比较传统。现在 30 多岁的一批女孩子，其他村的已经梳长发，她们还挽发髻、穿苗衣。东引妇女善于做针线，羊排姑娘长于砍柴割草，特别能干活儿。据说过去吃饭时女人还不能上桌。大概这是她们母

① 因为羊排村不能与西江其他村子开亲，所以该村娶的都是外地媳妇，构成了羊排与其他村一些不同的特色。

亲是外地人的缘故。同是一批姑娘，最苦的还是羊排姑娘。记得在暑假去砍柴的时候，她们帮我捆柴，最会干农活儿，也很会做针线。

从前面的访谈中，我们对西江苗族妇女特别是羊排妇女有了大概的了解。它说明西江妇女不仅同男人一样干农活儿，而且除了干农活儿之外，每天还要砍柴割草以及其他家务，这是比农活儿更沉重的一项负担。为什么会如此劳累辛苦？也是不言而喻的。首先，人口密集了。一个千户人家的村寨，四周的坡地该开垦的已经开垦了，可以修建房屋的都修建了，土地越来越少，而人口却不断地增长，人均田土不及一亩。在这种情况下，不增加生产的投入，收入就不能增加。其二，种植的品种多了。过去的西江，主要种植水稻，苞谷吃得少，只是尝新；红苕还从集市上买来当糖果，不种小麦。水稻季节分明，所以除了大忙季节外，农活儿不是太多。现在除了种水稻之外，要尽量种些杂粮。尤其是红苕，既可人食，又可做牲畜的补充饲料。其三，家庭开支大了。过去对外交往少，生活用品需要量也少。现在穿的用的都比过去丰富，家庭开支大。而西江人在本地较大的几乎是唯一的经济来源，是喂猪卖，牲畜也就养得比过去多，这也就加重了劳动量。作为农耕民族，西江家家都离不开耕牛，一头耕牛每天要吃一两挑青草，十天半月要换一次垫圈草。割草割得多，草长不及人割，只好越割越远。更为严重的是，西江一千多户人家，每日两餐或三餐，均以柴火为燃料。辛辛苦苦砍来一挑柴，也不过只能解决两三天的煮饭问题。这一千多户人家，每家砍一挑柴，就要砍一千多挑。那柴火再怎么长，也跟不上人的需要，砍柴的路程自然会越来越远。而人一天不做饭吃是不行的。这么沉重的家庭负担，在男人已力所不能及的时候，也就落到了妇女肩上。这一切的一切都在加重西江农民妇女的劳动负担。

有一点没有变，就是男人从古至今，还是家庭经济来源的主要承担者，他们一直以此为己任。无论是过去还是现在，只要有男人在，繁重的农活儿还是男人做。妇女肩上的担子重了，不是男人卸下了他们的担子，而是这担子超出了他们所承受的能力，溢出来的部分给了妇女。久而久之，男人也习惯女人与他们具有同样的义务，“养家糊口”的责任不再是男人一人的，而是男女双方的了。从这个意义上讲，妇女的辛劳是环境所迫。

但是，当今妇女的日益辛劳还建立在另一个不合理的基础上，这就是社会不予承认，尤其是男人不予承认或视而不见。这使得体力上就很辛劳的妇女，精神上也很痛苦。在过去，男人专干农活儿，女人管穿衣、承担家务和养育子女。男女承担的担子大体上平衡。男人的活儿劳累，但比较单一。女人的活儿繁杂，但比较轻松。过去的生活简单，家务活儿和子女的养育要求水准也比较低。妇女们每天把家务安排好了，便带着孩子做针线活儿。针线活儿是干活儿，但因与一群伙伴在一起做，干起来也很愉快，是种休息和消遣。但到后来，生活给人的负担越来越重。妇女花费在做“穿”的时间少了，即是消闲的时间少了，她们必须与男人一样地干农活儿，肩上的担子与男人一样重，而且比男人多一个负担——背上还背着一个孩子，身后还有一个家。也就是说，在干农活儿的时候，女人与男人一样干。但在农活儿之外，“女人的活儿”却并未减少。所减少的，是对女人有利的，给女人带来消遣机会的“活儿”。而消耗精力的“女人的活儿”却在增加。女人同样要养儿育女，同样要干家务。而家务比过去多，儿女要求比过去高。于是，“男人的活儿”也成了“女人的活儿”，而“女人的活儿”却永远是“女人的活儿”。“男人的活儿”和“女人的活儿”都让女人双肩挑，而男人永远只干“男人的活儿”。男人的付出是有限度的，承担不了的时候，就匀给了女人。女人的付出是无限度的，承担不了担子的时候，也得不到男人的帮助。不管生活的担子有多么沉重，男人只承担他可以承担的那部分，剩下的统统是女人的，不管女人是否承担得了，是否累得趴下。男人视女人帮他共同承担农活儿是理所当然的，视女人承担农活儿之外的所有家务劳动更是理所当然的。男人的自私或认识上的迟钝是妇女日益辛劳的潜在原因。西方学者在分析西方 19 世纪的妇女处境时曾说：“事实上是妇女在家庭里的非商业性生产造就了她的丈夫和儿子的劳动力，使得丈夫和儿子能够将他们的劳动力贩卖于劳动市场上。”① 这里我们也可以说，古代西江妇女以她们非农活儿生产保证了男人得以有充分的时间和体力去干农活儿。现代的西江妇女在完成支持男人生产的前提下，还要参与干农活儿。西江妇女对西江社会的贡献是不言而喻的，她们日益劳累辛苦也是不言而喻的。

与男人同样地干农活儿并独立承担全部家务的妇女们，时间、体力和精力的付出都超过了极限。她们没有机会来恢复体力、调节情绪。她们累得顾不过来，已经难以忍耐，于是开始开口与男人说话，劝导他们应该帮自己一把。她们开始唠叨，甚至与男人争吵。由于她们参与了财富的直接创造，也开始有权利和胆量拿主意，做安排，比古代妇女敢作敢为。

---

① A. Michel 著，张南星译，《女权主义》，远流出版事业股份有限公司，1989 年，第 75 页。

【访谈 24】

李荣美：以前妇女不敢讲话，现在敢讲了。现在家里有什么事情，夫妻俩商量。有的家庭妇女当家。这要看双方的能力。

【访谈 17】

被访谈人：现在妻子管家的多，这个队已经没有哪家妻子不管家的了。以前妻子不敢反驳丈夫，现在敢反驳了。1/3 的妻子可能受制于丈夫，有时受制，有时也吵。

（羊排村几位妇女）

上了年纪的老人们都说，现在的夫妻经常吵架。其实这并不说明现在的夫妻关系恶劣，相反它说明现在的妇女敢与丈夫论高低。

如果说，现在的女人敢做主，敢争论，那么是不是说现在的妇女比过去的妇女地位高了呢？事情并非那么简单。我们需要对西江社会的历史状况做一分析。

许多研究者都承认，在人类的远古时代，女性有过其地位即使不是比男人高，至少也与男人平等的一个阶段。但这个阶段不长，人类很快就进入了父系社会。从此女性的地位便开始跌落，直至现在，也没有上升到与男性完全平等的地位。西江社会，在它的祖先迁至西江之前，早就进入了父系社会，即从一开始，西江社会就是一个以男人为核心、为本位的社会，从一开始男女的地位就不平等。但是，在古代，这种地位的悬殊并不严重，男女有比较合理的分工，能力互补，形成了比较平衡的社会状态。这种状态维持到外族进入的时候。之后由于外来文化的影响，妇女的地位逐渐跌落。特别在国民党时期，西江妇女境况更是悲惨。

西江在1950年以后，妇女地位才有了上升的趋势，有了平等的可能。

西江妇女的历史，可以分为三个阶段，即古代、近代和现代。第一和第二阶段以外来文化进入为界，第二和第三阶段以中华人民共和国成立为界。我们将分别对这三个阶段的妇女地位进行探讨。这里须指出的是，我们研究妇女的地位，是以男人作为参照系统来进行的。也就是说，我们讨论在不同时期，西江男女地位是否平等，其程度和特点如何，等等。

在理论上，男女平等是指男人和女人在政治、经济上都处于同等的地位，享有同等的权利，即男女拥有共同的立足点和享有合理的资源分配。它表现为原则的平等、机会的平等和事实的平等。西江古代社会，男女并不平等。因为作为一个父系社会，它的社会制度本身就说明了这一点。任何一个父系社会的确立，都必须有两个前提。一是在血缘上确认父系，即把人的繁衍归功于男人，而女人只是生育工具；二是在经济上确立父系地位，即在农耕经济里只有男人才被承认为生活资料的生产者。人类的再生产和生活资料的再生产是贯穿社会的两大生产。在远古简单的社会结构里，这两大生产就是社会的两大支柱。否认了妇女在这两大生产中的作用、贡献，也就剥夺了她们应有的权利，当然也就否认了妇女在社会生活中应有的地位。古代西江社会对妇女的压制，是从观念和文化上入手的。在观念上，古代西江社会认为男优女劣，男重女轻。西江有很多风俗习惯，充分体现了对妇女的歧视和限制。

【访谈21】

杨夫林：以前不准将妇女的衣服晒到别人家门口，怕挡别人家。不准妇女在家唱情歌，怕得罪祖宗。妇女说话要检点，觉得妇女不吉利。如果谁家搞“打口咀”[①]、招龙等，就在门上挂一个草标，限制人进去，实际上只限制妇女。人格上不平等。村上凡是搞扫寨等大型活动，商量时如果每家必须派一个，那必须派男人，家里没有男人才允许妇女去。妇女自己也不愿意去。家中大事也是丈夫决定。又如，孕妇的影子不准进别人家。

在文化习俗上对妇女的限制不胜枚举。它反映了一个观念——女人是劣等的，不吉利的。稍为重要一点儿的事情，统统都不要她们参加，认为女人挨边就要坏事。

男女不平等不仅是男人和女人处于不同的等级上，还在女人之间划分出不同等级。这等级也是以男人为标准的。例如接媳嫁女时选择布置婚房的妇人，为新娘接伞的小姑子等，都要看她家里是否有男人。未婚的小姑娘，必须父亲健在且有兄弟；已生育的妇人，要看丈夫是否健在，生的孩子是否有男性。不合条件的人是不能被选去做这种喜事的。所以在这种大喜的场合，那些没有父兄或无夫无儿的女人，总是躲得远远的，怕遭人家讨厌，其悲凉心境难以言说。

【访谈 10】

宋国英：以前我父亲在世时，整个地方接媳妇都叫我去接伞。但父亲一死，就再也没有人喊我去接伞了，我也不敢去看人家接媳妇。要去看时，妈妈就交代，要远远地看，不要去摸，免得人家说给他们带来不吉利，只看看就回来。

① 一种用巫术来驱鬼的活动，主要是解决纠纷。

【访谈 24】

李荣美：父亲去世后，母女俩只好自己砍柴割草。自家没有男人，人家很看不起，骂为“绝种”，听到了很伤心。刚去北京回来，大队叫去讲讲话，有人就骂：“我们大队穷泥巴了（意指风水祖坟不好），要个绝种的人来管我们。”

相对于女人而言，男人是上等人。但在男人与男人之间，也形成了不同的等级。当然这种同性内部的等级同样以“男人”为标准，即不仅你身为“男人”，而且你的上一辈和下一辈也必须同为“男人”并与你同在；不仅你这一个“点”是“男身”，而且在你前后延伸的“线”上都是“男身”，你才是一个上等人。一个男人，如果他只生养男孩而无女孩，这没有什么，这只是让他感到生活有些遗憾而已。但如果他只生养女孩而没男孩，那么他的社会地位会一落千丈。他本人也抬不起头，觉得自己是“绝种”之人。他也因此而受到一定的习俗排斥。如寨上的一些大型活动，就不会让他充当主持人，因为他不是一个“圆满”的人。

社会如此轻视女人，更可怕的是女人也如此看待自己。

【访谈 21】

杨夫林：妇女本身也有自卑感，觉得与男人不同。没有自我意识和反抗男人的意识，很认命。

【访谈 28】

李荣春：妇女们受气时只会哭，不会处理，认为是命运，不会反抗。

（女，49 岁）

根据我们以上的介绍，古代西江社会“男尊女卑”的观念相当严重。那么，在这种观念的影响下，妇女应该苦不堪言，步履维艰。然而，事实上又不全是这样。我在访谈中又了解到西江社会和男人有尊重妇女的一面，妇女有相当高的自由度。

【访谈 12】

侯昌德：古代妇女在家里还是有地位的。家里的钱、米全由女人管理，男人只知道从外面找来。但如果有人来要，还是要得到男人的同意。男人要用钱又向女人要。我爷爷爸爸都这样。如果有人来借钱，女人会说："等他爹来问了再说，我给了家里吵架不好。"如果借钱的人先遇到男人，男人会说："不知道有没有，等问了妻子再说。"过去东引的宋发财家、白岩的杨文华家、羊排的梁秀文家，最富有。虽然富有，但粮仓有多少粮食也只有女人知道，磨多少米也是女人安排，只有别人来借谷子时才问男人。借钱也如此，要协商，尊重女人意见。

古代妇女在家庭中权力比现在大。现在虽然说男女平等，但实际上并不平等。就拿我家来说，我儿子得来的钱、米，他全部掌握在自己手上，媳妇并不知道。我那一辈，也不如此，并不是我家这样，家家都一样。现在如果女人给谁几元钱，就会被丈夫骂。从过去的三四代人来看，以前要尊重妇女些。以前离婚，妇女答应才能离，妇女不答应再怎么讲也不能离。请一伙人来讲，调解的人也会帮忙说公道话，讲道理。

以前家里的事情是夫妻双方协商。在婚嫁方面，清朝以前都是用歌来联系，双方以歌来订终身，自由结合，老人不包办……

古代夫妇吵架多是为小孩儿教育。有时候，丈夫抽鸦片烟，女人干涉才吵架；有时候，为儿女偷东西，丈夫骂妻子才吵架。除了这些以外，一般不吵架、打架。古代夫妻互相是比较尊重的，到了我们这一代就乱来。

古代男女吃喝都一样，生活上平等。妇女只是不参政，家庭经济上也是平等的，过去妇女受教育少，认为妇女读书没有益处。

【访谈 21】

杨夫林：古代的男人对妇女尊重得多，与现在很不一样……很久远的时候，夫妻谁想离婚就来对歌，对得赢就可以离脱婚。

【访谈 7】

访谈人：以前的择偶标准是什么？

龙玉琼：那时都是农民，也看漂亮，漂亮的才喜欢，看谁嘴甜会唱歌。我那 70 多岁的伯妈，就是伯伯唱歌唱不赢她才娶她。

访谈人：你伯妈还活着吗？

龙玉琼：还活着，她的老头儿不在了。

【访谈 9】

访谈人：你们那一代，好男人多还是坏男人多？

务娄 A：那时好男人多，现在女人凶了，好男人才少了。那时女人听话，现在不听话了。

务仰 B：现在的人各耍各的牌子。

【访谈 7】

访谈人：你们那一代男人骂你们吗？

龙玉琼：不骂，只是害羞而已，各干各的活儿，不说话。

访谈人：那么有事男人与女人商量不？

龙玉琼：商量，但也只商量干活儿，正儿八经地说，比如“今天去哪里？”“割田坎，包午饭来”等。

访谈人：男人管钱还是女人管钱？

龙玉琼：多是男人管。

访谈人：男人给不给妻子钱用？

龙玉琼：给。如果要去赶场，就问：“有没有钱？我去买样东西。”男人会说：“有，拿去。”或者说：“没有了，你就捉一只鸡去卖。”

访谈人：谁教育子女？

龙玉琼：女孩是母亲教育，男孩是父亲教育。

我曾与著名的苗族作家伍略探讨过苗族妇女的社会地位。他说，曾在《贵州民族研究》中读到一篇文章——《苗族偏爱女孩》，他认为这种说法是符合实际的。他自己有两男一女，他就特别怜爱女儿。他还说苗家尊重妇女，姑娘出嫁以后，回到娘家来，给孩子的舅舅唱《出嫁歌》。歌词的大意是说，以前本来是男孩出嫁，后来才变成女孩出嫁，迫使她们离开父母，唱得兄妹俩泣涕连连。伍略说的是对的，苗族比较尊重妇女，西江苗族也不例外。在苗族亲戚中，母舅为大。虽然母舅也是男人，但他是母亲那一方面的亲戚，尊重舅舅，也得尊重母亲。苗族家庭不准虐待妇女，如果虐待，娘家的兄弟会来算账。轻则指责批评，重则收拾一顿。家中母亲病危，首先通报舅家。若事先不通报，死因又说不清楚，舅舅会来兴师问罪，甚至要求偿命。对已经出嫁的姑娘，娘家时常记挂。至于未出阁的闺女，父母和兄弟都倍加爱护。父母节衣缩食购置银饰，哥哥弟弟充当保护神。农活儿干多干少，家里也不苛求。姑娘出嫁了，房屋田产是带不走的，父母便送给银饰（银角留下），作为陪嫁。

我们衡量妇女的社会地位，一般从法律、经济、政治、教育和家庭等五个方面衡量。宏观地讲，西江妇女的社会地位全无；微观地讲，西江妇女的社会地位又全有。从宏观方面看，男人是优等人，女人是劣等人，法律地位不平等；经济上，主要生产者是男人，所以是男人说了算，女人只是辅助生产，只是男人的附庸，谈不上什么经济权；政治上，妇女不能参与讨论公共事务，甚至不能参加一些重要活动；教育上，男人有优先学文化的权利；婚姻家庭，男主外女主内，父亲是一家之长。但从微观上看，在集体讨论的议榔条例（习惯法，法律的雏形）中，除了婚外恋对妇女的惩罚比对男人重外，其余男女都一样。经济上是男人掌权，但女人管理，男人也尊重女人的意见；政治上男人虽参与讨论公共事务，但都是以家庭代表的身份出席的，家庭利益中也包括女人的利益；婚姻家庭上，古代婚姻多是自由自主。在家庭中，丈夫也比较尊重妻子，妻子并没有感到太多的限制和压迫。在私有制社会里，通常是男女在原则上不平等，事实上也不平等。但古代的西江苗族男女，原则上是不平等的，但在事实上确有它的较平等的地方。在衡量妇女地位的这五项指标中，对古代妇女来说，最关键的是婚姻家庭这一项。因为古代西江妇女全部的生活空间，几乎都在家庭里面。而在婚姻家庭中最难以测定的是夫妻关系；而在夫妻关系中，最难以测定的又是性的关系。性问题的处理方式和态度，最能体现丈夫对妻子尊重与否。从我们前面多处的议论中，我们完全可以想象出传统西江家庭的夫妻关系状况。一般的情况是：夫妻之间言行极有分寸。妻子自不用说，总是小心翼翼善待丈夫。而丈夫也绝不轻易伤害妻子。他们很少交流，但也很少相互伤害，要事征求妻子意见，平常不说重话，更是极少责骂和大打出手。那么对待性呢？当然丈夫是主动者，妻子是被动者。丈夫虽谈不上会抚慰妻子，但却也不能强迫妻子。妻子可以在性的问题上尽量回避甚至可以抵抗，丈夫是无权惩罚妻子的。有些顽皮而大胆的妻子，甚至还敢在性问题上捉弄丈夫。有一位 60 多岁的老妇人，她给我讲述她上一辈的一位老人的趣事。

【访谈 29】

被访谈人：当新娘很怕男人来睡觉，有了孩子会又苦又累，直到孩子长大才好一点儿。古时候没有任何避孕措施，一个孩子才得七八个月，另一个孩子又怀上了。往往背上背一个，手上牵一个，肩上还抬一挑草。孩子多了很累很烦，但是没有办法。

访谈人：这是你们怕跟男人睡觉的原因吗？

被访谈人：是的，我们是生孩子生怕了。我们有个队长家，五男五女，难带得很。如果不跟男人睡，他就黑眉黑脸的，出门踢一样东西，进门踢一样东西。去哪里干活儿也不讲话。他也不骂，就用这种表情和行为表示他的不满。我家伯妈大胆，她看见伯伯这样了，就说“痒了得不到就黑眉黑脸的，孩子们不要理他”，还跟我们说：“好笑得很。”那时孩子们才几岁，就跟着娘走这走那。后来娃娃长大了，姑娘出嫁了。自从有娃娃以后，当父母的就分开床睡（不仅分床，其实还分房间睡），说是有子女在，害羞。有一天晚上，子女们都不在家，走亲戚去了。伯妈在火坑边纺纱，伯伯说："睡觉去，老婆。"伯妈说："你先去，我去厕所了再来。"伯伯把火埋了，就先上楼去（老头子睡楼上，老太婆睡楼下）。伯妈上厕所回来把火扒开，又继续纺纱。伯伯又从楼上下来说："睡觉了！"然后就舀一瓢水把火淋熄了，又先去等她，也不好说什么。

访谈人：看来男人也挺艰难的，有要求，又不好明说，也不敢发作。（大笑）

被访谈人：男人们说："我们是要你们来解决问题的，但你们像石头一样，怎么也征服不下。"伯伯把火淋熄了，伯母说："好，这就去睡。"伯伯以为老婆会跟着他上楼，就先走了。没想到伯妈却把楼梯搬开（简易木楼梯，很容易搬动），并不上去。这样伯伯也就下不来了。伯伯把灯点得亮亮的，就蹲在楼上骂。伯妈不理他，他一点儿办法也没有。这是伯妈故意与伯伯作对。第二天孩子们回来了，就只好算了。老头子为此"黑"了一个星期的"脸"。那时候女人不听男人的，男人也不敢怎么样。如果是现在，年轻人早把老婆拖上床了。

这也许只是一个特例，但还是说明在性问题上丈夫是不能强迫妻子的。丈夫有所动作，必须得到妻子的同意。做妻子的不管是出于对性的羞耻或者是对怀孕的恐惧，做丈夫的即使不把妻子当公主，也不能把妻子当奴隶，强迫她服从。古代西江社会虽然是以男人为本位，但妇女是受尊重的，在性问题上有自主权。

【访谈 29】

访谈人：在性这个问题上，女人只是顺从或任随男人，而不主动？

被访谈人：是这样，只有男人对女人提出要求，没有女人向男人提出要求的。男人还苦苦追求才得到女人的同意。老人说古代的男人几十天也没得手一次。男人说，你们真值价，等我们把你们的衣服脱完，早就疲倦了。

访谈人：古代女人都穿着一身的衣服睡觉？

被访谈人：是穿着一身的衣服睡，好笑得很。警惕得不得了（只有与丈夫同居时才穿一身的衣服睡）……

（老妇人，60 多岁）

总之，古代西江苗族的夫妻生活，男人有主动权，女人有谢绝权，两相扯平。

怎样解释古代西江苗族男女平权的问题。我认为这是一种原则上男女不平等，而事实上男女基本平等的状况。妇女在象征意义上是劣等的，在实际生活中还是有地位的。在原则上、理论上、象征意义上强调女人的劣等，是为了维护父系权威和社会稳定，而在事实上、实践上、实际意义上社会需要女人，没有把她们贬得很低，压得太死。这就是古代西江男女平权的状况。这个社会阶段强调男权，但强调得很温和，男女间显得彬彬有礼。因而这个时期妇女在社会和家庭里都感到很安全。

西江社会发展的古代阶段可以说是伦理文化阶段。西江人的言行、男女平权状况是受传统伦理观念、文化习俗牵掣和左右的。到了近代以后，由于外来文化的冲击，传统文化受到了影响，再加上贫富的日益分化，局势动荡不安等，西江的宁静被打破了。男女平权问题也打上了阶级斗争和民族斗争的烙印。这时期妇女地位下降，甚至失去了昔日的安全和保障，处于社会的底层。民族压迫、阶级压迫直接影响到了夫权压迫。外界干扰导致了文化的嬗变。

这时期又分为两个阶段，第一个阶段是清朝设治时期。

【访谈 12】

侯昌德：西江原来属于化外生苗，没人管。到了清朝乾隆时才开始安屯设堡。就像营上，原来叫培墉堡，管一个营的人，叫李勇来驻扎。后来才改叫营上。大沟过去的控拜[①]也有一个堡子。这两个堡子的人都是清朝的功臣弟子和家属。到这里后，强迫这边的人划田给他们。开始来的时候，每到栽秧犁田，还要派一部分苗民帮他们干农活儿。苗民开始受气。妇女不敢去赶场，男人也受气。他们遇到苗民就吐口水，看见姑娘就侮辱。苗族要几十个人一起才敢上山去插秧。男人上山就被抢饭盒。原来很安全，去哪里都不怕。

清乾隆二年（1737），贵州巡抚张广泗巡视清江，安屯设堡，清报户口，“于旧头目中择其善良老成者，按寨之大小酌定乡约、保正、牌长，令其管束稽查”。以“卫”“土司”统制地方屯堡，管束苗寨，以“营”统率绿营兵为汛防。此制沿袭一百七十余年。[②]

由于清王朝的暴政，清朝咸丰年间，黔东南爆发了由台江的张秀眉和雷山的杨大六等领导的长达十八年之久（1855—1873）的苗族农民起义，西江人民也踊跃参加了。起义的直接原因是官家逼雷山台拱一带的苗族缴纳赋税。先逼大家交了白米，后又逼着交银子。逼得大家去挖祖坟，把死者带去阴间买水喝的碎银都

① 村寨名。

② 贵州省雷山县志编纂委员会编，《雷山县志》，贵州人民出版社，1992 年，第 1 页。

挖出来缴了。还不够，最后把缴不出银子的人拉去杀头。真是官逼民反，民不得不反。

【访谈 12】

侯昌德：张秀眉等起义的那个时候，征粮征款太多，大家承担不了，有的还挖祖坟，掏陪葬品来交，也交不了，生活越来越苦，他们才来起义的。西江有李学高[①]等四五个人参加起义，还有猫鼻岭的一个。他们在雷公坪开会商量，这边先搞起来，才与张秀眉联合。老百姓全都参加，每村有一个敢死队，有事就做……

第二阶段是国民党时期。自从清朝设治以后，苗族社区的封闭状况被打破了。随着统治阶级统治的深入，外来文化也逐渐进入苗区。到了国民党时期，西江苗族人民对外已经有了一定程度的交往，苗族文化对外也开始交流。不过由于汉民族是一个大民族和相对发达的民族，民族交往与文化交流就主要体现为汉族老大哥对苗族兄弟的帮助，其相应的汉文化也对苗文化有了渗透。西江苗族社区在那一阶段内不断地接收着新鲜的事物，不停地变化发展着。然而由于统治者残酷地压榨各族人民，歧视少数民族，西江苗族社会进入一个最黑暗的阶段，妇女受害尤深。

【访谈 12】

侯昌德：1921 年，西江开始设立私塾学校。这个私塾学校是黄顶山（黄平旧州人）在平寨侯兴华的父亲、东引的董学、羊排的陈良洲等西江有名望的人支持下办起来的。学

① 记忆有误，李学高等参加的是另一次起义，在清光绪二十六年（1900），但都是对清朝统治者的反抗。见《雷山县志》第 11 页。

生有 12 人，即侯兴华、梁聚五、农久耶、侯寿丰、董光伯、侯惠明、梁启文、龙西云、徐平洲（营上）、秦小全（连城）、吴红才（连城）、游国良（营上）。这是西江等地首批文化人。他们读完私塾就去雷山读小学，转回来又教私塾，到 1929 年西江才办小学。

西江开办私塾学校不久，营上徐平洲的父亲来联络侯老、董老等这伙有名望的人，成立“物资交流场”，西江也就开始有了集市。

陈良洲、徐平洲、黄鼎山、秦小全、吴红才、游国良等都是汉人，其中陈良洲是在反清时，被清兵捉来这里的。西江的侯沙略收养了他，认作养子，送他 30 挑田。其余各位，多是营上或连城人。营上离西江一两公里，连城离西江四五公里，都是汉族村子。他们都是当年清朝安屯设堡时留下来的清兵后代。

【访谈 30】

侯云英：民国初年，这里的汉人和苗人有矛盾。当时我父亲侯寿丰对我叔叔侯教之说：“汉苗斗得厉害，我俩去找汉族开亲，来缓和双方的矛盾。”于是我父亲到连城娶了我妈，我叔叔到营上娶了我叔妈。叔叔到营上安家，我妈跟父亲到西江来。父亲和叔叔先在营上的一个庙里办学，后来搬到西江来。最早的西江小学是父亲和叔叔办起来的。

（女，约 45 岁，在贵阳工作）

从以上这些材料我们可以看出，汉族人民尤其是知识分子在积极地帮助苗族社区发展，苗族人民及其知识分子亦对汉族十分友好，并努力改善苗汉人民的关系。然而，就在汉族人民和苗族人民进行友好交往的时候，反动的统治者却在横征暴敛，残酷地压迫人民，致使各族人民起来反抗斗争。1942 年秋至 1943 年春爆发的“黔东事变”就是其中的一次。

抗战时期，国民党政府消极抗日，积极反共。借口抗战，搜刮民财，抓丁派款，横行民间，中饱私囊。驻防黔东地区的国民党新编二十八师刘伯龙部，更是明抢暗夺，杀人放火，强奸民女，无恶不作，民不聊生。黔东各族人民无不切齿痛恨，爆发了反抗斗争。①

这次事变西江人民是主力之一，汉族人民也并肩作战。西江很有名望的有识之士侯教之担任了总指挥长，营上汉族陈信斋任军长。西江区区长侯兴华和事变中担任团长的龙远志等献出了宝贵的生命。

在国民党时期，西江人民灾难深重（西江大寨几近被全部烧光），其间妇女受害尤甚。她们除了遭受与男人同样的压迫之外，还受到以下一些迫害：

首先，国民党政府发布命令，强迫苗族妇女改装，为此还动用武力，四处追捉妇女剪头发和剪裙子，有大量材料可以证明。

1946 年到 1947 年，炉山县②政府奉令推行“改良边胞服装运动”，强迫苗族妇女改装。凯里市档案馆现存的炉山县湾水乡强迫苗族妇女改装档案史料一组，较全面且真实地反映了这一史实……③

---

① 李志方，《雷山西江农民的抗暴斗争》，《黔东事变史料首辑》，中共贵州省施秉镇远县委党史办编，1986 年，第 441 页。

② 龙立初编选，《炉山县湾水乡强迫苗族妇女改装档案史料一组》，《贵州档案史料》，1989 年第 1 期，第 32 页。

③ 炉山县即后来的凯里市。西江当时情况与湾水相同，是同样的政策。

【访谈 31】

邰昌培：这里在 1950 年前，国民党强迫苗族妇女改装，国民党兵在街上捉到人就剪头发、剪裙子。以前苗族妇女穿裙是不穿裤子的，把人家的裙子剪了，人家就没办法回家。这是对人的羞辱。我去搞土改时，凯里 3 村一位姓赵的妇女跟我讲，国民党兵曾冲进她们村子去剪妇女的头发和裙子，躲进厕所的人也不能幸免。她当时是用几捆柴压在身上遮掩，才保住了头发和裙子。

（男，60 多岁，雷山、台江、剑河三县交界处人，
曾任贵州民族学院艺术系党支部书记）

其次，国民党兵还和当地的黑暗势力一起四处烧杀掳掠霸占民女等，社会上一些不法分子也趁乱世之机谋财害命，直接给西江妇女带来危害。

【访谈 32】

侯正明夫妇：以前太可怕了，姑娘上当多。男人喜欢就要，不喜欢就丢。也通村有一个人去接一个媳妇，接到半路就把她杀死了，只是要了她的银饰。当时侯兴华当区长，调查清楚，就把那个人杀了。还有一个人，接媳妇来到寨后面山上就对新娘说："你在这里等我，我去叫家人来接你。"他把她的衣服银饰拿起就走了，再也不回来。还有一人讨了媳妇，要了银饰后，就把她带到山上杀死了。有一位 40 多岁的妇女，丈夫太恶，待不下去，就跑了。后来那男人犯事，可能是杀了人，就跑到山上躲起来，人家抬礼品过路，他就打劫来吃……

（70 岁左右）

【访谈 7】

龙玉琼：那时候很乱，漂亮姑娘会被抢。有一个姑娘被抢去做小老婆，她气愤不过，佯装去挑水，就自杀。后被人抢救回来。一年后，她生了个孩子，才四个月那里就解放了。后来，她就一直守寡带孩子。孩子学习很好，现在贵阳当官，不知是谁。

访谈人：当时时兴抢新娘风俗吗？

龙玉琼：没有风俗，是国民党压迫人，是土匪头子抢姑娘。（唱）“富男两头牛，雄男两个妻；两头牛干的活儿，两个妻就拆桩（败家）。”

社会动荡不安，某些男人变得穷凶极恶，妇女无疑遭殃。

最后，社会如此动乱，政府又强行推行同化（汉化）政策，使西江苗族社会的男尊女卑等级观念被进一步强化。这一时期，自己身受剥削压迫的男人们也反过来压迫妇女，以发泄他们愤懑的情绪。

西江青年一向自由恋爱，而婚姻缔结的形式有两种。一种是结小孩儿亲，由年轻人自由恋爱结合，晚上以“偷亲”形式悄悄接走。过三天后再到女方家汇报认亲；另一种是结大人亲，即由双方家长出面“明媒正娶”，在白天热热闹闹地接走。这两种形式一直并存着，很难考证哪一种历史更悠久，哪一个在先哪一个在后。但是有一点可以肯定，在远古，苗族青年通过唱歌谈情说爱，自由结合的较多，到近代以后父母包办的婚姻就较多了。由父母包办代替的做法，一定程度上是受外来文化的影响。也就是说，到近代以后，婚姻越来越不自主了。而且从来都是一夫一妻制的西江社会，在近代以后，有钱有势力的人家竟然出现了一夫多妻。在婚姻上，妇女不能自主并失去了与男人对等的地位，这是第一。

第二，结婚以后，不少夫妻已不再相敬如宾了。丈夫常欺压妻子，作威作福甚至对妻子大打出手。

第三，女人想离婚，已没有过去那样自由。过去想离婚就对歌，对得赢就离得脱。而这时想离婚，唯一的出路是投奔地方官宦，求得有权势的人的庇护。其实这是逃出一个囚笼又进了另一个囚笼，因为投奔官宦，是去做丫头，以后再婚由保护人做主，自己已没有婚姻自主权。这是那时期的产物，妇女是不得已而为之。

第四，不易轻生，这是苗族的一种传统，尤其是苗族妇女，很少走到自杀这条路上。而在国民党时期，妇女自杀的事件却时有发生。

【访谈 32】

侯正明：国民党时期，父母包办婚姻，姑娘不管是否愿意都必须服从。

【访谈 21】

杨夫林：以前经常听说妇女自杀，大都是为了婚姻。汉族一般想逃婚就去当尼姑；苗族就躲进官家，帮一两年工。大官是一把“保护伞”，再有势力的人，也不敢去找。逃婚的妇女到官家，就说：“我来你家当丫鬟。”住一两年就由官家把她嫁出去。当时很多人都逃进区长侯兴华家。无法活了的人，走投无路的人，才去投官家，让官家来保护自己。如果娘家还能帮忙，她们是不愿进官家的。

【访谈 32】

侯正明：有一个方祥的姑娘要逃婚，就跑到侯兴华家躲，成了他家姑娘。后来侯兴华把她嫁到连城。妇女逃婚，都在晚上。父母强迫她出嫁，她到男的家以后，半夜就跑。

【访谈 2】

李某：东引有三个男人不打妻子，当时打妻子的男人很多。

（李某，女）

【访谈 7】

龙玉琼：这里在 1950 年以前，妇女不管怎么苦，也不敢跟丈夫讲。遇到好的丈夫还好，遇到不好的还遭打骂。现在共产党来了，男女平等，女的才敢跟丈夫斗。以前吃老盐，男的先吃，说妇女像母猪带小猪崽一样，吃什么都香，吃盐搞哪样。男人不管女人，一点儿都不管。妇女特别怕男人。好的男人吃盐还给女人吃，不好的男人吃了就藏起来不给女人吃。

第三个阶段是中华人民共和国成立以后至今。这是一个多元的、以男女原则上平等而事实上还是不平等为特征的时期。西江与全县一起于 1950 年 9 月 26 日解放。妇女解放是同新中国的成立一起到来的。1950 年以后妇女第一次走出家门参加社会活动；第一次被告知女人也应该与男人一样；第一次有人担任政府领导职务……妇女们怀着兴奋的心情，参加“姊妹团”，学习“扭秧歌”，唱革命歌曲，迎接社会的变革。我母亲至今还不时唱起那时妇女解放的一首歌。

妇女翻身歌

A 调（悲）

4/4　　　　　　　　　　中国人民解放军 186 师文工团 词曲

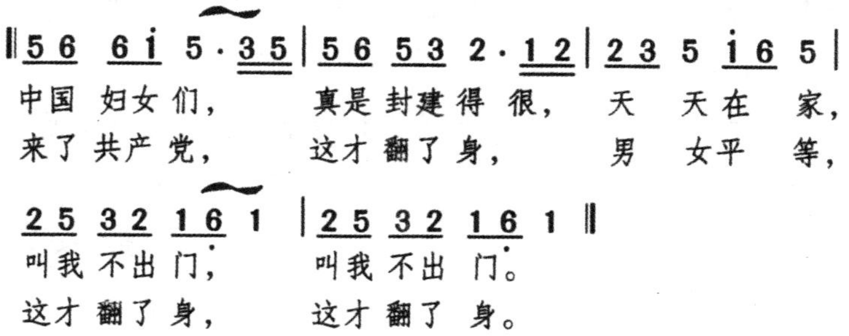

【访谈 21】

杨夫林：当时每个村都有一个妇女村长、妇女组长，女孩叫姊妹团，总的称儿童团，整天唱歌跳舞。

中华人民共和国成立以后，主张男女平等，首先在法律上确定妇女的合法权益。宪法规定妇女享有与男子一样的权利和地位。除此之外，婚姻法、继承法、民法、刑法、刑事诉讼法、劳动法等，对妇女的权益也做了相应的规定。全国有 28 个省区市通过了保护妇女权益的地方性法规。1992 年国家又正式颁布实施了《中华人民共和国妇女权益保障法》。

其次在组织机构上，保证妇女参政的适当比例。从农协会到后来的互助组、初级社、高级社、人民公社到现在的乡政府，都设有妇女委员。1950 年 9 月 26 日雷山解放，同年 10 月就建立了雷山县妇女联合会，并在区、乡设有相应基层组织。据有关资料统计，迄今为止（1995），西江农民妇女干部共有 298 人，其中村妇联干部 240 人，乡区级干部 58 人。[①]

中华人民共和国成立以后，苗家妇女可以走出家门参加工作。西江在 1950 年后，参加工作的西江籍妇女大约共有 189 人，其中大专生 7 人，中专生 55 人，中师 34 人，高中 37 人，初中 25 人，小学 12 人，文盲 5 人。[②] 这些妇女积极工作在各条战线上。

妇女不仅与男人一样参加社会活动，参加工作，而且同工同酬。在从农协会、互助组、初级社、高级社到人民公社的集体生产中，都保证了男女同工同酬的分配原则。由于社会的倡导和国家法令的保障，以及妇女本身对社会、家庭的贡献，人们的观念正逐步转变，使妇女在家庭中享有一定经济地位。现在，大约有一半以上家庭的妇女，在家庭中掌管经济大权。

西江在 1950 年以前就开始办女校，但由于重男轻女封建观念的影响，绝大部分家庭认为女孩读书无用，并不让女孩读书；而女孩自己也不愿意读书，即使已经上学的女孩，也只维持一两年就辍学回家。能坚持完成学业的女生寥寥无几。到 1950 年时，西江县有初中、小学文化程度的妇女只有几人。

1950 年前，雷山全县共有 7711 户，32219 人，其中男 17390 人，女 14829 人，妇女占总人口的 46%。雷山是少数民族聚居地区，苗族人口占 92%。苗族妇女中仅有西江的梁绍福、梁绍郁、宋国贞、龙世英，丹江鸡勇寨的杨名星等 5 人具有初中、小学文化，其余均属文盲和半文盲。[③]

---

① 西江镇政府侯天仁同志提供材料。

② 同上。

③ 摘自雷山县妇联、妇运史资料征集领导小组编，《雷山县妇运史 · 大事记》。

1950年以后，国家鼓励女孩上学读书，教师挨家挨户发动女孩入学。现在的西江有中小学各一所。上学的女孩已经很多，仅以小学为例，学校在校生为766人，其中女学生有346人。

【访谈24】

李荣美：现在进步了，已经没有不给女孩读书的人家了。大家都积极送女孩读书，都认为女孩读书也好。

在婚姻家庭方面，中华人民共和国成立以后，彻底取缔了一夫多妻制，各级领导和政府都积极维护妇女人格独立，婚姻自主。妇女的事有人管有人帮。

以上各个方面说明中华人民共和国成立后，国家在各个方面确保了男女在原则上、机会上均等。但由于男女的起点不一样，而且传统观念和风俗习惯的转变也要有一个漫长的过程，所以在现阶段，西江男女间还存在着事实上的不平等。法律上规定了男女平等，但当妇女的权益受到侵害时，人们包括当事人本身在内往往并不习惯于用法律来保护妇女的权益；在经济地位上，西江妇女除了少数参加工作独立领薪水的人外，绝大多数妇女的经济并不独立。虽然妇女的社会劳动参与率及其水平与男人不相上下，甚至比男人多，但是由于妇女的许多劳动是看不见的、无法测量的，因而不被承认为社会劳动，当然也就没有收入体现，她们在家中的经济地位还很低。在政治上，妇女虽然从1950年就开始参政，而且历年来一直强调妇女参政的意义，但妇女参政的实际比例一直很低，而且参政的妇女多是低职、副职和妇职，被委以重任的人很少。在教育问题上，由于男尊女卑的传统观念根深蒂固，长期以来，没有经济能力的家庭总是先保证男孩上学，所以学校女生人数始终没有男生多。而在成年人里，由于历史的原因，妇女文盲和半文盲率也比男人高。现代西江社会上男女还有着事实上的不平等，同时呈现多元的状况。

我到西江调查的第二天，也是个晴朗天气。一出门，就看见门外有四五位中年男子，沐浴着初升的太阳聊天儿，好像在等待什么。一看见我，就有人很热情地招呼："娜，你来搞哪样？"我回答："我来搞调查。"他们中的一个人高兴地说："你来搞调查？调查什么东西，跟这个人调查（把旁边的一位推出来），他是支书。"我说："我是来搞妇女调查的，请你们多帮忙。"（我估计他们认为我是来调查粮灾的，当年西江粮食受灾。）他们听了我的回答，极为扫兴，有一个人不高兴地大声说："原来如此！妇女调查有什么意思？只不过就像那些电视，搞来骗人要钱而已。"我笑了笑，然后说："妇女调查也是很重要的。你们说说，你们在家里尊不尊重你们的妻子，男人们对妇女好不好？"他们对此没有一点儿兴趣，不屑于谈论。只有一个男人气粗地说："还不好？现在是妇女压迫男人。"我说："是吗？"另一个男人补充说："现在至少有 3/4 的家庭是妇女压迫男人。"说完他们就不想再理我了，好像搞妇女调查很无聊。

之后我到了镇政府。有几位干部在办公室，我与他们聊起妇女地位问题。他们很认真地告诉我，有的家庭妇女当家，地位高，有的家庭妇女也还是受气，要看具体情况。

我还和几位西江小学女教师交谈。她们说得比较多。谈到妇女地位问题时，她们认为职业妇女夫妻地位比较平等，农民妇女地位仍相当低下。西江小学女副校长李荣春对此很感慨。

【访谈 28】

李荣春：农村妇女太苦，职业妇女不管怎么样自己有工资，可以与丈夫对抗，谁也不怕谁。农村妇女还得求男人犁田，不得不受气。“鬼师”算命说，我俩是管男人的（指唐玉芬老师和她），独立性比较强。妇女有工作以后，男人真正管得严的很少，多半是中立的（平等）。夫妻俩关系好就好，不好就靠自己生活。这样男人也就让三分。农村妇女太可怜了。男人想要你，你离也离不脱；他不想要你，就像丢块抹桌布一样。农村夫妻感情好的很少。如果丈夫让一点儿，就好了。互相忍让些，就过去了。主要是争一口气。最苦的是亦工亦农家庭的妇女。只有职业妇女才有点儿地位。我们学校的校长回家，妻子骂他，他从来不还嘴。问他为什么不还嘴，他说妻子劳动累了，唠叨几句也应该，做丈夫的就是要耐心听点儿。但像这样能体谅妻子心情的丈夫不多。有些男人不好，对妻子没有半句好话，虽然也帮忙劳动，但却看不起妻子，认为妻子没有文化、愚昧。

男人的好坏与文化没有关系，主要是意识问题。有的人有点儿文化就有优越感，认为女人应该为他服务。有一个年轻人对妻子拳打脚踢，还不准哭，不准叫喊。有的男人在妻子与老人发生矛盾时，偏听偏信老人的话，打妻子。事后知道错了，也不好意思道歉。有的男人心里站在妻子一边，表面却支持老人，结果妻子受气吃亏。某某人就经常打妻子，就是因为老母亲说他只生女孩，绝种，就回来打老婆。妻子连月子头[①]都挨他打，就与他离了婚，日子反而好过了。现在大部分家庭是一般的，中等的，夫妻关系太好和太坏的不多。

① 产妇产期。

年轻人好就好得很，坏起来几天就离婚，好过分也不长久。

吴敏[①]是一位女能人。1988年她在一个地方当副书记，爱人是本地的老师，她的家庭结构是比较有特点的。我问她："你有职务，你丈夫有什么反应？"

【访谈33】

吴敏：我开始当书记（区委副书记）时，人家到家里来找我，都以为书记是他，经常认错。开始他不觉得什么，后来就不耐烦了。有一次，学习《毛泽东选集》政治考试，全区我考第一，他恰好是最末尾的一个。老师们开玩笑，说他不如妇女。他不高兴了，一肚子气。有一天他去别人家喝酒回来，借酒发脾气，说："你嫌我扫你的脸[②]……"说着说着就来打，我跑了，他就捶玻璃。他说电灯是他的，床是他的。我说我是没有陪嫁，你统统拿去。我带女儿到另一间屋去住。他酒醒了，我与他算账，他不承认。我闹着离婚，他就看我喜欢吃什么煮什么，煮好后对女儿说："叫你妈来吃饭。"我气了头十天，到食堂去吃饭。他就是不承认错误。后来经常出现这种情况，喝了酒就生气。老了以后，就改多了。孩子大了，就尊重孩子。后来又闹了一次。我就说："随便你，你一放手我就走，我看不起你。"现在他醉了就睡，过去一醉了就数落。

职业妇女可以自立自强自主，农村妇女就太苦了。夫妻俩都从坡上干活儿回来，男人一进家就休息，女人一进门就做家务。例如我那在农村的侄女，早上起来给孩子穿好衣

① 化名。

② "扫脸"是方言，即"丢脸"的意思。

服，背上孩子去抬水。回来解下孩子要煮饭。孩子哭了要吃奶，又忙着去奶孩子，顾了这头顾不了那头。她男人不仅不帮她，还扬起刀子，骂她不管孩子。

有一晚侄女去喝喜酒回来。天热得很，她就跑去看一会儿电视，听一群老头子拉家常。回家晚了，丈夫就不开门，让她在门外等了一个多小时。可怜她当时还怀着娃娃，都七个月了。他还说："你回你家去。"

侄女婿本来就近视，有一次去砍柴从坡上跌下来，被木桩插伤了眼睛和脚。去看鬼师，说是有鬼作祟，要买一条狗来解（用巫术驱鬼）。他也不去解，反而将买来的狗又拿去卖了。他们与父母分家了，侄女婿有伤痛，天天睡在床上，全靠侄女侍候他。叫他起来吃饭，他还恶声恶气的。侄女喂大一头猪，卖得的钱他一分也不给她。有人问起这件事，她回答说："得钱？不遭骂就好。"这话传到他那里，她又挨了一顿骂。

侄女生第一个孩子时，孩子脚朝下，是难产。说是要去雷山县医院检查，也没有去。结果在一天半夜里生了，先是生下来两只脚，手和头还在里面，只好硬拉下来。后来娃娃窒息死了，母亲没打脱命就算好的。农村妇女不懂，都以为娃娃在娘肚子里头朝上，脚朝下，快生时才转头。其实不是这样，危险得很，你看农村妇女苦不苦！

有一位从外地嫁到西江羊排的妇女，有 50 岁，曾读过几年书，有点儿文化，也比较有思想，她向我介绍她与丈夫的情况。

【访谈 34】

被访谈人：有一次，我和丈夫去撒秧。我跟他说，家里的田装不了这么多秧，撒稀点儿，让秧苗长得粗壮点儿。他就粗声大气地凶我。后来果然田装不下。他问我怎么办？我说："我不管，我讲过了你不听。妇女讲话讲得对，你也要听点儿。有事要商量。这个家的活路是大家做才成。夫妻之间也要互相尊重，你何必这么犟。"有的夫妻互相帮忙，一个煮饭，一个切猪菜，一起搞好一起出工。但有的丈夫却要睡到等妻子煮好饭才起来。我怀娃娃的时候，天干缺水，需要夜间去挑。我想求他去挑一挑水他也不去。自己去又怕鬼（不怀孕时不怕），不去又得不到水。早上喊他也喊不起。

我带满崽[①]4 岁时，经常是天黑了，儿子要吃奶，而我还在喂猪。儿子哭，他就冲着我吼："猪比人还重要？你那么看重那头猪，要喂来埋你[②]！"我觉得他不讲道理，就说："你应该来帮我喂猪，我去喂孩子。这个家就靠喂猪来找钱。孩子大了，哭一会儿也不会死。"他说："就你一个人有奶，人家没有奶。"我说："那你就拿去找别人的奶吃。"等我喂了猪回来，准备奶正在地上哭的孩子。他拿起瓶子想打我，却碰到一块板子，板子垮下来。我说："你想把我们压死？留你自己活。"

在与这位妇女访谈时，有几位妇女在场。在谈到家庭中谁管家时，她们说多是妻子管，说女人比男人会管家。

【访谈 17】

甲妇女：我丈夫卖猪太便宜，没有征求我的意见。我说了他，他就说："好，以后你喂大你去卖。"我曾和丈夫一

① 方言，指排行最小的儿子。
② 苗族老人去世，办丧葬仪式时都要杀猪来招待客人，也象征性地送给亡人带走。

起扛回来一些树，原准备修房用的。没有房基修，就准备出售。有人来买，他就说平均大小每根都是八元。我觉得不合理，提高了一倍的价格，结果别人都买了。

乙妇女：我抬小猪崽去卖，很累。丈夫却卖得很便宜，我不同意就抬回家来。后来我再抬去卖，结果卖出的价格翻了一倍。现在再有猪，丈夫也不敢卖了，他说要等管家回来。

众：男人不把女人放在眼里，其实女人处理得比男人更好，男人不会计划。现在妻子管家的多了，这个村已经没有哪家的妻子不管家。

乙妇女：我管家，但他的存折我不管。有的家是妻子管。

众：以前妻子不敢反抗丈夫，现在的妻子敢反驳了。1/3 的女人可能还受制于丈夫，但有时受制，有时也吵（抗争）。有的女人愿受男人管，认为女人管男人别人看不起，男人管多点儿好。我们认为有事互相商量才好。有一家老太太管得太厉害，老头子买烟也没有钱，这样也不好。

经人介绍，我还访问了一位妇女，她每天都在家。未见面时，我以为她是一个老太太，见了面才知道她其实还很年轻，才 41 岁。她个子较高，身材好，样子沉静，只是眼睛不太自然。我去时她正坐在门口织毛衣。她跟我说，她在外面晒太阳。把我领进家后，她有条理地向我叙述自己的身世。她似乎很忧伤，心事重重的样子。我们的谈话是从蜘蛛开始的。

【访谈 19】

阿妮：昨天我裁剪衣服时，有一只蜘蛛爬。[1] 今天你来

① 传说蜘蛛代表灵魂，家中有蜘蛛出现，表示要有客人来访。

了。当时我不知是谁，一般是赶场天才有人来。但赶场天过了，想不出会有谁来。你来了，那个蜘蛛就是你了。

访谈人：你在裁剪衣服?

阿妮：我帮学校裁缝校服。我会绣花，但没有时间绣，没有心思绣。

访谈人：你在想什么？怎么会没有心思呢?

阿妮：我太忧愁了。

访谈人：你这么好，有什么发愁的?

阿妮：有。两个孩子生一样病，我也有病，有点儿钱就治病。孩子以前生肝炎、肺炎，医好了。小的孩子这两天眼睛不好，我带他去凯里检查花了200多元钱。我头痛身子痛，无力气干活儿。孩子都七八岁了，我还没有做节育手术。我的男人检查过了，不能结扎。我去检查，有心脏病，还有些别的什么病，也不能结扎。我就去雷山医院准备上环。医生说不能上，但我还是上了。我上环以后，一个月来三次月经。每个月一个星期是黑色的，一个星期是红色的，再一个星期是黑色的，折腾了很久才结束。想去开证明取掉，但又担心影响大家，扣工资。只要还未躺下，就坚持。有一个亲戚告诉我，她也是同我一样，拖来拖去，就得了子宫瘤，才去做手术。身体已没有以前好了。我也很拖的，想给人家说，怕别人不相信，反说我破坏计划生育。不知我有哪样病，愁身体不好，这是一愁。

二愁是没有钱用。如果我身体好，我也去广州打工找点儿钱给孩子读书。但一无文化，二无身体。我有个妹妹在贵阳读书，想找点儿钱帮助她，也做不到。

三愁丈夫太恶。他做哪样事情都不要我管，我做什么事情他又要骂。我也不想要整个家由我管，我只希望他有事要与我商量。天底下有这样的笨人，孩子生病他不管，我背孩子去雷山、凯里看病，他还说我游山玩水。我不识字，不懂汉语，还一个人去找医院、找医生，就像一个寡母。我病了他不管，孩子生病他也不管。我讲的只是一点点儿，如果把我的苦难拍成电视，不知有多少集呢！

访谈人：你靠缝纫收入生活吗？

阿妮：很少做。因为丈夫不支持。我不搞缝纫，他还帮干点儿家务，我做了他反而一点儿不帮了。

访谈人：你休息他高兴，干事不高兴？

阿妮：所以我才说他哑（笨）。

访谈人：他希望你休息？

阿妮：不是，他说要喂猪喂鸡，把坡上的活儿全干完了再来做。但活儿是干不完的。

访谈人：你喂几头猪？几只鸡？

阿妮：喂两头小猪，一只母鸡。丈夫这张嘴巴，话太多，什么也搞不成。如果我身体好，是可以干点儿事的。我丈夫是当地人，有田土。兄弟的孩子生病，我去凯里看。住了一晚就回，怕丈夫生气不帮我犁田。没有丈夫可以请人做，有了丈夫请人做就被人笑。我家只有两个人的田，无土。田一亩八分。

访谈人：刚才你丈夫不是去看田水了吗？蛮勤快的嘛。

阿妮：他去看，晚上或明天回来就会骂我，说他帮我干活儿。

访谈人：是谁教会你绣花的？

阿妮：我四五岁时，奶奶去买得丝线，拿一个挑子样给我绣。我绣成了，她很高兴。她本人并不会，只叫我去学。我妈当姑娘时，没有钱买布买线做针线，所以不太会做针线。结婚以后，她也学着做点儿给我们。想来我妈也可怜，我十五六岁时，要去跳芦笙，她想做衣服给我，但不知从何做起，又不好请教人。我就去请教伯母。她敷衍我，说想穿长做长，想穿短做短，乱讲几句。我拿布去请她帮剪裁，她不愿。我妈就哭。我劝她不要哭，说自己有办法。如何有办法？我的奶奶有几件衣服，我拿一件合体的来比着做，就做成了。穿上去很合体。但奶奶的衣服款式太古老，衣袖朝后。我去跳芦笙时就一边跳一边看人家的衣服，看不清楚就坐在一边看。回来以后就拆了重搞。只要见别人做我就可以学做。后来女伴们都要我教，鞋样也要我搞。不过我不会画花。

我以前很会唱歌。奶奶80多岁才去世。我父亲是满崽，我们小的时候，她已经很老了。她很寂寞，一个人躺在床上，叫我去教我唱歌。我奶奶很会讲故事、唱嘎百福歌。对于歌，教我我不重视，但我很会听歌。听她的前几句，后几句，就可以编来应答了。歌只听一遍就会了。集体干活儿休息时，大家互相教歌。我这个人虽命苦，但什么事情都是人家来求我帮忙，我不求人。我求过伯妈，伯妈不教我，我就不再求人了。我从小用眼睛看，人家做什么我就做什么。我嫁来这里只有织毛衣我才找人教。人家帮我起针，我想自己学，拿回家来拆掉重织，忘了，又再学。

我13岁时，跟爸爸要了两元钱，跑到凯里买丝线来做花衣。我姊妹多，四女二男，我是老大。家里只有两个弟弟和最小的妹妹读书。大弟大学毕业后在凯里工作，小弟初中毕业了。小妹考上贵州民族学院。我父亲很后悔，说我们是小地方，以前不兴给姑娘读书。要是现在，他就给我去读书了。还有一个妹妹读夜校，现在会写信了。

以前我眼睛痛，24岁才结婚。这门亲是老人包办的，我不愿意来。因为有眼疾，才嫁来。现在很后悔，如果眼睛不痛，就不会这样苦。我有眼疾，有好对象追求我，我不敢嫁，怕将来瞎眼，被离掉。只想找一个老点儿的算了。那时有工作的人也来追求我，我有些朋友非常好。人家说我命不好，有好男人不嫁，却嫁这个人。追求过我的也有大学生，说"我知道你有眼疾，但治好就可以了"。我以我的经历告诫那些年轻的姑娘，要嫁就要嫁好男人。俗话说："烂的是差衣，痛的是差人"，又说，"一根针害一根线，一种命运害一个人生"，我就是这样。

前年我带孩子去凯里看眼病，碰到一个在凯里工作的熟人。他说："我见过你多次了，估计你得的丈夫不好。"再一次他说："我追求过你多次，你不干。我得的老婆也很恶。你去离婚，我也离婚，我们做一家。"我说这还像什么话，要为孩子着想，但后来他真的离婚了。

我觉得命苦，常常在想，如果我有机会重新做人，父母给我读书，使我有工作，我就不嫁人了。我恨所有的男人。我以为只有我丈夫恶，但慢慢看，大约有一半人好一半人恶。

访谈人：你丈夫怎么待你？

阿妮：他并不怎么虐待我，就是我讲什么他都不听，即使我讲对了他也不听，精神上觉得很痛苦。他对别人说，让老婆管家还像什么话。对小孩儿教育也不讲方法，孩子也不喜欢他。只有要钱才找他。我对孩子说："他好坏是你们的爸爸，他能让你们读书就不错了。"

我去看鬼师，十个有九个说我丈夫恶得很，嘴巴唠叨个不停，使我不得安宁。我天天在想，天底下就我最苦。想搞什么又没有钱，去借，又怕不成功还不起。现在没有力气干活儿，靠男人搞。他说他又忙工作，又帮我干活儿。是倒是这样，但他讲一些话让人心寒。有时想丢下孩子，到哪里去。他不管我，生孩子坐月子也不管我，不管孩子。有一次，我怀孩子7个月流产，差不多快死了，亏得有医生救。我家里母亲死了，家中只有爸爸和弟妹，丈夫去帮忙挖红苕。我痛了5天，死胎，流血很多。用被子来围，外面下着大雨，我觉得血已经浸到脚拐了，怀里还抱着大孩子。我坐不稳就倒了下来。幸好蚊帐系得牢，才没有掉下床。我头脑很清醒，到天亮时听见门外有脚步声，才呼唤。有人喊了医生来，把死胎扯了出来。医生对我丈夫说："你妻子流血太多，太虚了，你去找药来给她吃，杀鸡给她吃。"他答应得很好，但是不去买，也不管吃不吃。我睡了40天，头痛得很。就那一次以后，身体就开始差了。通常吃饭时他喊一声，我说起不来。他说不吃就算了，他就走了。走一天一夜，我起不来吃，也吃不香。待身体慢慢恢复，自己才起来煮吃。很长时间里他只有40元工资，还要招待客人等，负担重。我对他也没什么要求。只有那一次，起不来，希望他能照顾帮忙。我快“满月”[①]了，没衣服穿，就把脏衣服泡在水里，但没有力气洗，拧也没有力气拧，就直接提起来烤，火都搞熄了。他就在一边，我求他帮拧一把衣服他也不帮，还骂：“你什么也不搞，连洗衣服也要我洗。”

我说我们没有什么夫妻生活。人家说，那为什么有两个孩子？我说就像在哪个山上被人强奸一样。我们也没有任何夫妻情话。我天天想，总有一天有人来问我，我就把一切告诉人家，没想到今天真的有人来问。

我不知道丈夫多少岁，他也不知道自己多少岁，他是文盲。

我想逃走。我弟劝我说：“他笨他穷一辈子也好，你要看在孩子的面上，把孩子带好，不要去与他吵。”

今年春节，我娘家有四个人（两男两女）去上海打工，我觉得他们能做的我也能做，想跟他们去。但我挂念我弟媳和我妹，她们都快要生小孩儿了。我是大姐要代替母亲，虽然搞不成哪样，搞床背带送她们也好。我把想法告诉我弟，我弟说：“你以后不要胡思乱想，不要去哪里，好好把孩子带好。”我有病，买点儿中药来煎喝就有好转，但没有钱买药，丈夫不给钱。外出打工的人都说干活儿太忙太累，如果用那种干劲在家乡搞，早就富了。但我走出去为的是逃避丈夫的责骂。有一天我去割坎，摔了两跤，回来吃冷饭，牙也痛，嘴起泡，他还不停地骂我。第二天天亮起来又骂，我干

① 虽然是流产，但胎儿已 7 个月，也当生产看待。因而产妇休息一月后，要举行“满月”仪式，方能随意出门。

他也骂，不干他也骂。

访谈人：您不留恋你以前的对象？他已经离婚了？

阿妮：我也不挂念，觉得应该好好守孩子。命苦了，就是为这些孩子而活着。虽然以前的朋友劝我离婚，但我觉得那是不正经的，不是正规的母亲。自己的孩子怕人家待不好，又怕自己待别人的孩子不好。我爸我弟都是善良的男人，不知我为什么命特别苦，遇到这么凶恶的男人。处境恶劣我才生病，我心情好时觉得身体也好些，生气时也就痛多些。丈夫也是干活儿，不是不干活儿，就是爱骂人，其实也没有多少活儿可干。

由于我的访谈对象多为女性，在谈到“男女平等”问题时，难免多从女性立场出发，以女性视角反映的侧面较多。实事求是地讲，在妇女社会角色发生变化的过程中，男性角色也在发生着变化。有的男人也一反过去的传统，开始与妻子共同承担家务；有的男人也很会体贴和照顾妻子。当代的婚姻家庭、男女角色呈现多元化的趋势，男尊女卑和男女平等两种观念，同时存在，相互较量，这就是目前西江男女平权的状况。

纵观西江苗族的历史，如果按三分法，西江苗族妇女地位呈高——低——渐高的起伏曲线；如果按两分法，则出现双向运动：苗族的原生文化一以贯之，但越来越弱；外来文化渗透的分量越来越重。在我所能了解到的历史范围内，西江苗族的男女平权状况可概括为从来不平等，但差距不甚大。

第八章　隐忍与乐观的辩证法

与西江苗族男人相比，西江苗族妇女的生活要艰难得多，辛苦得多。这除了她们必须与男人一样起早贪黑地上山劳动，回家后又操持家务，没日没夜地抚养儿女之外，她们还要承受着男人不曾经历的特殊的生理痛苦——月经、怀孕、分娩等。当然这些女人的特殊经历并不是西江苗族妇女才有，所有正常的妇女都要经历这些特殊阶段，但这里特别提出的是西江苗族妇女在经受这些痛苦时，条件太差，受助太少。就像夫妻间的性关系最能反映男女间的相互尊重程度一样，妇女在经历这些痛苦时，受到的待遇也最能反映妇女生活的苦楚。下面让我们看看西江苗族妇女是怎么经历她们的特殊生理痛苦的。

月经期。如果说女人怀孕、分娩、抚养孩子等多少被承认是一种对家庭的贡献的话，那么妇女月经来潮就完全是个人私事。既然是个人私事就得不到什么特殊的照顾。不管天有多凉，水有多冰，妇女们在经期照常要挑重担，踩凉水，甚至敲冰捕鱼捞浮萍（水田里的劳动）等。不仅如此，妇女们连基本的卫生用品也没有。

【访谈 29】

访谈人：不知过去的妇女来月经怎么办？

某妇女：过去的妇女哪像现在这么享福？月经来时，只缝厚厚的布带来抵挡，哪里有什么卫生带、卫生纸、卫生巾。我们这辈人穿裤子还好点儿（被访谈人60多岁），过去的老人穿裙子，月经来时就很困难，两条大腿都红肿了。

访谈人：不穿裤子怎么办？短裤也不穿吗？

某妇女：不穿。

访谈人：那怎么办？用绳子绑？

某妇女：把裙子弄脏了就洗。老辈人不穿裤子只穿裙，晚上睡觉就脱光。与丈夫睡觉穿小裙子。老辈人有多种裙，做节日装扮的，又长又大；劳动时穿的裙子就比较短，踩田水时，才方便往上提。还有更小的裙子可以穿着睡觉。我有个姐姐（妯娌），早上出工时还没来月经，到了中午，脚还踩在田水里，月经就顺着大腿流下来，红红的。她与我说："叔妈（跟着孩子称呼），我来月经了怎么办？你穿短裤没穿？"我说："穿的，但我脱给你穿不卫生。"她说："我不知怎么办了，现在如果回家就抢不到工分（集体生产时以工分为分配依据），你脱你的短裤我穿，脏我也不怕。"我俩躲到山里，我把短裤脱给她穿。她才坚持把秧插完。回家以后她将短裤洗干净还我，我也不要了。

访谈人：因为你有当干部的丈夫，你才穿短裤？

某妇女：是的，她们都不穿，我有几位妯娌姐姐现在70多岁了，她们一直都不穿短裤。有几位大嫂来月经时，血顺着大腿流。她们坐时就用裙子的后片垫，站时就用前片裙擦。她们也很记着擦。到我们这一代，开始穿短裤了，也会用旧布缝制带子用。后来我的老头子买得一条月经带给我用。我想我老了，就把它转送给女儿。我 41 岁生下最后一个孩子，42 岁就停经了，过去没有卫生带、卫生纸用，两腿皮肤常开裂。

访谈人：来月经时得没得到休息？

某妇女：没得。坐月子都不得，何况来月经？

怀孕期和哺乳期。妇女怀孕和哺乳，虽不像月经那样羞于启齿，也不像分娩那样疼痛难忍，但它的负担期漫长。这期间，她们也没有什么特殊照顾，挺着一个大肚子，照样和男人一起上山劳动，照样挑重担子。所以在西江等农村里关于妇女卸下担子，一进家门就生孩子，或者竟在野地里生孩子的事时有发生。一旦小孩儿满月以后，妇女便背上背着孩子，肩上挑着担子，开始与男人一道干农活儿。时常是，母亲弯腰驼背地挖土，孩子就放在田边地角。待晚上收工回来，母亲要背着孩子煮饭喂猪，喂鸡喂鸭，把所有的家务干完，安排一家人吃饭，才把在背上的孩子解下来喂奶、喂饭，直到把孩子安排妥当之后，当妈的才觉得自己早已饿了。在过去的年代里，孩子生得多，妇女们往往一边还在哺乳，一边又怀上了，怀孕和哺乳孩子同时进行。最典型的妇女形象是，手上牵着一个孩子，背上背着一个孩子，肚里还怀着一个孩子，肩上还放着一副担子。西江苗族妇女一生中的很大部分时间是在怀孕和哺乳的循环中度过的。

分娩和产期。西江苗族妇女一生中，最艰难、最危险的莫过于分娩和产期。这种艰难在于她们经历了性命攸关的危难与痛苦，更在于她们没有得到必要的照顾和帮助。造成这种状况的主要原因是条件的艰苦和她们的男人不尽心。

妇女们常常抱一个孩子，牵一个孩子　　　　（杨光才 摄）

【访谈 9】

务类：有一次，我要生孩子，丈夫去修公路不在家。肚子开始痛了，我就赶紧去挑水，把家里的各种能装水的器罐都装得满满的。要睡之前先烧好一砂罐水，并准备一些柴。半夜，我自己把孩子生了，才把大的孩子叫醒说："我们家有个弟弟了，你去舀热水来，我给他洗澡。"家里没有人帮忙，我自己接生，把孩子包好，自己挖了一个坑把胎盘埋了。什么也来不及做着吃，就很疲倦地睡了。第二天早上我跟几个孩子说："你们不要动弟弟，我去煮饭吃。"有人喊我去要洲水，我说我去不了。[1]邻居这才知道我生孩子了，来

① 产妇不能去别人家。

看我。她们杀了一只鸡给我吃。

女人坐月子是最苦的。有一位妇女月子里还自己去挑水，我生完孩子后的第7天就去折了5把草……

【访谈7】

龙玉琼：在过去的岁月里，任何家庭里妇女都苦，怀得一肚子的娃娃，她们还与丈夫一样地劳动。有的妇女生孩子时，简直要死了，但男人却不管，一点儿都不管。女人坐月子，男人也不帮一下。今天生孩子，明天就干活儿，两腿还流着血就去干活儿了，辛苦得很，不像现在的年轻人得休息。我伯妈曾对我说："我头晚上生了孩子，第二天早上就起来烤酒，血直流下来，昏倒在冷水缸里，直到你伯伯从坡上回来看见，才扶我到床上睡，烤点儿酒给我喝，我才转过劲来。"

【访谈2】

李某：妇女苦，我曾遇到一位妇女，个子很高，衣裤很短，生女孩多，丈夫不管，那产妇两条腿都是血就去睡，饭也没有吃。

【访谈34】

唐玉芬：有一个男人太懒了，老婆快临产了，叫他去坡上摘几个南瓜来吃，丈夫不愿去，老婆只好自己去摘。去到坡上她就在一个牛棚里生了孩子，住了一夜。第二天，妇人挑着一副担子回家来，把孩子放在一头，南瓜放在另一头。男人见了还问她："你去哪里捡得一个娃娃来？"这是平寨的故事，大家传为笑话。

（女，30岁）

【访谈 35】

甲：我们村原始得很，女人坐月子，丈夫也不帮助洗衣服。

乙：我的腰痛，就是月子头自己去洗血衣（被血污染的衣服）造成的。

丙：我在月子头，自己去抬水，去田里洗尿布、洗衣服。以前衣服又少，不洗没有换的，我生孩子才得两早上就去洗了。男人连水都不抬，不懂得妇女辛苦，现在还讲后话。

甲：羊排妇女都是在月子里自己洗衣服，有婆婆的才得到帮助。

丙：现在的人懂得多了，传统的人太笨，不会照顾身体。我现在也腰痛，就因为当初月子头不停地做家务。现在我睡觉翻身、弯腰都费劲，很痛。

【访谈 9】

访谈人：以前你们生孩子，丈夫帮不帮助你们？

务类：他哪里还帮！

务仰：他们帮我们？他们还跑远点儿，说那床上腥臭得很。

务类：他们哪里帮，他走他的，自己可怜得很，没有力气也自己搞。

访谈人：你们生孩子谁帮你们接生？

务类：如果家里面有老人，她就帮忙接生。如果没有，就请房族兄弟家的老人来帮忙接生。

访谈人：男人帮你们抱娃娃不？

务类：不抱。

务仰：他离得远远的，说抱娃娃难看得很。

访谈人：那你们自己带?

务类：我们自己带。

务仰：孩子长大了，他们也略为关照，但在幼儿期间，他们是不抱娃娃的。

【访谈 18】

晓林：以前的人没有避孕措施，生多少孩子也不管。老人对我们说："你们生一两个怎么能活，我们过去生一挑才得一头。"

访谈人：过去的条件差，妇女生孩子很苦。孩子生得多，妇女就更苦。人受苦受多了，也就麻木了。过去孩子存活率低，老辈人就把多生孩子当成必然的事，通过多生孩子来保证基本的孩子数量，至于妇女为此付出的代价，人们也就顾不得那么多了。

晓林：有些老头子还说："妇女生小孩儿就像屙屎一样。"农村妇女生小孩儿确实容易。我家有个邻居，个子矮小，天天上山干活儿，喂一群猪，头几天还上山抬苞谷。第二天煮饭，看见她挑一对水桶去挑水，去了几步路又回来了。问她怎么回来了，她说："有点儿事。"她一跨进家门就生了小孩儿。她婆婆在楼脚喂猪还没来得及回来。等我走进她家时她婆婆正从楼脚走上来，就已经有小孩儿的哭声了。她婆婆说："我的猪生崽了，人也生崽了。"她生几个孩子都这样，很轻松。还有我的一个表妹，躺在床上对丈夫说："我觉得肚子痛。"丈夫起来点灯。灯尚未点亮，孩子就生了下来。

农村妇女生孩子容易，是因为她们怀孕以后一直参加劳动生产，活动量大，这本身就说明妇女辛苦。而男人们把妇女生孩子形容像“屙屎”一样容易，这一方面指出一种事实，另一方面也反映了男人对生孩子这样重要的事情和妇女在其间经历的辛劳和痛苦的漠然态度。可见妇女的这些苦楚除了生活条件差的客观原因以外，也与她们丈夫主观上的麻木不仁有关。也就是说，西江苗族许多男人由于不给予妻子以必要的护理和照顾，加深了西江苗族妇女的辛劳和痛苦。所以西江男人不能说对西江女人的辛苦没有一点儿责任。

我二妹给我讲述过这样一件事。她喂了一对灰兔子。一天她对我说：“那母兔太可怜了，昨晚上叫了整整一晚。早上我起去看，它生了一窝兔子，并拔光了自己身上的毛，把窝垫得好好的。那公兔却什么事也不管，只知道去追那只母兔，那母兔还血淋淋的。我气得把那只公兔隔到一边去了。”不知怎么的，二妹的话给我很大的刺激。由此我想到西江妇女，觉得传统的西江苗族妇女，就像那只母兔一样悲惨。而那些男人就像那只公兔，好像生下来的那些孩子与他无关，完全只是女人的事。我知道这种联想对西江人尤其是西江妇女大不敬，但还是忍不住要这么想。作为动物来说，雄性动物只知交配，只有雌性动物才负责孩子的生育和抚养。但我们人类是高级动物。西江苗族男子对妇女的这种态度，又恰恰不是出于动物本能，而是出于他们的社会性。他们不仅离动物本能甚至离人的生理本能也很远，因为人的本能是需要亲近异性的。他们之所以这样，是出于一种文化，一种由人自己创造出来帮助人类更好地生活，同时又约束人类更好地生活的文化。是文化创造了耐受苦难的女人，又创造了袖手旁观的男人。

那么，这是怎么样的一种文化呢？在“性的羞耻感”一章中，我们从妇女的角度做过讨论。说妇女极力表现出对男人的疏远，对性表示羞耻，以此来显示女人的“贞洁”。同样，男人也想通过对异性的疏远，对妻子的冷漠，来显示男人的“尊贵”。因此，在那个社会里，对妻子冷漠，成了男子汉的标志。谁对女人表现得最为疏远，谁就最有身份，最有“面子”，最纯洁，最道德。就讲讲我朋友的父母吧。

【访谈 36】

被访谈人：我的父母都是教师，按说都是苗家的文化人，但我母亲常常抱怨父亲的“冷酷”。说她生我的时候，是在苗寨的老家。爸爸在 5 公里外的学校教书。整整的一个月里，他只回家一次，对奶奶抱出来的襁褓中的我，只偷偷地看了一眼，而妈妈的产房他根本就不挨边。当时生活很困难，但产妇有几斤菜油和十几斤糯米供应。妈妈当然不知道，而爸爸却不过问这些，根本不去买回来给母亲补身子。在学校里，妈妈是唯一的女教师。每当要下乡发动学生读书时，不管路程远近，爸爸总是先派妈妈去。妈妈生第二个孩子时正是期末。在一个期末考试的下午，妈妈就开始阵痛了。但当教导主任的父亲，却只一味地要求她把所承担的期末工作做完，对生孩子的事不闻不问。妈妈忍着疼痛，给学生监考，批阅卷子，写成绩单，直到深夜，才叫人陪伴到医院去，十分寒心。

（女教师，40 岁左右）

朋友的父亲作为 1950 年以后的知识分子，对工作极其负责任，但他对朋友的母亲却很“冷酷”。这从一个侧面反映了他的敬业精神和对家人的严格要求。但从另一个侧面即从人性的角度来讲，父亲的这种做法不近情理。朋友对父亲的这些行为既感到很生气，也感到很不理解。因为她父亲是大家公认的大好人，既善良又厚道，很乐于助人。后来我才了解到，其实像她父亲那样的人非常普遍。那是一种文化现象，不是个人行为。

然而，传统的西江为什么会形成这么一种社会准则和文化观念呢？从更深层次的社会原因来说，这其实还是在维护社会的等级制度。夫妻关系虽然是人类的一种最亲密的关系，但由于夫妻是男女两性构成的。既然社会上有男尊女卑的现象存在，而且社会还需要这种男尊女卑的等级制度来维持它的生存和发展，因而这种男女间的等级关系也必然反映到夫妻关系中来。是要夫妻间的亲密感情，还是维护等级森严的男尊女卑？当时的社会鼓励人们选择后者。

由于这种等级观念，再加上传统上本来就把女人当成生育的工具，一部分男人也就高高在上，把自己对妻子的困难和痛苦的漠然当成理所当然的。他们甚而把处于生产期的妻子当成肮脏之人。

【访谈 10】

宋国英：老一辈人好笑得很，过去没有电灯，点灯草。有一次，我堂婆晚上睡觉要照看孩子，请丈夫点灯，丈夫说：“那床上臭得很。”不愿意过去给予帮助，躲得远远的（丈夫另睡一个房间）。我堂婆说：“他如果去摸菩萨一定灵得很，我生十多个孩子，他从来不挑一挑水，从来不抱一抱孩子，从不沾边。”

对妻子冷漠，这是西江苗族社会在1950年以前对丈夫行为的规范。但这对于另一部分男人来说，他们感到无可奈何，因为按照人的本性和他们的愿望，他们是希望和妻子亲热并给予妻子男子汉的关怀的，但是社会舆论不允许。他们如果斗胆这么做了，人家不仅会以为他们窝囊，不成体统，甚而还会以为他们前世犯下了什么罪。而可悲的是，执行这种舆论监督，积极维护这种“男主女仆”“男尊女卑”理论的不是别人，正是妇女自己。

【访谈37】

被访谈人：我们村子只有一家丈夫在妻子坐月时帮妻子洗衣服，老太太们就议论纷纷，说这么做太丑。

（女，50多岁）

【访谈38】

被访谈人：也有在妻子月子里帮洗衣服的男人，但人家却说他黏糊糊的离不开妻儿，是前世犯了罪现在才来赔罪（还债）的。

（女，50多岁）

【访谈39】

被访谈人：老人认为让男人洗女人生孩子血染的衣服等，男人会生病。

（女，60多岁）

【访谈7】

访谈人：坐月子有哪些禁忌？

龙玉琼：坐月子的禁忌，就是40天内不准跟男人睡，不准洗男人的衣服，怕给男人带来邪气。

访谈人：是嫌女人脏吗？你说未落牙的孩子是半个鬼，

是不是有鬼气？（龙玉琼大笑）

龙玉琼：我生我这群孩子时，我伯妈 80 多岁了。她问我："你和男人同床睡？"我说："我把孩子包好，我和孩子睡我们的，他睡他的。"她说："你不怕错男人[1]？"我跟丈夫说："你不要在这床睡了，伯妈说会错男人。"我丈夫说："要是我做了什么才会犯错，我不做怎么会犯错呢？"但伯妈还是认为犯错。

访谈人：是怕男人不规矩？

龙玉琼：不是，是怕气息。

访谈人：怕女人的邪气侵犯男人？

龙玉琼：不是，是怕伤女人，说男人的气息对女人也有伤害（我理解为：因为男女不能同居，所以气息也不能交流；同居会伤害女人，所以男人的气息也会伤害女人）。

当然，也会有例外的。这些例外的男人一般都是那些对现实有清醒认识并富于同情心，同时具有一定的知识和较少虚荣心，把女人当人看的，有平等意识的男性。

【访谈 22】

李国珍：我 1956 年就脱产在卫生院工作了。后来上级看我比较老实，就要我去当接生站的站长。谁家要生孩子我就去接生，传授给年轻人许多经验。碰到难产的各种情况，如只生出一只手，就没有办法，只好动手术；如果先来一双脚就还有办法。有一个妇女生孩子来一个屁股在前，也是救出来的。生小孩儿要待子宫门开了，伸两个手指去摸才知道情况，是头先来就是圆的。我搞接生搞了十七八年，救了很

① 方言，指坐月子的女人不吉利，男人和她同床睡会给男人带来晦气。

多人。生不出来，要帮助。在没有医生的时候，难产就很困难。人们没有接生知识，所以过去很多人死于难产。要教她她才知道……我的丈夫也会接生。他有文化，按照书本知识来帮我接生了两个孩子。老头儿很开通，照顾我很好。我和丈夫相守29年（她丈夫后来去世了），感情很好。东引有三个好男人，也懂生理知识，知道生头胎孩子困难。月子里，对妻子很好。煮好的吃，帮忙翻身等。怀孕晚期时，门槛高，丈夫还扶出扶进。怕被惊吓，晚上妻子出门总要护送。我丈夫说："我懂知识了，知道什么时候生，虽然外出做生意，但知道什么时候回来。"

可惜在西江能像李国珍的丈夫和东引那三个男人那样关心妻子的男人太少了。另外有一些男人对妻子的冷漠并不是出于无奈，而是出于本质上的自私。他们根本上就不愿意给女人以同情和关心。夫妻间的疏远，最初的缘起大概只是单纯的文化习俗。但这种文化习俗带来的结果，就助长了某些男人的懒惰和冷酷，因为自顾自的自私行为很容易为人所习得。上面曾列举的女人求助于男人而受到拒绝的例子，有的是出于文化本能，有的也是出于人性弱点。男人们的某些行为，本来是出于追求人品的高洁，但"高洁"得对别人的痛苦不闻不问，结果是走向了高洁的反面：既不承担责任也没有同情心。连妇女们都说"老辈人真笨"（愚昧无知的意思）。"老辈人"把当时的社会行为准则，看得比人的痛苦还重；把男女间的上下等级，看得比夫妻感情还重。说穿了不就是为了个人获得声誉而不惜让妻子承担痛苦！总之，不管是出于无奈还是私心，这责任不管是男人的、社会的或是文化的，即不管起因如何，其结果都是让妇女加倍地受苦。

传统的西江苗族妇女生活是十分艰难的。她们有干不完的体力劳动，躲不脱的生理痛楚，排解不了的情感孤独。

那么，面对如此艰辛的生活，西江苗族妇女的人生态度是如何的呢？她们痛不欲生吗？不，她们是乐观而隐忍的！隐忍，是对一切艰难困苦都默默忍受；乐观，是隐忍了艰难困苦之后的开朗态度。这是问题的两方面，而这两方面是互相衬托的，矛盾的双方汇合在一个统一体里。没有乐观精神的隐忍，就可能是一种消极的隐忍；而没有隐忍的乐观，就是一种没有分量的乐观。乐观的隐忍和隐忍的乐观，让人感到是一种人生境界。我在访谈以及和她们的交往接触中，时时感受到这种境界。

西江的苗族妇女，比男人开朗，也比男人感情奔放。在特定的场合妇女们是严肃稳重、腼腆拘谨的，但当她们面对自己或场合允许的时候，她们就按照人的本性，无拘无束地表达思想，自然而然地流露感情，超脱地看待人生。她们的生活非常艰辛，但她们总是一如既往地任劳任怨，勤奋劳作；待人接物依然亲切和蔼、热情大方，甚至对冷落她们的男人也是温温顺顺的。她们做事情充满活力，对生活充满信心，活得非常实在。即使问到她们的苦楚，她们也是轻描淡写地叙述，绝无唉声叹气的声调。她们唱苦歌，时时把苦和穷挂在口头上，却似乎把这些当成一个值得回忆的往事。她们会哭会悲伤，却好像是在讲述一个忧伤的童话。她们不会沉浸在伤痛中不能自拔。她们对生活有着非凡的承受力，苦难没有压垮她们，相反造就了她们，锻炼了她们，使她们在任何时候都保持了乐观向上的精神。

【访谈 7】

龙玉琼：我们年轻时的一群女朋友有九个人，很有伴，去哪里都是一起去。有时候统一穿一样的衣服、一样的鞋子。大家在一起说说笑笑的，有很多笑话。有一个憨包，她看见一个男人（在游方场上），就来跟我们说，那个人是一个“坡上人”而已。她把读书人称为“家头人”，把劳动人叫作“坡上人”。我们听了，大笑不已。（唱）说说笑笑过一生……

【访谈 40】

某妇女：虽然生活很苦，其实也很踏实，也高兴。日子一天一天过去，也没有说愁一天天的。

【访谈 41】

访谈人：我今年（1995）到西江来考察妇女生活。有位老乡告诉我，说选在今年也好也不好。说今年受灾，男人多外出打工搞副业，我去考察妇女，能更多看到妇女支撑家庭的一面，但今年大家心情都不好，也许妇女们没有心情与我谈什么，我调查不到什么东西。但我来了也没感觉到大家有什么太多的焦愁。

宋小平：哪有那么严重。就是家中无粮，也得想办法解决，度过饥荒。发愁的时候才发愁，怎么可能一年到头天天愁眉苦脸。

（女，42 岁）

【访谈 11】

李正兰：我们妇女很忙很累，但还是很开朗，笑哈哈的。我们想得通。我们有我们的办法打发生活。妇女在一起时，说到苦处就诉苦，说到高兴处就开玩笑。搞集体生产时互相教酒歌，薅秧时就打泥巴仗……

【访谈 9】

务娄：十几年前我们一群老人到平寨去打平伙。牵一条狗去，抬一挑糯米饭去，大家吃姊妹饭，全是妇女，可能有 50 多位，当时我 60 多岁。我们一伙老人相约喝酒，一对对地唱歌，轮流唱歌，猜谜语。我记得武印昌妈摆了一道谜语，打人："有两根骨头，支撑两个弯拐，上面生一个包包，有一把毛发（意译，苗族妇女挽发髻于头顶）。"还有一道谜语，打苞谷："有个洞开裂，有一包麻子，个个都喜欢。"大家唱呀说呀很开心……

我到西江考察妇女生活的这些日子，每天晚上都十一二点才回住处。这么晚了，但时常还听见寨上有歌声。一些妇女还凑在一堆叽叽喳喳，大声地说个不停。使我觉得这个寨上到处充满着欢歌笑语。妇女们总是很能找法子取乐的，或者说妇女们善于发现和发掘生活中的乐趣。可以说，哪里有妇女，哪里就有欢乐。

西江苗族妇女不能说还不够苦，不能说还不够累，她们经历过种种磨难，几乎一直生活在贫穷与劳苦之中。她们中上了一点儿年纪的人都经历过"黔东事变"。那时国民党保安团的一把大火，使她们倾家荡产；"困难时期"家人去世，许多妇女因此而守寡；她们尝过饿饭的滋味，劳动辛苦永远没有尽头；不断地怀孕、分娩、哺乳耗去她们的大半生……她们常"汗水和泪水一起流""累得不想活了"。然而她们却活得很好，擦掉眼泪挥去汗水又露出笑容。那么是什么原因使西江苗族妇女能承受起这么多的艰难困苦，并乐观地面对人生？是什么力量支撑着她们一代接一代生生不息并创造着辉煌？西江苗族妇女的人生态度是值得探究的。

也许，首先应从人的本质去探究其中的奥秘。我们知道，人作为一个生物体，是有很强的适应能力的。只要生活环境没有恶劣到灭绝一个人生存的地步，这个人就能生存下去。任何一个生物种都具有生存本能。生物种所具有的这种生命力，是不可低估的，哪怕它仅是一株小草，乱石压它，它也能弯弯曲曲地从石缝中生长出来。这种生存能力对人来说更不成问题。因为人不仅有生命，还有灵魂，还有精神意识等。人有生的欲望，还有对他人的强烈责任感。这是人的本质，人因为能有这些本质而顽强地生活下去。而人的这些本质在母性十足的妇女身上最能得到集中体现。为了能养育下一代，为了能承担起家庭的责任，妇女便是再苦再累也能承受。这是能够忍辱负重、吃苦耐劳的妇女们生活的基本动力，西江苗族妇女也不例外。

【访谈 7】

龙玉琼：其实男人也不逼女人去搞，是女人自己觉得不搞不得吃，才去搞的。多一个人多一把锄头，要抢季节。

【访谈 42】

访谈人：生活苦，心里是很高兴？还是很忧愁？

被访谈人：其实心里想着要养孩子，也就实心实意地干，觉得生活就是这个样子。只是有时说到苦处，才说苦得很。

（某妇女，60 多岁）

妇女对子女和家庭的责任感，更集中地体现在那些寡母身上。我在访谈中，发现了一个很奇怪的现象——我的访谈对象多数是没有丈夫的妇女。她们中的不少人，年轻的时候就守寡，一个人含辛茹苦地把子女拉扯大。这些妇女的生活处境，比起那些完整家庭的妇女，更多一些艰难，而她们本人也需更多一些的韧性。这些妇女为子女献出了大半个人生。西江社会单亲的家庭，多是配偶一方去世而造成的，极少因为离婚。凡是结婚已有了子女的夫妻，为孩子着想，是不愿意离婚的。只有丧失了配偶，才考虑再婚问题。如果是男方丧偶，一般会重新结婚，因为男人需要找一个女人来照顾子女；相反，如果是女方丧偶，则一般不愿意再婚，因为她要留下来抚养子女。一般随母改嫁而到继父家里生活的子女，会不同程度地受到歧视，然而不随母亲改嫁迁移的孩子就成了孤儿。丧偶的女人要在自己的幸福和孩子的幸福之间权衡，多数妇女最终放弃个人的幸福而顾全孩子的利益。

【访谈 43】

宋之芬：以前的人认为，改嫁对妈妈好但子女可怜；守子女就当妈的可怜。

（女，70 岁）

这里我列举几个由母亲和孩子们组成的单亲家庭。

例一：李龙英，现年 60 岁，从西江附近的整敢村随父迁去台江，土改时从台江嫁到西江平寨。23 年前丈夫病逝，留下了她和五个孩子。当时最小的孩子只有 1 岁半，她本人只有 37 岁。有很多人来介绍对象，但她舍不得放弃孩子。

例二：龙玉琼的母亲，27 岁守寡。有人为她介绍对象，她说她要留下来带她的孩子。她带的三个孩子，有两个是自己的，有一个是前夫的。

例三：宋国英的母亲，30 岁守寡，独自抚养五女二男。

例四：李国珍，现年 84 岁，丈夫去世时，她 44 岁，没有再婚。

寡母们既对孩子有强烈的责任心，也把孩子当成精神支柱，把孩子看成自己未来的希望。她们为了孩子，为了未来，再苦再累也在所不辞。母爱的力量是很强大很感人的。龙玉琼的母亲为了让女儿能找个好人家并体体面面地出嫁，会不惜冒着牢狱之灾的危险，半夜到山上去种植罂粟；龙玉琼同样为了女儿，也会冒着遭到斗争批判甚至皮肉之苦的危险，把部分银饰藏到山中。

第二，西江苗族妇女从民族精神和民族文化中吸取生活养料和找到生活目标。民族精神和民族文化是她们力量的源泉。

西江苗族是苗族的一支，苗族是个非常古老的民族。据有关历史记载，苗族先民早在五千年前，就生活在我国黄河中下游一带，是当时最强盛的一个部落。后来由于一场部落战争失利。苗族先民便走向衰落，开始了漫漫五千年的古长征。其间苗族经历了数不清的战争、迁徙，贫穷、劳苦……吃尽了苦头，受尽了屈辱，是灾难最为深重的民族之一。本来站在历史的峰巅，随后被抛进生活的谷底，苗族经历着大起大落的悲壮历史。一个经历过深重的灾难而拥有大起大落悲壮历史的民族，她的人民会被磨炼得特别耐受苦难而意志坚强。自强不息的奋斗精神会成为这个民族的魂。这种民族精神会通过文化的遗传、血液的流淌而代代相传。而妇女，作为相对生活在这个民族底层的部分，她们会因为比男人受到更多的磨难而比男人更为坚强。西江苗族妇女就是这样。

英国历史学家汤因比认为，产生文明的环境不是安逸的，而是困难的环境。认为困难的环境才对人构成威胁，向人提出挑战。该环境中的人为着生存奋起应战，表现出空前的努力，文明才由此而产生。[1]

西江苗族妇女比西江苗族男人承受更多的苦难，同时也比男人创造出了更多的文明成就，这就应了汤因比的“挑战与应战”的理论。西江苗族妇女接受的挑战比男人多，奋起的努力也就比男人大，因而所取得的成就也比男人辉煌。正因如此，西江苗族妇女也为自己赢得了宽松的生活环境，获得自立自强的信心，使她们具有更强的战胜困难的勇气和能力。一方面巨大的压力使西江苗族妇女反弹出巨大的创造力，另一方面由创造力赢得的社会尊重又缓冲了生活压力，使西江妇女有效地转化了苦和乐。西江苗族的传统文化在原则上是重男轻女的，但在实际上又是以妇女为中心的。活跃在西江文化舞台上的主角主要是妇女，男人好像只是一个配角而已。在西江，人们忙碌了一年之后，就盼着过年，而在一年一度的苗年里，除了吃喝之外，其重要的内容就是跳芦笙。而跳芦笙就是以女孩子为核心的。到跳芦笙的时候，人们从四面八方聚集到芦笙场上，既是为了参与，更是为了观赏，观赏姑娘们的技艺和才貌。男人们练吹芦笙，锻造银饰，也是为了姑娘们。那节日简直是为姑娘们过的。人的一生一世最重要的是结婚，而结婚的大喜日子里，人们却只是去看新娘，而不是看新郎。新郎并不露面，或混在普通的人群中。这并不是新郎有意回避，而是因为苗家的婚礼，根本就没有新郎的位置。苗语的词汇里没有“结婚”一词，只有“接媳妇”和“嫁姑娘”的说法。童年时代我参加过一次婚礼，听大人们议论说这家人如何如何可怜（只有兄妹俩，孤儿），所以帮他家接了个媳妇，云云。当时

① 汤因比，《历史研究》，见刘昶，《人心中的历史》，“走向未来丛书”，四川人民出版社，1987 年，第 89 页。

我以为是人家帮这两兄妹找来了一个大姐姐，因为我只看见新娘，不见新郎。再如，苗族丧礼，很看重有无女儿来奔丧。若无女儿，丧礼就隆重不起来。因为女儿是主客。我的二姨父未去世前，已因脑溢血瘫痪在床，但他唯一的女儿却先于他病逝。他悲伤地说："我失去了一双唢呐！"（意指没有女儿奔丧、哭），听到的人无不为之掉泪。

我这里不探究这种以女人为中心的文化是否是看重女人的表现，但这种文化熏陶的结果是让女人有一种具体的追求。也不论这种追求可不可取，但妇女都因此对生活充满希望，活得充实。女人从少女的时候起就开始刺绣衣服，她们要让自己在芦笙场上和做新娘时能够出类拔萃。她们在衣服上绣上自己的聪明才智、美好情感、理想愿望……她们要通过自己的一针一线来展现自身价值。在结婚前，她们为自己而奋斗；在结婚后，她们为子女而奋斗。虽然男人也会为自己修建的房屋、自己整理出来的田土以及家人能够健康地活着而欣慰，但是男人的世界没有女人的世界精细、丰富。如果有了追求，就有了承受艰难困苦的精神力量。

第三，西江苗族相信有灵魂和鬼神的存在，相信一切都是命中注定的。传统的妇女，几乎都相信人是投胎而来，死后会进入阴间的迷信说法。

1993 年 8 月，我陪一位来自法国的苗族教师到西江寻根。他想了解当地的风俗习惯，希望能参加一些婚礼、丧葬等之类的活动。我对他说，他来的不是季节，当地人要举行婚礼一般是在 11 月以后，至于丧葬，我说他才来住两天，怎么可能碰上死人呢？最后他提出来看看鬼师做鬼事。这样我就带他去看了一位女鬼师。苗族的鬼师一般有两种，一种是"清查"，即有难事求助于鬼师时，他帮忙进入阴间去查寻，找出作祟的鬼怪是谁，这类似于医生诊断病情。然后再根据鬼师提供的“处方”，备一只猪，或一条狗，或别的什么牺牲品，请另一种鬼师来驱鬼。这就类似于“治疗”。前一类鬼师有男有女，而后一类鬼师都是男人。

我带那位法国苗胞去看的鬼师属于前一类。我们到了她家以后，把早已准备好的米和钱交给鬼师，她点上香做好准备，让我们等了足足一两个小时。她说，不是她不看，是“阴崽”还没有附身，她是靠阴崽去操作的。这位鬼师很年轻，只有 40 岁左右。我们以足够的耐心，等来了“阴崽”。于是鬼师往脸上盖上头帕，坐在凳上，双脚不停地弹跳起来。她跳动着双脚，不停地说:“你家太远了。”后来她终于“到了”他家——法国巴黎，说他家很好，妻子很年轻，有两男两女，大的是儿子，个子比他爸爸高，比他爸爸瘦……后来还说了许多，我们都没有在意。

我们的目的不在算命，而是想看鬼师怎么“工作”，以便和法国苗族做比较。[①] 我的访谈对象中，有一位是女鬼师的婆婆，她给我介绍了儿媳的一些情况。

【访谈 44】

被访谈人：我儿媳当鬼师。有一天晚上来了很多阴崽找她，张秀眉[②]也来找她。她问：“你是谁？”阴崽回答：“我是张秀眉，挖头顶点灯，点也无所谓。”湖南汉人也要来，张秀眉也要来，两边阴崽就打起架来，害得她是一晚上动弹不得。有一次她去干活儿，去咬了一根草根，阴崽不准咬，她硬咬。回来她就进了房间。过一会儿大家就找不到她了。

---

① 法国苗胞说西江鬼师的做法与法国苗族的是一样的。

② 清咸同年间苗民起义领袖。被清王朝抓到长沙杀害，施以挖头顶点天灯酷刑。

找来找去，发现她钻进狗窝里了。大家把她拉出来，她躺在地上浑身无力。两人架她来睡，后来才好起来。她那次搞得我都落魂（受惊）。她后来还痛了一年，才成鬼师。

在前面的章节里，我谈到龙玉琼的叔妈有一次在坡上要分娩了，龙玉琼的妈妈鼓励她坚持不要生在野外。我问她为什么不能生在野外？她说小孩儿是半人半鬼，生在野外很容易被他阴间的小伙伴拉回阴间去，于是她给我讲了许多逼真的有趣故事：

【访谈 7】

龙玉琼：生孩子实在不行了才能生在外面，小孩子一般是不准生在野外的。我听我妈讲，那些娃娃乳牙全换了才成为一个完全的人。在这之前，他们一半是人，一半是鬼。对孩子，可以打，但不能拖到门口去打，有人拖孩子到门外打，他就成了鬼。他有一群群的阴间朋友会来把他喊走。有一个老头儿，一天去讨饭回来睡在一座桥下。碰上那些没有孩子的人家正拿蛋来敬桥，请小孩儿来家。等敬桥的鬼师走远了，就来了一群阴间的小孩儿。有一个七八岁的孩子说："来，我们吃蛋。"另有一个更大一点儿的说："不吃，我们懒得派一个人去给他家当孩子。"有一个很小的孩子说："我去！我到 3 岁时，你们来叫我。你们喊我，我就回来。我满了 3 岁你们一定要来喊我。""你怎么回来嘛？"别的孩子问。"我在某年某月某日爬楼梯去要苞谷来炸苞谷花，然后就跌倒在楼梯上，我就回来了。"那个娃娃准备如此去哄别人家空喜欢一场。那个讨饭的老头儿听见了，后来就去问那家的家长说："你家在某时曾生了一个娃娃？"果然如此，那家有一个娃娃已经得 1 岁多了。然后他就跟他们说：

“你的这个娃娃到了某年某日某时，你们要把他守好，否则他要上楼去要苞谷，摔在楼梯上，他就不跟你们在了。”那家人说：“真的吗？”那老头儿说：“我告诉你们这些话，我也还活着，你们验证看是否如此。”到了那一天，那家人就守着这个孩子。爸爸守了一天，到了晚上，娃娃就要去爬那楼梯，说是要苞谷烧着吃。他爸爸说：“我去要来。”他爸去要来一个。他还是争着要去，说：“我自己去要，我要大的。”他几次要去爬楼梯，他妈把他抱得紧紧的。过了那一天，那些阴间小伙伴来接他没接到，就走了。这个娃娃也就活下来了。所以如果娃娃生在坡上就不成活。不说别的，就说我家大女儿放“七姑娘”[①]一放就去。有一个大嫂死了四个孩子，其中有一个孩子死于他妈的几巴掌。那娃娃可能也是投胎哄人的那种，当时才三四岁。过程是这样的。那孩子说：“我要吃饭团，我要吃饭团。”他妈给他一个饭团，叫他在家吃，他不听，硬要到门外去吃。门外有一只老母鸡来啄他的饭团，三啄两不啄，那饭团就被啄到地上去了。他妈气了，才给他几巴掌。要出工了，他妈背上背一个小的，才几个月大，就拉着他上坡。吃饭时叫他吃饭他不来，饿着肚子就上了坡。那天还下着毛毛雨，又冷。我们去春田坎，他去踩得两脚湿湿的，他妈背上还背着一个小的，也就顾不得他了。那时是搞集体生产，不敢把背上的娃娃解下来，怕扣工分。等收工回来，她妈才对小叔子说：“你帮我背这个孩子走，我还要抬一挑柴。”那孩子在山上就病了，可能是

① 是一种在稻子扬花时进入阴间游玩的活动，汉族叫“放七姑娘”，苗族叫“扇苗家稻”。

要死了。那小叔背他到半路时，他的手就没有劲了，一甩一甩的。小叔弓着腰背他，到家把他放下来，问他喝不喝水，他说“喝”。此后就守着他，一晚上用尽了鬼[1]也不见好转。天亮时就背着往雷山医院赶，走到半路就死了。早上父亲把娃娃背去，等到晚上又背回来埋了。这样，到了6月份，稻谷扬花。我女儿她们发疯，去蹿稻田玩，每人裹得一身稻花，就来放七姑娘。我大姑娘走到阴间，见着那个娃娃了。死的娃娃放在簸箕里，遇着下雨，他才用簸箕来遮。我女儿说：“那个娃娃在这里。”他妈就哭起来。他妈说：“你们帮我问问看，他为什么要走，是哪个鬼把他叫走，或是他的尽数到了才走？”我女儿问：“你自己来或是哪个搞你来？”他说：“我妈打我，我才来。我妈给我一个饭团，我拿到门外吃，老母鸡啄我的饭团，我妈打我几巴掌我才来。”他妈听了就哭得要死。我们问：“娃娃多不多？”她说：“娃娃多得很。”她又对那些娃娃说：“你们等着，我去摘果子给你们吃。”两个嫂子就扶我女儿站起来。她说那些大的娃娃爬上树摘果子吃，小的娃娃就在地上捡籽籽来舔。我女儿看了太可怜，就说：“你们扶我起来去帮他们。”我女儿站起来就作采果子状，然后递给每人一把。一般是无父无母的孤儿才去得成功，不知道我女儿为什么也放得去。鬼师说，我女儿这一次放七姑娘落魂[2]了。我用一只鸭给她喊魂。

龙玉琼所说的放七姑娘问题，我小时候曾经在姑妈家寨上看过，我的感觉是非常害怕。这些迷信传说，证明了西江苗族妇女

① 巫术活动。

② 灵魂离开肉体去了阴间，未能及时回来附体，就视为“落魂”。

相信鬼神的存在，相信命运，认为人的一生是命运安排的。相信命运的结果既有积极的作用，也有消极的作用。其消极的作用是使处在正常环境、具有条件的人不求进取。但人在艰难困苦的时候，感到事情已糟糕到不可逆转的程度，何必再埋怨自己呢？西江苗族妇女认命，有时会消磨意志，有时也能平衡心理。

当然也许原因还不止以上这些。比如妇女们告诉我，“困难时期”同样的饿饭经历，但男人死得多死得早，大多数的夫妻都是男人死在前，女人死在后。她们说：“男人说，女人煮饭，吸饭气多，才经得死。”这当然不成理由，不过除了男女生理结构不同以外，难道不是女人在肉体和精神上都比男人更有韧性吗？

第九章　文化流变：是喜还是忧

前面我们已经部分地涉及文化的变化和发展，而事实上，西江苗族妇女也一直在追求她们认为的新的文明。一个典型的例子是，西江苗族妇女教育子女使用汉语的亲属称谓，即西江人彼此称呼时都用苗名，但却鼓励子女们用汉语称呼自己的亲属。如称姐姐为“姐”，哥哥为“哥”等。这使得西江出现了一些奇特的称谓现象。例如我的表姐苗名叫“普”（开花的意思），汉名叫“宋小平”。那么我的西江亲属长辈们并不教我叫她“小平姐”，而是叫“普姐”；并且在实际的称呼中按苗语的语法称谓前置，称为“姐普”，来一个标准的汉苗结合。即称呼她的名字用苗名苗语，称呼她的亲属用汉语，然后将汉语单词和苗语单词按苗语语法组词。也就是说，把汉语亲属称谓引入苗语语言结构和苗族称谓结构之中。西江苗族在日常生活中没有使用汉语，而且在苗语中已有苗语亲属称谓，那他们又为何要搞一个苗不苗、汉不汉的亲属称谓呢？

西江苗族觉得在亲属称谓中引入汉语，是一种高雅文明的表现。这种现象在民国时期就有了。当时一些有威望的文化人读书识字，会说汉语。回来后就影响了家属，使他们的家人也会说只言片语的汉语。会说汉语是文化人的特征，因而也就成了进步的标志。但是学懂汉语并运用其进行交流毕竟很困难，而照搬其亲属称谓以及偶尔使用个别词语自然就比较容易。一些汉语亲属称谓和个别词汇就这样进入了苗语。现在，西江的孩子们称呼哥哥、姐姐，几乎全部使用汉语称谓。但奇怪的是，他们对爸爸、妈妈的称呼，又没有汉化。

我还发现西江 70 多岁的老太太，竟自如地使用“痛快”这个汉语词汇来形容她们少女时期愉快的情形。可见，追随新文化、追随汉文化，是西江苗族妇女的向往和发展趋势。但是，这种对新的文明的追求，真正达到其量变到质变的飞跃，是由年轻一代西江苗族妇女来实现的。

在前面的篇章中，我们讨论的主要是传统的西江苗族妇女，而这一章我们所要谈的是当代青年，即现在 20 岁左右刚成年的这一批人。这一批人与传统妇女最大的不同是，传统妇女是以本民族、本社区文化为本，兼顾吸收外来的、新的文化。而刚成年的这批年轻人却采取另一种态度：彻底改变现状，完全抛弃本民族的传统文化，向汉族看齐，向城市看齐，全身心地投入汉民族的现代文化潮流。她们想要成为一名无民族标记、与城里人无异的现代人。

20 世纪 80 年代初，西江一些苗族少女就开始走出山寨到凯里、贵阳等城市谋生，她们或到机关单位干临时工，或当保姆，或到旅馆当服务员……特别是沿海地区开放以后，她们更是满怀希望地投入了打工潮，大批大批地去了广东、浙江、上海、海南等地打工。据统计，西江镇现在外出打工的妇女人数有 515 人，其中已婚的 161 人，未婚的 354 人；高中文化程度 12 人，初中文化程度 202 人，小学文化程度 111 人，半文盲 110 人，文盲

50人。[1]她们厌倦祖祖辈辈沿袭下来的农村生活，认为父辈活得太累太苦，但又找不到出路，看不到前途。她们是幸福的一代，又是不幸的一代。她们打破了原来祖辈的内心的平衡，看到了新的世界，而她们又难以找到新的支撑点，建立起新的平衡。她们是欢乐的，却又更是苦恼的。为了解她们，我访问了几个年轻人。

我的第一个访谈对象是一位话务员。她叫阿娜[2]，19岁，初中毕业。家中有爸爸、妈妈和妹妹。她们13位姐妹（伙伴）中，12位都外出打工了，只留下她没有去，因为她有话务员这份工作。但这份工作又是一份临时性的工作，她并不是国家干部，所以也很不安心。去，下不了决心，留，也不安心，所以感到前途比较渺茫，很苦恼。我与她交谈，她也愿意把自己的想法说出来，没有扭捏和保守。

这位女孩看上去朴实厚道，着汉族装，操一口比较纯正的雷山苗语方言，西江苗语口音带得少。看来在语音上是用了心的。我与她说西江苗语，她却问我："雷山苗话好听，你为什么不讲？"我很惊讶！因为我知道西江苗族很有优越感，向来认为自己的语言动听，包括我。我母亲是西江人，我父亲是雷山人，我常常为我操的是西江苗语不是雷山苗语而骄傲。"西江话好听"，我曾经不止一次地这样对人解释我说西江话的原因，西江苗话优越于雷山苗话的观念已经牢牢地扎根在我心里。我不由得很感慨地跟她讲："我第一次听到有人说雷山苗语好听！"过后，又遇到类似的情况，我这才意识到这不仅仅是一个对某种方言的喜好

① 西江镇妇联主任侯玉珍提供。

② 化名，"娜"是稻谷之意。

问题，而是不同代际的人，对西江的评价已经不再一样，西江在现在的年轻人心中分量已不那么重了，对西江的感情似乎也在变化。

我的访谈是在她工作的话务室进行的。

【访谈 45】

阿娜：这里的妇女很勤快，但太苦太累。妇女外出打工的很多。结了婚有孩子的，结了扎的也去。妇女走了，男人种菜。姑娘走得最多，甚至连没有文化的也走了。年轻姑娘都不想再干农活儿，只想外出。1992 年开始有人出去，1993 年最流行。1992 年毕业的这一届初中生升学的太少，才 5 个，余下的去打工的多。前一届的取分线比较低，升学的比较多，所以去得还少。

母亲那一代人很认命，夫妻很少吵架，整天忙，没有一点儿空。农村的男人不会体贴女人。男人干完自己的活儿就休息，不帮女人。改革开放对 40 岁以上的女人没有什么影响，但对年轻点儿的影响就大了，她们都想出去。年轻人更懂得生活了。年轻姑娘不学绣花，学打毛线的多。出嫁的姑娘也不穿苗族衣服，像我们，穿这种汉装惯了，反而觉得穿苗服不习惯。出去看见外面比我们这儿好多了，个个都想嫁出去，到浙江、福建等。出去回来再看家里就看不惯了，穿的吃的都不好。原来我们在一起的就有 13 个女伴，现在全部出去了，只剩我一个，其中有两个已出嫁，也有打工回来的。她们说在外面很苦，但家里更苦。关键是觉得家乡环境不好。家里脏兮兮的。在那边老乡多，不寂寞。家里已经没有年轻人了。有一个好朋友外出打工，想回来，叫我发电报给她。但她回来后又想回去。她到广州两年了，换了很多工厂。

现在村子里游方搞不起来，没有人了。但广州热闹得很，一群小伙子知道哪里有姑娘，就去找。姑娘们从广州回来变化很大，变得洋气起来。在农村游方，现在吹牛[①]还是过分，但婚前性行为也不是很多。我也听说过有未婚先孕的。

西江小得很，很寂寞。看城市里面，人人都忙碌，心里不太空虚。

说到择偶标准，女孩子一般要求是：第一，会体贴人；第二，诚实；第三，大方干脆，有点儿男子气；第四，形象以般配为准；第五，性格符合要求；第六，也有人希望有钱，没有钱会闹别扭。不过钱有多用多，有少用少，还是以感情为重。

男孩子的择偶标准有两种：一种要找贤妻良母；另一种要找漂亮的。如果两头都不沾，就只有看缘分了。

我现在很苦恼，看不见前途，工作不稳定。在西江干活儿太远太苦。农村媳妇也不好当，不会干活儿会挨骂。

找男朋友谈恋爱要看准，要找感情专一的人，不要上了玩弄异性的人的当。有的人有点儿自大，认为自己有工作就看不起人。我关键是要看人，如果太傲慢的我不喜欢。

你问我会绣花唱歌不？不会。我妈做给我穿，难看得很，我不喜欢穿。你说我觉得苗装难看吗？不是，我是觉得别人穿很好看，很羡慕，但我穿不惯苗服，头发又短，不好看。

---

① 方言，指交谈聊天儿。说现在年轻人说话随意，不讲分寸。

在我与阿娜交谈的过程中，有一个中年男子进来。他拿着一份病危电报，要发到广东去，但不知道详细地址。大家替他着急但也毫无办法。阿娜说，广东方面书信电报较多，有些人不争气，犯了事来信来电要钱去保释等，让老人很着急。

我的第二个访谈对象也是一名话务员，叫阿榜[①]。但她是外地苗族，后嫁到西江来的。她 28 岁，长得小巧玲珑，看上去十分精明能干。那天她身穿运动服，脚蹬白网鞋，一阵风似的跑进来。我说明来意，并对我打扰她表示歉意。她说每天值班也很寂寞，有人交谈也很乐意。她说起话来直爽，对自己的私人感情毫不隐瞒。她家在凯里，是在凯里长大的，后来认识了她的丈夫，才嫁到西江来的。到西江以后，曾经去过一次广州，有过一次打工的经历，她向我谈起她的所见所闻和体会。

【访谈 47】

阿榜：我有一个娃娃，我家那个[②]工资很少，我也可以做点儿事情得点儿钱，但是心情不好。娃娃 1 岁了，我一年在这里有一半是回娘家，心情烦躁。我本来最恨外出打工的，现在却想出去打工了，不知怎么会突然这样。有一次我跟丈夫讲了，他觉得很怪。我把娃娃送给母亲带，就和两个女伴走了。我们坐火车到广州，又从广州乘车到佛山。因为有个表妹在那里打过工，我们想去那里的制衣厂，但找不到事干。第一天住了一晚上，遇到两个凯里女老乡。我们五人包了一间旅舍客房住，条件也还可以。我们原来想得很好，但到外面一看，实际很困难。第二天我们出去想找点儿轻松

① 化名，苗语里表示“花”的意思。
② 指她的丈夫。

的事情干，找了一天也未找到，又回来住。那两个凯里老乡出门多次了，经验多，又带我们去化州。我们跟她俩去了，但有点儿害怕。我只带了 500 元钱，快用完了。到了化州我们几位互相交代，无论发生了什么事情，都回车站会合。我们又从化州到广州、茂名，继续找事干。我们一家家地问，人家要懂白话[①]的，我们又不懂，想去卖苦力，那两个凯里老乡劝我们不要慌。余下的钱不多了，我们不能住旅舍了，就跑到火车站去待。那两个凯里老乡带钱太少，想跟我们借，我们不愿借。但她们也蛮好，不计较，又准备带我们回化州。到了车站，没车，我们坐在车站。天很冷，旅馆也满了，火车站又不准住。我们只好出去乱逛。遇到一大伙儿男青年民工，在车站外面坐着，我们很怕。但没想到那伙民工竟是遵义的贵州老乡。我们与他们吹牛，那些民工也蛮好，有说苗话的。他们将带的铺盖给我们垫坐。外面坏人也有，好人也有。他们中有个浙江人，开车压死人了，出来避难。有个女人也在与他们吹牛，那女人劝我们不要轻易相信那两个凯里女人。但我们无事可干，还是和她们到化州。到了化州，我们找了一家餐馆打工，但那家对我们不好。那两个凯里女人又另找了一家，晚上才找车来拉我们。我们很怕，不料到了那里还好。那是一家内衣厂，包吃包住，先是每月 300 元工资，后来增加到 500 元。我开始去时，不想家，后来就有点儿想崽就回来了一趟才去。去了快三个月了，邮电局想找人当话务员。局长跟我丈夫说，丈夫就给我打电话。我上次回

① 当地方言。

家只待了3天，在外又很少写信回家。接到丈夫的电话就有点儿激动，决定回来。但还没到领工资的时间，拿不到工资。丈夫说这比工资重要，我们都认为邮局工作很好，我就这样回来了。到邮电局上班后先学习，一个月后发工资，但工资很低。虽然在这里干，但还是不安心。因为这是临时工，做不了一辈子，没有退休工资。我也很烦恼，但朋友们却认为我很开心。这里的好处是环境安静、干净，有空思考问题。曾经与我一起外出的两个女伴也不去打工了。其中一个的母亲做生意，她去帮忙；另一个是湖南的，去了湖南。

在外面感受特别多，接触多种多样的人。一般出去到外面闯的姑娘，都是有个性的、好动的。我在外面还遇着两个逃犯，是贵阳那边的，那女的还吸毒，会说白话。她把她的故事说给我听，说自己有个私生子……我觉得她本质蛮好，但她又是贩卖人口的，我又感到很害怕。外面的那些人，有的读过书有的没读。他们大都家在城边上，因家乡开发得早就早出来了。有的是广西、湖南、湖北等地农村的人，城市人很少。他们在外，有开发廊的，有开饭店的。有一部分人还会抽烟。如果能再出去一次我也还是愿意的，已经一点儿也不怕了。出去苦还是苦，但也有收获。我家住在凯里某子弟学校里面。我跟过4年车，就结婚生孩子了。我父亲在凯运公司，母亲没有工作，可以说苗语。我对老家还感兴趣，有几套苗服。我有四姊妹，我是老大，只有我能听懂苗语。

农村姑娘出去很多，见的世面很多。我有个堂妹出门3年了，一直不回家，只写信。原来我搞跟车工作时，见人家出去打工，印象不好，但后来我也出去了。在这里，有事干不想出去，没事干就想出去。在外面遇事没有人可以商量，全靠自己。像我这个年龄的出去可以，有了家，也比较独立。

西江妇女漂亮、聪明、能干，但男人大男子主义还很严重，毕竟是农村圈子里的人。我曾看见一个男人，在醉酒的时候，经常打老婆。人们还是重男轻女，有些家庭生了女孩，丈夫不高兴……丈夫回家来，如果妻子不端洗脸水、不倒开水喝，就不高兴，经常吵或打。女的也有凶的，但少。妇女如果经济独立，说话就要气粗点儿，否则只有逆来顺受。出去打工的妇女，挣了钱来，又见了世面，对男人的认识就比较清楚。虽然是农村人，观念也在改变。

我的第三个访谈对象叫阿莎，22岁，初中毕业，家里兄妹有三男四女，她排行第五，父母健在。她有过两年多的打工经历。

【访谈16】

阿莎：出外打工拼命干，待遇很低。有的老板还骗人，白干。国营单位比较好，但是难找到。大部分工厂七点半上班，中午只有一小时休息。有时为了赶任务，就加夜班，累得生病。有个小妹就是因为上夜班生病了。有的人疯了，有的人失踪了。到了那里就很后悔，觉得如果当初在家也这样拼命，早就富了。回来以后，如果还想去，那就是因为看母亲抬菜卖，得钱很少，想趁年轻挣点儿钱。

1993年2月中旬，我跟着表姐夫去广州。坐火车遇到抢劫，很恐惧。我们也受骗。有人冒充列车长来查票，钻空子罚款，强迫买矿泉水。广州很乱，到处有人抢。我有个小妹就遇到了这种情况，发生精神错乱，被送回家。我们到了广州后就去找活路。第一天到绣花厂搞，白天晚上都搞，搞了5天才搞成一件衣服，只得12元钱，连生活费都不够。第二个月，有个老乡找不到活儿干，我介绍她来搞，起码有个安定的住处。她没有为我着想，做了一个星期的活儿，全部不合格。老板就叫我返工。我觉得很难返工，只好逃出来，又找到一个瓶店做瓶子。同样没有休息时间，报酬也很少，在烤炉旁工作很热，又逃到了饮料厂。这些去处都是朋友介绍的。夏季需要大量的工人，9月份以后裁减。但老板觉得表现好的，就留了下来。但后来又出了事故，就被解雇。后来到电子厂做装配工作，组装钟表。一直在那里搞了一年零三个月。因为这个厂是国营单位，每天上8小时班，有星期天，比较轻松。每月基本工资320元，奖金30元。一共去了两年零一个月。在家劳动早出晚归，找不到一分钱。另外，当姑娘的需要很多东西，比如香皂、卫生巾之类的。农村妇女还是使用卫生纸，而我们在外面已习惯用卫生巾，所以想去挣钱。

在外面打工如果碰到老乡最好。如果在厂里没有老乡就很惨，会被人家欺侮、偷东西等。最主要的是生病时有老乡照看。在这里大多数年轻人都走了，他们一般都有些文化，有文化的人家长才准走，没有文化的人家长不准走。我父母同意我走，是因为去的人多。青年人中除了没文化的，都走了，连中年人都走得差不多了。打工可以挣点儿钱还债，减轻思想负担。我想挣点儿钱就回来。在外面想父母的心情很难受。出去以后回来反而觉得家乡好，很亲切。一些人出去是为了挣点儿钱买嫁妆等，一些人出去是觉得外面好，家乡太苦，尤其是妇女非常苦，我们羊排妇女更苦。羊排有一句俗语：“哪家有姑娘，就有柴烧有水喝有饭吃。”就说明妇女特别忙。羊排姑娘对平寨妇女很羡慕。因为我们做活路的地方太远，早出晚归，黑了才回来做饭，太忙太累，也吃得很差。有个羊排姑娘去雷公坪脚砍柴，砍伤了脚踝，只好嫁到广西去。因为羊排人不能嫁到西江其他村，只能嫁到开觉，而开觉一样的，砍柴太远。

羊排人的语言有特点，连姑娘也有特点。她们特别忙，忙得连买卫生纸都只有在晚上的时间去买，没空赶场。人比较直，少话，少打扮。雨天姑娘们聚在一起，只谈论如何打脱砍柴和挑担。外出打工的数羊排姑娘最多，基本一家一个，有的两个，多的有三个。其次是东引。

在广州，西江姑娘多。小伙子们星期天就去找姑娘们玩。附近的小伙子听说以后，就从东莞等其他城市跑到广州打工。有30多个姑娘在广州打工，包括开觉的。我们羊排村可能有10人。谈恋爱的方式与在家乡一样，但是已经不唱情歌了。一群群姑娘、小伙在一起，只是开玩笑。如今在家乡，游方已经开始成双成对[1]，但都还是在游方场。离开游方场就受到老人干涉、骂、泼水等。姑娘不敢走远。老太太们说现在的姑娘婚前性行为很普遍，这是夸张的说法。但个别村子出现得比较多。这些事听说多了就比较淡了，最多说几句。去打工的年轻人互相看上了，回来结婚的较多，去接外地姑娘回来结婚的也较多。

① 指一对一对地进行，不再是群体性的。

现在的姑娘已经不会唱苗歌，不会绣花了。觉得会唱苗歌的用处不大，只用于开晚会时表演节目。我们在外地打工，只要一填招工表，别人看到填的是苗族，马上就会有人问，有没有苗族服装？我们都穿汉装，有一两件苗衣也都是妈妈绣的，觉得优美，但穿起来麻烦。人家这么问，很多人就写信请家里寄去。出去打工一般人都想隐瞒民族身份，怕受歧视。真正说了，人家并不歧视，只感到很稀奇。外出打工的姑娘还是比较谨慎的。在外打工心情不愉快，待遇低，想家。有时收到家里要钱的信很难过。家里想买肥料时就写信给外面打工的子女。

对前途也没什么打算，想再去打工找点儿钱补家。觉得22岁了，考虑个人问题算了。我唯一的愿望是搞一个沼气池，解决家乡燃料问题。我们早上五点半出门砍柴，下午两点才回来。汗水泪水一起流。有时累得不想做人。家家锁门就上坡，连捉鸡都没时间。这几年有电和自来水要稍好些。有50%的打工妹准备回家，50%的想嫁外地人。

在女孩入学率较低的地方有一种说法，认为“送女孩读书没有用，只是教她们变懒”。这种说法固然是轻视女孩，但从另一个侧面也暴露了教育体制的缺陷，中小学主要是为高一级学校输送人才，学校追求升学率。特别是从高中升到大学这一阶段，真是千军万马过“独木桥”，能过得去的人很少。那些过不去的人也就无事可干，感到读书无用。鉴于我国长期以来的城乡差别，占人口绝大多数的农民的子女们要想挤进城市成为工薪阶层，唯一的出路只有升学读书，即必须考上大学或中专学校。“跳出农门”成了他们读书的最大动力和理想。但因我国是农业大国，城镇容量很小，每年增加递补的人数不多。而农村孩子的条件本身就差，起点也低，很难与城里人和工薪阶层的子女们竞争，因而真正能跳出“农门”的人便寥寥无几。像阿莎所说，1993 年这里女孩升学的只有五人，这尚且是初中升入高中，而高中毕业以后，这五个女孩子也许没有一个人能升入大学或中专。这些读了书的女孩子们已经不再适应农民生活。一方面她们从小就脱离或半脱离农业生产，已经变“懒”了，让她们再像母亲一样背着娃儿、挑着重担爬大坡已不可能；另一方面她们所学的一点儿知识在家乡派不上用场。家乡还是以传统耕作方式去劳作，而且她们所学的知识大都是文化知识，农业知识少。她们感到很苦恼。这种苦恼和彷徨并不是她们这一代才有。这里早在 1950 年前就有女孩上学，1950 年后上学的女孩不断增加。这一批批毕业出来的学生，除了少数考上高一级学校的，大多数人都经历了这种精神上的痛苦。但过去，这些别无选择，他们没有条件也不可能对自己的命运做出半点儿改变，他们无法离开故土，也不能去做别的，只能在一阵失落之后，无可奈何地加入到父辈的行列。男的娶妻，女的出嫁。日复一日、年复一年地重复着祖辈的生活。他们的棱角也就慢慢地磨没了，所识的字也同样慢慢地丢了。他们重新学会了干农活儿，并磨炼得越来越地道，他们和过去的老农民已经没有什么两样了。

20 世纪八九十年代的年轻人已经不一样了。他们义无反顾地奔向城市，或打工或当保姆，去开辟有别于他们父辈的另一条道路。记得在 1985 年，贵阳市劳动服务公司到雷山、台江、凯里等地招来了第一批保姆。我们这些在筑[①]的黔东南籍部分苗胞

---

① 贵阳的简称。

奋笔疾书向主管部门呼吁制止这种行为。10 年过去了，我仍然无法评说女孩们是不是应该进城，这期间利大或是弊大，但我看清了一点，即这是一个无法阻挡的潮流。人首先是为了自己在努力改变生活处境，当他觉得有改变生活处境的可能性的时候，当条件允许他改变的时候，任何力量都无法阻挡他。涌入城市谋求更好的生路，这是农村女孩们生活的希望，包括那些没有文化的女孩。西江劳务输出这股潮流首先是从女孩们开始的，到了后来小伙子们也加入进来并成为其主流。西江劳务输出的势头正在有增无减，将来的情况如何，目前还很难判断。

农民最大的特点是固守土地。年轻一代的西江苗族农民（其实他们大多数还来不及成为农民）终于冲出了土地的束缚向山外走去。这不是因为这一代人特别聪明或特别有勇气，而是因为他们赶上了一个新的时代。首先是改革开放给他们带来了大量的信息，其次是改革开放给他们提供了出走的途径。具体地说是公路的修通给他们带来了出山的便利，电的使用使他们听到了广播，看到了电视，知道了很多外地、外省甚至外国的事情。外面的世界对他们具有很大的吸引力，并且也在召唤他们。同时，在改革开放的大潮中个体和集体企业如雨后春笋般地生长起来，城市需要大量的劳动力，劳务市场出现了。从 20 世纪 80 年代中期开始，城市开始到农村去招保姆、招服务员、招工人……城市向农村敞开了大门，农村的新一代也做好了向城市进军的思想准备，双方一拍即合。

劳务输出给外出的妇女和西江本地带来了影响和变化。任何一种文化，都是与一定的生活环境相适应的。西江的传统文化，是西江人民为了适应生存而创立的一种秩序。而现在年轻一代走了，他们已经脱离了西江这个特定的环境，不再需要原有的这一套文化。而没有走的人，虽然还在西江的环境里，但他们的思想都已经不为那个环境所限，他们向往新的生活，力求改变现状。而他们所能改变和着手改变的就是抛弃旧有文化。因而他们这一代人，男孩子不再吹奏芦笙，女孩子不再绣花衣服，男男女女都不再唱苗歌讲故事。他们把那一切与愚昧落后联系在一起，他们要和旧有的东西离得远远的，好像那些东西会阻碍他们的前程。

从古到今，西江确实发生了很大变化。从环境来讲，五六十年前西江还是茂密的森林，而现在四周都是光秃秃的，砍一挑柴要到十几公里以外；从农作物来讲，过去当地人只会种水稻，红苕只当买来的“糖果”，玉米叫作“汉人的稻子”，麦子更是从来没见过。现在除了水稻之外，红苕成了不可缺少的辅助食品和主要饲料，玉米、麦子等也不再是稀罕之物。就连水稻，也在不断更新良种，搞两段育秧；再看交通，在访谈中有一位老人曾感叹：“记得 1950 年前西江的一群知识分子曾经议论，说西江通公路可能是 100 多年以后的事情。但没想到在共产党的领导下，不到 50 年的工夫，西江就通车了，而且有每天两趟班车直达州府。”说到照明，1950 年前的西江还点松明、桐油，至于“像个梨子一样吊着的灯”，在我母亲那一代的童年还只是一个神话；过去妇女穿裤子人家耻笑，现在姑娘们却羞于穿苗家的裙子；20 多年前，即在我还读初中的时候，苗族的“吃新节”里，男女青年通宵达旦地唱情歌，满街黑压压的人群，歌声此起彼伏。而过了 10 年以后，小伙子们提着一个放流行歌曲的录音机到处游玩，偶尔才放录下来的情歌，姑娘们穿着苗不苗、汉不汉的衬衣。现在想听听或看看男女青年对唱情歌，就只好去找人来表演了……

而在所有的变化中，最大的变化是性观念的变化，年轻一代关于性观念的变化令我十分惊讶。一般来说，观念文化是深层文化，而在西江以及与西江同类文化的地区，性观念又是深层文化中的深层。西江类的文化有许多关于性的禁忌，有一整套性文化。如果改变了西江人性的观念，就可以说已击溃了该文化的最后一道防线。西江传统文化的失落就在所难免。

西江的传统文化，可以概括为这样几点：以农耕为基础，以血缘宗法制为骨架，以伦理观念为血肉。在传统的观念里，除了特定的场合，针对特定的对象以外，“性”是邪恶的。对于传统的西江人来说，保持人的“贞洁”名声比什么都重要，尤其是女孩子。然而，在近年的一个春节里，我在雷山却听到了这样的事情。一个女孩与一个男孩谈恋爱并发生了性关系。事后男孩想抛弃女孩，这个女孩不想放过对方。她回家把这件事对父母讲了。她父母在气愤的同时也进行了利害的权衡，觉得这件事情的唯一出路，便是迫使这个男孩承担责任，娶女儿为妻。于是她和父母便开始行动。她们不去找法院，法律不管这个；她们也不去找单位，单位领导管不了。她们直接去找男方父母。女孩的父母带着女孩到男孩家，对男孩的父母说：“这姑娘已经是你家儿媳，我们给你们送过来了。”在这种情况下，男孩家自知理亏，说服儿子把这姑娘娶下。假如男孩的家庭不接受，问题就会闹大，引起家族械斗。最后男孩还得赔罪。因为在这种情况下，女方家族会支持女孩，认为自家的姑娘被玩弄和欺骗，有责任保护她；而男方家族则不同情男孩，认为他不负责任。男孩只有自己认错，并娶了女孩，日后也不敢欺侮。

在传统的西江类型苗族习俗里，男女青年谈情说爱是集体性的，男孩和女孩或站或坐成两排，相距约有 1 米远。彼此唱歌讲话，但绝不可以动手动脚。结婚以后，过夫妻生活就正规地进行，平常很少有机会亲热，也不习惯接吻拥抱。妇女的乳房，观念上不当成性器官，只是小孩儿哺乳的工具。婚前遮盖严实，婚后做母亲奶孩子时敞胸露怀无甚关系，男人不会因此想入非非。男女之间极少有越轨行为。但自从对外交往以后，确切地说是电视引入以后，出现了大量男女亲热的镜头，有些男女青年受到潜移默化的影响，开始一反过去的规矩。“谈恋爱一个勾一个的脖子，一对一对地逛马路，怀了娃娃才结婚。”（老年人指责年轻人的话语）这些话当然是以偏概全，但西江性文化已开始动摇，这也是事实。我不想对年轻一代的做法进行任何评价。我只想在这里讨论两个问题：当女孩子有了婚前性行为，她本人和家人对此有什么样的反应，这种反应说明了什么问题。过去当一个女孩有了婚前性行为，她一定不敢跟家人说，而家人一旦知道也尽量地隐瞒。因为事情一旦传出去，女孩就臭名远扬，当家长的也丢尽脸面。而且女孩失身不管原因如何，都会遭到家人的谴责甚至毒打，而绝无同情可言。而现在，同样的事情发生，女孩家人虽然仍觉得这不是一件光彩的事，但却更理智地考虑补救措施。他们采取的态度不再是隐瞒，而是向社会公开，争取舆论的同情。社会虽然已经见怪不惊，但仍认为当事者应该负起责任。从处理这件事情的不同态度上看出，过去的人追求人格完美，现在的人看重实际利益。人们变得实际多了，已从过去的遵从文化规矩走向服从愿望需要。

我感到惊讶，是因为一个对性讳莫如深的地区的民族，竟对性采取了这样一个讲究实效的开放的态度。这性的观念转变实在太大了。我亦不知这转变是好是坏，只是由此感到，深层的文化既已在发生变化，表层文化的失落就在所难免了。

现在西江面临的现实是，10 年、20 年、30 年以后，即老一辈人去世以后，西江的传统文化几乎就会荡然无存。

【访谈 12】

侯昌德：以后芦笙可能断绝，大家渐渐没有兴趣了。年轻人不会吹芦笙，哪一年都是那几个老人来吹，年轻人不肯学。逢年过节也还搞，只是应付，对它渐渐淡漠。过去一到过年前的 15 天，大家就拿芦笙比赛吹，吹整晚整晚的，闹腾到天亮。那是民国 30 年以前，那些老者鸦片抽饱了，就蹲在那里听，大家都很有兴趣。看来 10 年后，老一辈人死了，就没有人接班了。

妇女过去绣花是有名的。过去羊勾[①]大姨妈做的蜡染多好，现在没有人有这种技术了。你[②]的两个姨妈和你妈雕花都雕得好，现在的人没兴趣了。再过一段时间就没有了……

新一代的年轻人，无论是外出打工还是留在家乡，他们都在努力改变自己，融入社会的主流，追赶时代的步伐。时代变化了，年轻一代想改变生活，想追赶时髦，这是无可非议的。但是，一个民族的文化是几千年的历史沉淀下来的，有的是上百代人智慧的结晶，文化中的一些精品更是永恒的经典，具有不灭的魅力。如果我们对于这些东西，也像对待过时的旧衣服一样扔掉，就会造成很大的损失。这不仅是一个民族的损失，也是人类的损失。而这些精品文化的继承和弘扬，又须得由本民族的后人

① 雷山陶尧村羊勾村。
② 指作者。

来承担。本民族年轻的一代不去继承，谁去继承呢？

1995年，赵朴初、冰心、曹禺、夏衍、启功等九位德高望重的老人在当时的全国政协会议上递交提案，呼吁建立幼年古典学校，传承传统文化。这些老人的担心是很有远见的。国学教育是这样，优秀的苗族文化艺术也是这样，要学会它非常不易，要丢掉它却很轻松。待过了50年、100年或更久一些的时候，很可能人们的物质生活好了，要返璞归真来寻找古代文明，但文化遗产却丢光了。

显然，西江苗族的文化并不只是一味地失落，它也有回流的时候，它一直都是在一种双向运动中发展的。例如国民党时期强迫苗族妇女改装，虽然措施手段十分强硬，但苗族妇女依然如故，只是为了劳动的便利，大家才穿了裤装，妇女的发式一直未改，使得有些汉族姑娘也作苗族装扮，出现了体现“地层”关系的服装特色（头是古装，衣服是近代装，裤、鞋是当代装），西江苗族妇女服装，就曾一度在西江少女中作为时髦服装流行过；又如每12年一次的“吃鼓藏”（也叫“鼓社祭”）是一个大型的严肃的祭祀活动，古代届届都认真举行。到了后来就落入低潮，但现在却迅速回潮了。以前情况不太清楚，就最近几次，1962年“困难时期”时过，整个西江只杀了几头猪；1974年“文革”期间不准过；而到了1986年，西江家家都杀了一头或几头猪，来访的客人络绎不绝，所放的鞭炮烟雾笼罩了西江数个小时，以至于晚来的客人看不见下山的路。再如前不久，西江也通村苗族搞清理族谱、培修祖坟的活动。他们把同属于一个老祖公的，由也通搬出去的掌卡村、白壁村和街荣村的寨老请来，重申同一祖宗不能开亲的道理，说谁违反了规矩就开除族籍等。还有农村宗教势力、宗族势力在回升，有事请鬼师算卦驱鬼，有困难依靠家族解决，等等。这些都是民族文化的回潮。尤其是从 20 世纪 70 年代末到 80 年代初，西江苗族掀起了一个民族文化复兴运动。这个运动以恢复苗年节跳芦笙为代表。那段期间，几乎所有的家庭都卷入这个热潮。一时间，家家户户都置办起在 1950 年前只有少数富人家庭才置办得起的贵重银饰。甚至汉族姑娘也来参加。芦笙场上只见白花花的一片，气氛十分热烈。由于长期以来民族文化的禁锢和封锁，一旦开放它就像那关闭久了的潮水汹涌澎湃，人们要将民族文化享受个够；另一方面是由于改革开放，粮食获得丰收，农民心里高兴，他们既有兴趣也有财力来举办这些活动和购置必需物品。

但是苗族文化复兴热潮经过一阵狂热之后慢慢平静下来。虽然最近几年雷山连续举办芦笙大赛，效果也十分显著，但人们已经没有了头几年的那种劲头。苗族文化复兴的热潮也还会持续一段时间，但苗族文化的渐渐失落却是一个总体趋势。社会在以进两步退一步的速度发展，民族文化也在以进两步退一步的速度在失落。这种文化复兴不过是文化没落之前的一个“回光返照”，虽然令人兴奋，却不会长久持续。

当然，就算西江的传统文化、精品文化丢光了，只要西江这个苗寨还在，她的文化就会延续，只是这个文化变了，成了新的一种文化了。而这种新的文化在很长一段时期内还带着传统的烙印。或者在两种文化碰撞中生发了第三种文化。新一代的西江人想变，但也不可能在这一代彻底改变。她们出去了会想家，有的人出去了反而会觉得家乡更好。她们有 50% 的人打算挣点儿钱以后还要回来。就是她们不回来了，外嫁了，她们也自觉不自觉地带着西江的特色到新的住地生活。西江的年轻人们，不是已经把游方场搬到广州去了吗？她们走到哪里都和西江有着千丝万缕的联系。无论她们怎么苦恼怎么彷徨，她们最终都要做出选择。未来的西江会是什么样，我们将拭目以待！

第十章　人物遭遇选录

奔向光明的梁绍福

我的母亲龙世英与梁绍福是初中的同学、好朋友，我时常从母亲那里听到许多梁阿姨富于传奇色彩的故事，从小就知道她是一位性格刚强的苗族女性。第一次见到梁阿姨，是20世纪60年代初，那时候我还很小，我眼中的梁阿姨确实不一般。她棱角分明，精明能干，高个子，很漂亮，透出一股女性少有的英武之气。上了年纪以后，虽然体态不那么灵活，但言谈举止仍闪烁出当年的丰采。

我访问过她三次，每次都谈很久。她的故事比很多文艺作品中虚构的故事还精彩感人。但由于篇幅所限，本文不得不舍弃一些生动的细节，只侧重选录某些片断。

> 我们西江苗寨的梁家，是望族，比较有钱，土地不少。我爸兄妹多，六兄弟三姐妹，共九个，我爸排行最末。有一年，我家有一部分人搬到雷山县城来，听说是因为有些田土在那里。雷山的家有四伯、五伯、我爸、小姑和奶奶。我爸几兄弟都读书，其中五伯读得最多。他后来任了许多职，做了许多事，成了一名苗族社会活动家和历史学家。他就是大名鼎鼎的梁聚五。我爸在贵阳师范毕业后就到开

觉[1]教书。他在那里游方认识了我妈。我妈出身贫寒，但她勤劳漂亮，我爸爱上了她。我妈看我爸有学问，又长得很帅，也爱上了他。人家说他们是很般配的一对。那时有钱人家接亲嫁女也是很讲门当户对的。我的几位伯妈都出身名门。我妈很穷，但因我爸和她真心相爱，我爸坚决要娶她，她也甘愿忍受委屈。我妈最终以出众的品貌赢得了奶奶的接纳，进了梁家大门。但奶奶还是因为我妈出身贫穷而歧视她。奶奶对伯母们非常关心，无微不至，却把我妈当使女用。那时我家有一些帮工和丫鬟，我妈就成天和他们一块儿劳动。我妈 17 岁嫁给我爸，一年后生了个女孩，没多久就夭折了，此后妈妈就 10 多年不再生育。旧社会看重生孩子，还要生男孩，养儿防老。我爸虽然是个教师，但也有养儿防老的封建思想，又受到别人的怂恿，就变心了。在别人的撮合下，他娶了一个小老婆。这个小老婆非常跋扈，我四伯妈很同情我妈，就带着我妈到处求神拜佛。据说有一个叫方堂的地方的神灵有求必应，我妈就去那里拜，祈求神灵赐给她一个儿子。说来也巧，过了不久，我妈就生了我。我是个女孩，但也有个依靠，就给我取了个名字叫“福妹”，意指求佛来的。“绍福”是我的学名，因为我属“绍”字辈。

生我的时候，我们已经分家。我爸的那一份田地全部归了我家小妈，我妈孤身出来租了一间树皮盖的小房子另过，一无所有。我爸是他们兄弟中最帅的一个，一米八几的个子，经常碰着门楣。我长得很像他，圆圆的脸，大大的眼

① 地名，离西江有两三公里远。

睛。他很高兴，便许愿说："等我福妹长大了，我要修一幢大瓦房给她住。"但他还没有来得及履行诺言，便在我4岁时因白喉病去世了。

我爸去世后，我妈没有改嫁，一心一意地抚养我。奶奶病重时，在姑姑的努力下，她临终前赐给我们一块三亩田。我们母女有了这块田，再做点儿糖卖，日子就好过多了。

我7岁时，我妈就送我上学。一是我妈受到伯母的影响，她们的子女都上学读书；二是她自己经历很苦，不愿让女儿再过苦日子。

我13岁时，由五伯妈做主，和一个大财主家公子定了亲。我也就懵懵懂懂地顺从了。订婚仪式大张旗鼓地举行。

我14岁小学毕业。当时雷山没有中学，很多有钱人家的子弟到都匀等地读书，但我妈供不起我。过了一年，我伯父梁聚五从外地回来，看到家乡没有中学，孩子们没地方读书，就与地方长老蔡二公等商量，然后向伪县府倡议办一所中学。这个倡议得到政府认可，1945年雷山中学成立了。大家都很高兴，我、你[①]爸和你妈都一起考取了。与我订婚的那位公子叫陶某某，大我两岁。他先到外地读了两年的书才回来考，排名反而比我低二十几名。人家就耻笑我说："梁绍福，你看，陶某某在你后面。"我有点儿受不了，就看不起他，觉得有钱人家的子弟不用功，贪玩。加上他常常欺侮乡下人，我就更瞧不起他了，遂萌生了退掉这桩婚事的想法。

读书的日子是很快活的：当时我们的老师都是从沦陷区

① 指作者。

逃亡来的，水平很高，我们也很用心读书。你妈来雷山读书住在我家，我们成了最好的朋友。我们除了好好读书外，还帮我妈干些农活儿、针线活儿。我们自己做的学生装非常漂亮。我们各门功课都好，当时也讲德、智、体全面发展。我们的体育老师是位国家一级运动员，他教我们游泳，培养了破除封建的第一批游泳女健将。当时，我们能在 10 多米的深潭里自由地游泳，真是痛快极了。那真是幸福的日子啊！

我们学校每周一上午都要做纪念周，即开大会搞纪念活动，全校师生参加。一个阳光明媚的上午，一个从未见过面的来宾给我们讲话。他身材适中，衣着整洁，眼睛大而有神，高鼻子，圆圆的脸上带着微笑。他慷慨激昂地向我们介绍了全国抗日战争的情况，号召大家在国难当头的时候团结起来，有钱出钱，有力出力，坚持抗日，说只要这样，最后胜利必定属于人民。听了他的一番话，我非常兴奋，当即跑回家要了三个铜板捐献。从那以后，我更加用心读书，时时用那位先生的话来鞭策自己，决心做一个爱国者，不做亡国奴。

每年农历六月六日，是个吉利的日子。人们在这一天都要将存放在箱子里的衣物翻出来晒，称为晒“龙袍”。同时人们也常常选择这一天定亲或报日子[①]接媳妇等。就在这天上午，陶某某家人担着大公鸡和许多礼物到我家来报日子，定于当年农历十月十三日完婚。那天，我刚考完期末考试，和龙世英同学正高高兴兴地往家走。一个同学兴冲冲地跑过来拦住我问：“你得哪样？”我把考试底稿一扬说：“得哪

① 确定结婚的日子。

样？不得90也得80。”她把我的手一推说：“什么90、80，今天是六月六，我是问陶家给你送哪样来？”她的一句话犹如五雷轰顶，震得我几乎倒下。清醒后我飞快地往家赶。一进家门，看见鸡笼里装着一只大公鸡，就一脚踢翻。那只鸡一下子跑了出去。我家后来也没得那只鸡吃（大笑）。接着又翻箱倒柜，找他家送来的东西，准备往门外砸。我又哭又跳，几乎要把木地板踩通，一边还喊：“是伯妈同意的伯妈去，是我妈同意的我妈去，我死都不去，我要读书！我要前途！”看我这么痛苦，龙世英也陪着我哭，我妈也跟着我哭。后来是五伯妈来哄我，说：“不愿意去就算了，我们把定书[①]退了。”我信以为真才止住了这场哭闹。

雷山县城不大，我这么一搞全城都知道了，闹得满城风雨。人们议论纷纷，说什么的都有，但大都认为我应该应下这门亲。只有一个人例外。这个人是一位中国共产党地下党员，当时任雷山县教育长，在雷山观音阁办培训班。他认为我不是一般的女孩子。一般的女孩子遇到这门亲事是求之不得的。因为这家人大哥是当时的国大代表，二哥是国民党保警队的大队长，三哥在外地读书，非常有钱有势，而我家是孤儿寡母。这个人不是别人，就是那位在纪念周上发表演说的先生。

不久抗战胜利了，听到这个消息，我同大家欢呼雀跃，简直是发了狂。我们到学校参加庆祝大会、提灯会等，唱歌跳舞，十分兴奋。这时候那位先生（当时不知他的姓名）让

① 那时定结婚日子要下定书，写明结婚日期，这是当地汉族的规矩。

人给我送来了一首他自己翻译的《联合国国歌》，歌词是："太阳与星辰罗列天空，大地涌起雄壮歌声，人类同歌唱崇高希望，赞美新世界的诞生……"我觉得这是很美的句子，只练了两天就会唱了。我处在欢乐和兴奋之中，觉得战争过去了，幸福的生活已经来临。但一想起婚期在一天一天地迫近，心情又沉闷起来。我怎么办呢？

反复考虑后我决定离家出走。我以请人帮做嫁鞋为名，约了一个女孩到我家来商量出走的事。她叫刘素珍，小名叫岩妹，大我两岁。她同情我，愿意陪我一同出走。在8月下旬的某一天，我心平气和地对我妈说："我出嫁的日子快到了，岩妹姐陪我去凯里买些布料和绸缎来绣枕头和被面，只有自己去挑选才合心……"我妈听了非常高兴，以为我真的在准备嫁妆了。她去告诉伯妈，伯妈不大相信我的话。就对我妈说，可以让我出去，但不给钱，手上戴的两个金戒指也要取下。临走时，伯妈交给我一封信，叫我到凯里后一定住在她的侄女彭老秋家，说买东西时再向她们要钱。我和岩妹姐就这样出发了。这是我有生以来第一次出远门。

到了凯里秋姐家，我把信交给她们，才知道信上说不给我们钱，只有到了买东西的时候才由她们陪我们去付钱。没有钱，我们陷入了困境。这时有一个在雷山县设治局叫周石峰的指导员路过凯里，要到镇远专署办事，岩妹姐认识他。岩妹姐建议我们与他一道到镇远去，我可以去读书，她可以去做工。我同意了，但没有钱。岩妹姐把她唯一的金戒指脱下来，托秋姐去当得12块大洋。于是我们和周石峰一块儿去了镇远。

到了镇远，我勇敢地去见了专员。专员因为伯父梁聚五的威望和名声，给我开了入学介绍信，我可以进公费学校读书，但岩妹姐没有找到事做。我们原以为镇远工厂企业很多，没想到什么也没有。我们的钱快要用完了，岩妹姐只有返回雷山。但是岩妹姐是陪我来的，我怎么能够让她一个人回去呢？何况她是个大姑娘，一个人在路上是很不安全的。因此我又决定陪岩妹姐回家，以后再找机会出来。这样我们又回到了凯里。

就在我们去镇远的这些天，我家亲人像走马灯似的一批又一批地来找我。我妈听说我坐船顺流而下，以为再也见不到我了，吓得在一口井边号啕大哭，像我真的死了一样。这情景恰巧被在雷山当教育长的那位先生看见。他叫人通知我妈去见他。我妈见到他时，他笑嘻嘻地问我妈："梁伯母，听说你在井边大哭，这是为什么呀？"我妈一边哭一边把事情的经过说了一遍。那位先生说："您老人家放心，您女儿会回来的，今天不到，明天一定会到（周石峰先回来告诉了他我们的情况）。她回来后，您老还逼不逼她嫁给陶家呢？"母亲说："再也不逼了。"

等我回到凯里，秋姐说有位顾先生叫我去找他。我这时才知道那位先生姓顾。在秋姐的陪同下，我见到了顾先生。顾先生询问我这次离家出走的情况并问我有什么困难等。我见到他，就像见到一位早已熟悉的大哥，很信任地告诉他："我有一件最困难的事，就是我和岩妹姐去镇远之前，拿岩妹姐的金戒指去当得 12 块大洋，现在想向先生借 12 块大洋去把岩妹姐的戒指取回，回雷山后马上奉还。"他当时没说什么，但第二天叫人给我送来了12块大洋。

第三天我和岩妹姐从凯里返回雷山，正巧顾先生和雷山保警大队的副大队长胡某也回雷山。真是天赐良机，这天的同行使我和顾先生有了交流的机会。胡某等人坐滑竿先走了，顾先生慢慢地与我们同行。一路上他问了我一些问题，说到我的婚事，他说："我见过的女孩多着呢，开始反抗精神很强，很勇敢，但后来总会像小绵羊一样乖乖地嫁过去……你说可惜不？我看你最后也会像这些女孩一样的，不如现在就听老人的话吧！"我听后很生气地说："顾先生，你把我看错了，我决不像你所说的那些女孩，我决不当怕死鬼，不相信你就等着看吧！"他说："好，祝愿你成功！"接着他给我讲了很多抗日的英雄故事，最后他问我："小梁，今天你觉得我们谈的话怎样？"我回答："今天跟你学到了许多东西，你说的话就像今天的太阳一样，照得我心里热乎乎的。"他高兴地点着头，微笑着向我说："再见！"就与来接他的人骑着马先走了。我和岩妹姐大约在下午六点钟也回到了家。

我回到家，见到了母亲及所有的亲人。他们个个都喜笑颜开地迎接我，没有一点儿责备。但是我像打脱笼子又飞回来的鸟一样，受到的管制更严格了，每走一步都有人在盯着，我又陷入痛苦之中。走投无路之际，我鼓着勇气给那位顾先生写了张纸条，纸条上写："……我是有血性的青年，一定要冲出这个家，可又不知如何办好。你像指路碑一样，请给我指指路吧！"我把这张纸条交给顾先生的通讯员。第二天，就收到了他的回信："……最主要的是坚强起来，健全自己。你是学会了游泳的人，用力些，一挥手就到岸了。你说你是有血性的青年，这，我完全相信。血铺成的路，血灌溉的花，是人类最美的……最后胜利必定属于你的。”信的落款是“观音和尚”。

我收到这封信，如获至宝，勇气倍增，暗暗盘算着再次离家出走。这次我打算到凯里去进省立炉山师范学校。拿定主意后，我又给顾先生写信。顾先生的名字叫顾希均，但当时我不知道他的名字，以为他真的叫“观音和尚”。就称他为“音和先生”。我在信上告诉他，我现在勇气倍增，就是刀架在脖子上也决不后退，并准备在某天清早装着到河边洗衣服离开，请他为自己写封介绍信给炉山师范学校的校长。他接到信后，就叫他才 12 岁的弟弟顾希平装着玩耍，趁人不备时到我家来告诉我，某天早上希平和我同行，顾先生的通讯员送我们走。我听了十分感动，觉得顾先生真是想得周到，会关心人。有了他的帮助，我便如虎添翼。

那是 9 月上旬，家中正忙着秋收。我趁早上雾大看不清人的时候，提着篮子假装到河边洗衣服，把篮子丢在河岸上就朝着凯里的方向走。我们三人一路有说有笑，很快就到了凯里。事后听说我离家出走后，家里人到处找，陶家还请人追我。

到了凯里，我考进师范学校读书，觉得从此走上了一条阳光大道。后来我家派人来叫我回去，陶家也以我的母校——雷山中学的名义来向师范学校施加压力，但我还是留下来了。

抗日战争结束后，顾希均也完成了他在雷山的工作。在他返回贵阳路过凯里的时候，他约见了我，带我去认识一个人。这个人叫李长青，凯里地下党小组负责人。他们说定以后由李大哥关照我，李和顾之间的信件由我中转。从此，我开始走上了革命的道路，间接为党做一点儿工作，只是当时我还没有懂得这些。

此后我常收到希均写来的信和寄来的书，有《祝福》《阿Q正传》《狂人日记》《母亲》《钢铁是怎样炼成的》《鼓风炉边四十年》《我的童年》等。书的扉页总是写着："保护你的眼睛，爱护我的书本。"我慢慢明白了给希均和长青大哥之间中转信件的意义，我觉得这件事太伟大了，太光荣了。我感到他们是高尚的人，不平凡的人。

那年年底，我伯父准备从贵阳回老家探亲。希均知道后写信告诉我，叫我利用这个机会解除婚约。他让我先写信给伯父说明情况并提出要求。还帮我起草了信的底稿，让我抄好寄出。我高兴万分，事事照办。寒假我回家了。

伯父返贵阳的前两天叫陶某某到我家。他当着我们二人的面问起意见来。我先说："我要前途，要学业，我决不嫁去陶家……"然后陶某某说："我也不提结婚了，随便梁绍福读书，读到不愿读的时候再说。"最后我伯父说："你俩现在都还是小青年，正在成长，是求学的好时候，暂不要提什么结婚的问题，以后再说吧！"由于我不善于表达意愿，没有准确提出解除婚约的要求，结果只是推迟了婚期而并没有达到解除婚约的目的。双方不欢而散。

春节过后，我回到凯里继续读书，这时学校领导已经换人。原来的吴修岑校长已调走，后来的校长规定了名目繁多的费用，如每个学生在毕业前要交 20 块大洋做保证金等。我也交了保证金。但刚上学不到一个月，希均来信劝我到贵阳读书，说贵阳学校多，条件好。我因交了保证金，实在舍不得丢掉那 20 块大洋。正在犹豫中，希均亲自到了炉山来接我，又是他原来的通讯员从凯里护送我到炉山。

我到贵阳已是明媚的春天，各个学校都先后开了学，特别是公费学校，如女子师范等都不收学生了。我只有进私立的贵阳达德中学，因我伯父是该校的董事。我因由简师转初中，又是直接插班初中三年级，因而很多功课跟不上，特别是数学和英语，我为此很苦恼。希均知道后安慰我，并用一切空隙时间为我补课，我的功课很快就赶上了。毕业时，我的语文考试还获得了第一名，并考取了贵州省立高级医士职业学校。

我在学业上虽有长进，但套在身上的婚姻枷锁没有去掉，心中常常不安和烦恼。希均看到后就对我说："小梁，这点儿事情算什么？人要有点儿耐心才行……"在希均的帮助和教育下，我真的更坚强了，安心求学。果然，陶家见我对结婚的事不理，就另找了一家门当户对的地主姑娘做媳妇。我这下才算是卸掉了包袱，自由自在地生活了。我从内心感谢希均，有了他的支持和帮助我才获得这一次解放。

我的伯父梁聚五，虽然很早出门，而且名声很大，但却两袖清风。他儿子上大学都靠家族卖田供给，我来贵阳读书他当然无力资助，我也不忍心增加他的负担，就在一位老乡家即岩妹姐的姑妈家住宿，而其他一切费用全由希均资助。我经济上得到希均资助，学习上得到他的指点，思想上更是得到他的教育和开导，因此非常崇敬他。

希均只要有空，就带我去逛旧书摊，或爬东山和黔灵山，而不是去看电影或吃吃喝喝。这一来是我们没钱，二来是怕我受到坏的影响，因此，我的思想很单纯，对那些吃喝玩乐的阔老爷、太太、小姐们很反感。而就在这些日常的交往中，希均用他的一言一行点化和引导我和我身边的人懂得革命的道理，树立革命的理想。

春暖花开的一天，他带我上黔灵山玩。我们爬到山顶鸟瞰贵阳全城，然后找到一块草坪坐下来休息。希均折一朵开得红艳艳的杜鹃花插在我的头上说："小梁，总有一天，你会高兴地戴上美丽的大红花的……"当时我不解其意，直到后来抗美援朝期间，我作为慰问团的成员，代表祖国人民赴朝鲜慰问中国人民志愿军，志愿军战士高兴地给我们戴上大红花，把我们高高地抬起来的时候，我才体会到希均所说的话，是指我们在1950年以后，人民会过上最美满、最幸福、最高兴的生活，就像我戴上大红花时的感受那样。

还有一次，希均到我住宿的孔家来看我，正遇上我和孔姑妈家的两个女儿在唱《何日君再来》和《花好月圆》。他听了以后对我们说："你们唱的这些歌，声音很好，但歌词我不欣赏。"并讲到抗日战争时期这些歌曾消磨了一些人的意志，然后教我们唱《义勇军进行曲》《国际歌》等。他唱得很响亮，越唱越精神，我们也唱得很有劲，大家合唱起来，简直成了个小小的合唱团。

希均是个为人正直、学习刻苦、才华横溢、热爱生活、乐观向上的人。在与他相处的日子里，我从尊敬、仰慕、喜欢进而发展到爱上他；他也深深地爱上了我。有一天上午，学校没有课，我溜到他办公的地方——“民生盐号”筹备处去找他，不料在那里遇见我伯父。他见到我，就高声地嚷：“来这里干啥？快出去！”我受不了伯父的这种粗暴，扭头就朝南明河畔走，一边走，一边流泪。希均后来到办公室见我不在，而是我伯父在那里便猜出我和伯父遇上了，就开诚布公地对我伯父说：“梁老伯，我同您家福妹认识不是一天两天了，她一心想读书，母亲又无力支持，这些我都知道。她反包办婚姻的精神真难得，又是一个苗家姑娘，我很佩服。我没有妹妹，就把她当作亲妹妹一样看待。我支持她，帮助她，是我亲自到炉山接她来贵阳读书的。在经济上有困难，我会设法解决，决不要您老操心。我对她的帮助并非要她今后一定要嫁给我。至于爱不爱我，这完全是她的自由，由她自己决定，决不勉强。假若有一天，她认为我是她理想中的爱人，爱上我，那我一定永远爱她……”我伯父听后说：“你们年轻人的事，我不管……”话已说明白，既然老人表示不阻拦，我们就公开交往，来往更密切了。次年我们结婚时，伯父还是我们的主婚人！

1946年夏末秋初，希均在党组织的帮助下，到贵阳《大刚报》社工作，他是编辑兼资料室的负责人。报社资料室的资料和书刊非常多，希均有时也把一些资料带回宿舍给我看，如《血腥统治的山西》《阎锡山的暴政》等小册子，《新华报》《华商报》等报纸。这些书刊和报纸都是揭露国民党反动派的反动统治和宣传共产党的英明正确的革命书刊。我看后马上交希均带回，以免被敌人发现。这期间地下党员李长青等同志来看过希均，见面时谈得很兴奋。从他们谈话中我知道了不少人，如秦天真（解放初贵阳市市长）、熊蕴竹（贵州省妇联筹备组主任）、徐建生、余英、董春泉、陈德昭等，是他们启发和引导希均走上革命道路的。

1947 年 6 月，组织上通知希均到苏北根据地去工作，希均向我提出结婚，以便同行。我欣然答应，于 1947 年 6 月 12 日在贵阳与他结婚了。

结婚后，本来准备要走的，但受共产党影响的《力报》要进行改组，由李晓天（原名肖其富）来当社长，大家推选希均做总编。希均接下了这个重担，积极投入《力报》的工作。虽说我们正在蜜月期，但为了伟大的事业，他独自搬到了《力报》社住，周末回来看我和希平小弟。记得当年 8 月 13 日那天，他回家来首先把《力报》递给我，然后说上面的《八一三抒感》社论是他写的，让我看看是否明白。我一一分析了这篇社论。他非常高兴地紧紧握着我的手说："这才是我的好战友和知音。"

希均到了《力报》工作后确实太忙，他和报社的同志们从 7 月 1 日改组后至 9 月 9 日被查封前连续发表了许多揭露国民党反动的文章。8 月 21 日的一篇文章《战场七月如流火》震动了贵阳山城，激怒了国民党反动派当局。国民党贵州省党部主任委员黄国桢责令《力报》改变立场，改组编辑部，撤销顾希均总编辑职务。但报社据理力争，希均斗志旺盛，在十分艰难的情况下，继续战斗着。与此同时，凯里、关岭、威宁、惠水、花溪等地的地下党负责同志先后到我们家来，商量秘密组织地下武装的事，准备在秋后发动一次规模较大的农民暴动，推选希均当总指挥。

在这些日子里，我曾打算找一份工作，以减轻一点儿希均的经济负担。但希均不准，他担心我出问题，说“今后”会有很多事情给我干，可以到医院当白衣天使，或者到学校培养下一代。9月6日那天，希均回来对我说，《力报》最近的工作更忙了，他很难离开报社回家。今天回来和我商量一些事，说最近有同志送我到赤水那边去，那里情况好些，又靠近四川，疏散容易。说让我放心，我们很快就会见面的。自己最多是被打一顿，或者坐两年牢，吃两年不收钱的白饭……我听后说：“不要说得太风趣了，敌人是不会行善的，我担心他们会对你下毒手。如果真这样，我希望你像往常一样，头可断，血可流，革命志气决不丢！”我一面说，一面眼泪就涌出了眼眶。希均紧紧地拥抱我说：“亲爱的，你有这坚强的意志，这对我是最大的补益了……”他被捕以后，托狱中难友傅承锐转交给我的信里说到：“你是一个性情坚强的人，在我被捕之前，我曾经对你说过，你有了这坚强的意志，对我是最大的补益……”

9月9日上午希均由报社返家，等待盘县中学校长、地下党员黄世琮同志的到来。这时有位姓班的同志从花溪来向希均谈情况，我们留他一道吃中午饭。接着有个叫王定荣的贵定人来。他是国民党特务，希均早就识破了他，我心中也有数。希均不冷不热地对待他，闲聊一会儿，他就走了。不到十分钟，他在楼下叫希均下去有点儿事，希均从容走下去，连外衣也没穿，只穿一件白衬衣，下装是我们结婚时做的深蓝色的礼服裤子，挂上背带套着。他下去后，五分钟、十分钟、半个小时，直到下午两点仍不见回来。我意识到可能出问题了。想到下午五点黄世琮等同志要来我家商谈武器运输、购买电台以及讨论《贵州苗夷民族起义宣言》草稿等事宜，我马上翻箱子找出我的一件红色花旗袍和白绸衬袍打湿水晒在门口的走廊上。这是暗号，希均早就告诉我的，说“我们家若出了事或有坏人（特务）来，就在门口晒红色东西或挂上扫帚。”接着我换上学生装背着书包到都市路口等黄世琮同志。不到五点，他身着一身笔挺的西装走过来，我马上走过去同他一起走到南明河畔，才告诉他我们家中午发生的情况。他听后说声：“糟了，希均可能出问题了，但你要冷静，要设法离开贵阳……”然后我们马上分开走了，以后我一直未见到他，直到 1950 年 10 月我参加西南行政区第一届妇女代表大会去重庆时，才在重庆与他见面。

我和黄世琮分手后，五点半回到家里，其他的同志见了暗号，也就没有人再进来。六点希平小弟回家来告诉我：“大嫂，大哥中午是被特务抓走了，蒙昭先生叫你七点准时到他家去，有紧要事商量……”于是我晚饭也顾不上吃，就提前到了当时的大西门社会服务处（省参议会内）——蒙昭家。蒙昭见到我后说：“今天中午洪之贵（《力报》编辑，中共地下党员）要到你们家，刚走到中华南路时，正碰见特务们架着希均走。希均见到之贵，以陌生的眼光瞥了他一眼，便昂首而过。之贵知道希均被捕了，便前来报告情况。我们已经商量，要之贵回报社稳住阵脚，准备明天在报上发表呼吁书，吁请社会舆论主持公道，以迫使国民党放人。所以把情况告诉你，你意见如何？”我说：“同意你们的意见，明天见报后，看情况的发展再说。”谁知到了晚上，发行人李思其、编辑洪之贵也被特务抓走了。特务捣毁了报社，门口贴上封条，罪名是“为匪张目，勒令停刊”。报社其余的人闻讯后，立即转移乡下躲避。

自从1947年9月9日希均被捕后，我就失去了直接领导和帮助我的好老师、战友、爱人，心中非常痛苦，一时失去了方向。我不知道希均关在哪里，也不敢盲目与其他同志联系。因此，我想先稳住自己，回希均老家——凯棠暂时隐蔽，等有消息再进行营救。11月中旬我和希平小弟一道回到老家。在老家我得到婆婆和亲人们无微不至的关怀。

1948年2月4日清晨，我们的儿子在老家降生了。因为春天还未来临，我母亲便给他取名叫“小冬”，我把他学名取作“晓东”。

孩子满月后，为了生计我先后到凯棠小学、剑河城关小学教书度日。但我每到一地，都引起特务对我的注意。

春末夏初的时候，我把孩子留给婆婆照看，自己就奔往贵阳打听希均的情况。这次我住在达德中学蔡之琦老师家，在想方设法打听希均消息的过程中，我碰上了达德学校的学友王由珠大姐。经过一段时间的考验，她发展我参加了地下武装游击队，即云南罗盘区盘北游击第七支队。领导人是王由植，即王由珠的哥哥，我的直接联系人是王由珠。

我参加游击队后，感到全身都是力量，觉得营救希均也有希望了。我坚决要求参加战斗，但他们认为我在外面比到游击区去的作用要大些。因为我是国民党贵州省参议员梁聚五的亲侄女，我堂姐又是一个反动伪军团长的夫人。我家的这些社会关系可以使我了解不少情况，提供给游击队，因此发展我当联络员，直至解放。

我这次到贵阳知道了希均的情况，他还活着。最初是被关在军统特务的秘密单人监狱里。特务们拿不到他从事地下活动的任何证据，半年以后又把他转移到另一秘密监狱，而且敌人给他戴上脚镣和手铐。杨光文（共产党员、革命烈士）的表弟李雄因光文的牵连也被敌人逮捕，与希均关在一起，后来李雄出狱时，希均托他带信给我。一张纸条写着："去年腊月，余在梦中梦见祖宗赐余一子，聪明过甚，余心喜，实又半年余。余身陷囹圄，父母年高，妻弱弟幼，爱子见在梦中，所兴者，余明如明月，清如海水，对人民无愧。但天气不好，蛇蝎肆虐，家人当心。妻外出干活儿[①]，一切行动应谨慎矣……"

另一张纸条写着："福……为了我和我们的事业，你受尽了从未受过的痛苦。不要难过，更不要哭，要坚强些；这不算苦，这是锻炼，对你如此，对我亦然。忍耐着，天，很快就会亮的，我们相聚的时候很快来临……"

我看到希均写的这些简短而意味深长的信，心都碎了！

知道了希均的情况，我回凯里请示李长青大哥如何营救希均。他考虑了很长时间后，要我给希均的二弟顾敏商量，叫他想办法打入国民党军队内部，再由我与游击队联系配合劫狱营救希均和狱中的所有同志。我觉得此法可行。于是在11月下旬的一天，我给希均的父亲双膝跪下。我说："父亲，你的大儿阿金（希均苗名）还健在，是关在贵阳一所秘密

① 暗语，指外出活动，警惕特务。

监狱里，不准任何人探望，敌人每天都在折磨他，情况很危急。我要去贵阳想法营救，但是我没有钱，我知道家里也没有钱，就请父亲拿出一块田去卖吧，你儿难道只值一块田？只要人活着，救出他，是千万块田都买不到的呢！今后我们负责奉养二位老人；家里若分家我们一块田不要，全给三位弟弟好了，请老人放心……”父亲听我说得有理，没几天就把全家命根子似的一块田和一头小水牛卖了，得 250 块大洋给我带到贵阳营救希均。

12 月下旬我和顾敏一起又到了贵阳，这次我住在西湖路 8 号我伯父家和我堂姐家，主要是想通过他们找国民党的上层人物，营救希均。我出钱以伯父名义请一次客，来的客是我伯父认识的上层官员们。同时也找一些熟人帮忙。这段时间情况较好，有些与希均同监牢的难友出来，带有希均的信，我也设法将一些东西托人交给希均，这不仅于我，于希均也是极大的安慰。但就在这个时候，修文县农民的反蒋武装暴动遭到国民党反动派的重兵围剿，暴动失败。这样一来，惊动了反动政府。他们对监狱看管得更严了，我们无法营救。我和光文研究多次，都束手无策。我的游击队领导王由植同志派人转告我：“营救希均和狱中的同志，要等时机，不能猛冲以免危险，修文的暴动失败就是先例。”要我提高警惕，并注意隐蔽。于是我 3 月下旬离开贵阳回到雷山，通过同学关系到卫生院工作，暂时隐蔽下来，并巧妙地应付特务的注视和盘问。

这段时间解放战争节节胜利，真是大快人心。但没有想到，在贵阳解放的前夕，敌人下了毒手，把狱中的同志都杀害了，这就是“双十一惨案”[①]。

我当时在雷山，不知道这些情况，紧接着凯里解放了，家里马上就知道这个消息。当时炉山县县长带了许多同志到凯棠去慰问顾希均家人——烈士家属。希均的母亲就到雷山告诉我。当时雷山还没有解放，土匪还盘踞着，因而还不能声张。我听了悲痛欲绝，但又不敢放声痛哭。我只有忍着痛苦背着孩子与婆婆一起连夜赶到凯里，见到了组织和领导。他们安慰我：“革命是要牺牲的，连毛主席家都牺牲了许多亲人，牺牲的何止顾希均一个。要化悲痛为力量，擦干眼泪继续战斗。”我想起了希均的话“血灌溉的花是最美的”，他用他的鲜血和生命为人民浇灌了幸福之花，他是死得其所的。

在领导的安排下，我带着孩子回到了贵阳，以后在贵州省妇女联合会等单位工作。现在我离休在家，[②]晚年幸福。

1986年凯里市委市政府给顾希均烈士立碑，我去参加，一个老红军对我说：“‘人不可貌相，海水不可斗量’，看不出你一位女子有那么坚强。”

历尽千辛的侯慕贤

1942年冬至1943年夏，在贵州黔东一带爆发了一次苗、侗、汉农民联合反对国民党政府的武装暴动，历史上称为“黔东事变”。在这次暴动中，西江苗族知识分子侯教之参与了策划，并被委任为总指挥长。暴动失败以后，侯教之失踪（后病故），其家人受到追捕。侯慕贤是侯教之的长女。她在躲避追捕的过程

① 1949年11月11日。

② 离休前任贵州省妇联中层干部。

中，东奔西跑，吃尽苦头。侯慕贤也是西江妇女的一个典型，这里选录她的遭遇，让读者了解一位西江妇女的逃亡经历。[①]

我是侯教之的女儿。1950年以后当小学教师，现已退休，住在都匀市。1950年以前，我家原住雷山县西江区，父亲是苗族，后因在雷山县城教书，全家才搬到城里居住。

我父亲一生从事教育工作，当过多年的小学校长，主要是靠教书的收入维持全家生活。他为人正直，办事公道，好打抱不平。1942年冬，因参与领导“黔东事变”，反抗国民党政府，后事件失败被追而失踪。当时我才17岁，正在榕江“国立”师范学校读书。听到家里出事就离开学校回到雷山乡下。经打听才知道母亲在小摆底（一个村子）父亲的一位姓潘的朋友家避难。于是，我就赶到那里与母亲、弟、妹在一起。潘家把我们母子藏到一间很黑的屋子里。后来我的姨父熊承馨把我们带到平寨（另一个村子）一位姓石的朋友家住了一段时间。1942年腊月下旬，住在离平寨不远的老娃寨的李国基叔叔（也是父亲的朋友）来接我去他家过年。大年初二的早上，我躲在李叔叔家，从窗户往外看，只见很多“保安团”的兵往平寨方向走去。李家的人说：“这些兵是去抓你母亲的。”一个钟头后，只见那些兵果然押着我妈和弟、妹从平寨走过来。母亲被抓走后，李家把我送到排乐王二公家（父亲的朋友家）。我在王二公家躲了几天。一天忽然来了两个“保安兵”，说他们是“保安处”副处长刘××叫来接我的。他们还说：“你不要怕，刘处长以人

① 侯慕贤，《我在“黔东事变”中的遭遇》，《黔东南文史资料》，1987年第6辑，第284页。引用时略有删节。

格担保你的安全。”我就随那两个兵来到西江营上村会见刘××。当时梁聚五先生也在座。梁聚五希望找到我父亲以便劝他接受招安。几天后，我跟着刘××和他的保安队伍以及梁聚五去西江。走到西江后山“石门坎”，刚坐下休息，就看到我母亲光着头赤着脚，身上五花大绑，由几个“保安兵”押着走过来。我们母女相见，痛哭了一场。我把事先准备好的一张包头帕和一双布鞋送给母亲。因为她生下一个小弟弟才10天，天冷我怕她冻坏身体。我们母女见面不到20分钟，背枪的兵就催着母亲往山顶碉堡里去了。接着，我跟着刘××、梁聚五等往台江方向出发，当晚到了台江的排羊。我们在排羊住了两天。当时刘××召集村民宣传说：“这是侯教之的女儿，他一家人都被我们抓住了，谁要是再跟侯教之造反，下场就和他家一样。”第二天离开排羊。以后每到一个地方，我就成了他们活的宣传材料。那时我穿着草鞋走路，脚上起了许多大大的水泡。我忍着痛跟他们走，到了台江，父亲的一位同学的哥哥熊伯伯接我到他家与他的女儿住了几天。他家给我两块钱，又给了我鞋子和袜子。后来他们带我经施洞到镇远专员公署。在专员公署里我看见一个白胡子老头儿，他们说那是朱伯屏的父亲，抓不到朱伯屏，就把他一家老小也都抓来了。

当时我想，有梁五公（即梁聚五先生）在就不怕了，因为他和我父亲是同学又是亲戚。我想，将来我能到贵阳，在梁家帮做些家务，混碗饭吃就算了。我跟着他们差不多把整个黔东南都走遍了。但是后来我到贵阳，梁五公不见，我也不知道他家住在哪里。

到贵阳的当天，他们就把我送到刘 ×× 家。刘家住在黔灵山脚金钟卜那一带。那里是“保安团”干部的家属区，门前是“模范监狱”。刘家有刘太太、三个女儿和一个女佣。我住了不久女佣就被解雇了，我就成了他们家的女佣。做饭洗衣都是我每天的事。当时，我有一个表哥叫李锦章，在黔灵山上保安干部训练班受训。他知道我在刘家，就邀了一个同乡一起来刘家看我。我和表哥见面时，刘太太在一旁监视着，表哥在那里坐了不到 20 分钟就走了。表哥走了没几天，有一位 20 岁左右学生模样的姑娘来刘家，她自称是刘 ×× 一位好朋友的女儿，名叫许素辉，黄平县重安江人。我和她晚上睡在一起，她对我很好，而且同情我的处境。有一天她对我说：“刘婶婶看你很老实，她只有三个女儿，刘 ×× 反正要讨一个女人，不如把你留在他家，你愿不愿意？”当时我想，刘 ×× 害得我一家东逃西散，母亲和弟、妹还在坐牢。他是我家的仇人，而且他年岁和我父亲差不多，我哪能愿意？许素辉就说：“我愿意帮助你，等我从刘家出去两个星期以后，你到皂角井毛县长家来找我，以后帮你找点儿事干就可以维持生活了。”两个星期后，一天早上我起得特别早，往大街方向走去，雇了一辆黄包车坐上，不一会儿就到了皂角井，找到毛家见到了许素辉。她留我和她住在毛家。除了毛家的人以外，还有几个学生模样的姑娘也常来毛家。她们还送我衣服和鞋袜。一星期后，许素辉进城回来说：“你出来后保安团在贵阳四处搜查你，来刘家看你的保干班表哥也被开除了。他们怀疑你表哥是你的未婚夫，你是他支走的。虽然形势紧张，我还是想办法送你到很远的地方去进一家工厂。”我听她这么说，心想如果“保安团”发觉了反而连累她，我不愿给她添麻烦，决定离开她。于是我对她说：“我有一个同学在贵阳某处，我到她家玩几天。”就这样我离开了皂角井，雇一辆黄包车出了图云关，再徒步走了几天才到下司。下司有一位熟人陈大姐，她是从雷山城里搬来的，在雷山时我们是邻居，她又是我父亲的学生，在雷山时她和我母亲的关系很好，我决定去找她。我到她家后，她对我很热情。我在她家住了两天，她把我藏到一间小屋子里。我怕连累她，提出要走，但又想，一个少女东奔西跑，路上很不方便，容易被人发觉，就请陈大姐帮我剪成男式头。我穿上男制服，女扮男装。天亮前陈大姐就送我出下司，下午便到凯里满姨妈家。不凑巧，满姨妈不在家，只有亲婆在。亲婆怕我连累她，很不高兴，说：“保安兵就驻扎在龙头河，你妈还关在镇远监狱。”我听她这么一说，就决定离开凯里。但往哪里去呢？我想起了房族的一个堂兄侯正德在都匀羊场街开粉店，便决定去投奔他（我们叫他四哥）。这样我只在满姨妈家睡了一晚，第二天清早又饿着肚子走回下司。仍然又到陈大姐家。陈大姐还是热情招待我，留我在她家多住几天。但我怕连累她，第二天天没亮就离开了那里，她仍然送我出下司。

我朝着麻江方向走，走到翁傍朗时遇到姨父熊承馨。姨父见我，问清了情况，说：“我现在要到下司办点儿事，先带你到关冲董伯伯家，等我办完事回来再带你去找个安身的地方。”三天后姨父果然回来了，他带我到麻江乡下一处叫小火壤的地方陈光远家，姨父教我称呼陈为伙计爷，我就跟着姨父姓熊，陈家老少都叫我熊大姐。当时我弟弟侯正玺（现在凯里市三小教书）也在陈家。陈光远有两个儿子，老大叫陈怀书，老二叫陈怀德。他家请了一位先生来教他们和我弟弟读书，我就在他家做家务事。他们一家人待我们姐弟俩都很好。几十年过去了，至今我还记得陈光远叔叔一家对我们的热情接待。后来我才知道，原来陈光远受到中共地下党的影响，在暗中保护我们姐弟俩。当时陈光远和我姨父熊承馨他们在大良田开酒精厂。我到酒精厂去过一次，有一位李光庭叔叔也在酒精厂做事。现在我才知道，李光庭叔叔就是当时凯里地区中共地下党的负责人。那时李光庭叔叔也时常到陈光远家来，还教我弟弟侯正玺和陈怀书他们写字。陈家开有纸厂，请了一些工人做工，吃饭的时候要两桌才开得下。

我们姐弟俩在陈光远叔叔家过了一段安定的日子。好景不长，1943 年农历八月打谷子的时候，有一天中午，我正在晒坝晒谷子，忽然看见对面路上来了十多个穿军装背着枪的保警兵。我心里一惊，知道是来找麻烦的。就急忙跑回陈家，躲在房背后听动静。那些人一进门就问："陈老太，侯教之的姑娘在哪里？"陈老太回答："我不认识侯教之，也没有什么姑娘在我家。"听他们提到我父亲的名字，我很快往山上跑，藏在山上的竹林里。过了一会儿，只听山下面陈家女佣金老五在喊："熊大姐！陈奶叫你回去！"我不敢答应，也不敢回去。后来我听说保警兵抓不到我，把陈老太抓走了。我仍然躲在竹林里，山里静悄悄的。太阳快落山的时候，我决定到都匀去投奔四哥。我不敢走大路，只顺着小路走。走不远，有一个不认识的男人从后面追来。他问我去哪里，听说我去都匀，他说他也要去都匀，愿意和我一起走。于是我们就顺着小路走。后来我想，跟着一个陌生人走黑路多不方便，于是我就在路边一个茅草房里向一个老太婆讨了个住处住下，把那个陌生人丢开了，老太婆叫我和她到房里休息。刚睡下几分钟就有人敲门。老太婆把门打开，进来了一个不认识的男人，说是要查户口，就把我带走了。原来那人是陈光远叔叔家的佃户，是暗中来保护我的。那人说："你不要怕，我们会帮助你的。"我就在他家住了一夜。第二天早上天还没亮，他把我带到离他家不远的一个很僻静的树林里藏了起来。白天，他家给我送饭来吃。天黑以后，那位农民又把我带到另外一个村的一间茅屋里。他自称："我姓张，这里是我叔叔家，你就在这里住吧。"张老太待我很好。我原来一直女扮男装，是学生模样。来到她家后，她让我穿上她女儿的衣服，扮成农村姑娘，改名叫王珍。他们都叫我"王珍姐"。晚上我回到她家里睡觉，白天就躲在村后面的树林里。又过了一段时间，老太太和她儿子设法把我送到麻江县罗浮村一位姓张的农民家。这家有一个和我年纪差不多的姑娘，我们在一起处得很好。他家生活很苦，吃的是苞谷饭，有时还用菜煮稀饭吃。他们家有老头子和老太婆，生活虽然苦，对我却像对亲生女儿一样，一点儿也不厌烦我。我真不知道天下竟有这么多好人，在我遇难时，尽力帮助我。几十年过去了，现在我心里还记着他们和感谢他们。在张家住了一段时间，看到他们生活很苦，我不忍心给他家添麻烦，就决定离开他家去寻找一个既安全又能够久住的地方。我打听到附近有座庙，是由一个叫陆二公的人在看守，就请张家的小姑娘带我到庙里去。陆二公问我叫什么名字，我说叫王珍，是定番（今惠水县）人，父母双亡，无依无靠，特来投靠陆二公。这个庙里除了有60多岁的陆二公外，还有一个20来岁的尼姑老翠姐。另外，陆二公还收了一个名叫王大哥的逃兵，他们一共3个人。陆二公听我说明家世，愿意留我住下。二公很喜欢我，我在庙里拼命干活儿，生活暂时安定下来了。时间长了，我想学习，请陆二公买纸笔给我写字。陆二公感到奇怪，问我："你读过书吗？"我说："老人在世时我读了些书，老人死后就读不起书了，但是很想读书。"

我的命运是多灾多难的，什么地方都藏不住。一个十几岁的少女不论跑到那里，国民党都不放过。我逃到哪里，他们就追到哪里。一天早上，门前树上的乌鸦叫个不停。我一听到它心里就发慌，知道在庙里住不长了。果然吃完早饭，我和老翠姐正在门口地里薅油菜，抬头一看，发现对门路上穿黄军装的兵又来了。我知道出了事，丢下锄头便往后山上跑。可惜那是一片光秃秃的山，没有我藏身之处。不一会儿那些兵已走到山顶，对我大声吼道："不准跑！跑就马上开枪！"我终于逃不出国民党反动派的魔爪，被抓住了。我跟着这帮兵来到麻江，被送进了监狱。

监狱是由好几丈高的墙围着的，两扇厚厚的大门铺上铁皮并且用钉子钉着。大门中间留有一个四方形小洞，要是有亲属来看望，亲人就在门洞外和犯人说话、送东西。围墙里有几幢大房子，每幢房子分成几个小房间，小房间里放着几张双层木床。每小间住着七八个或十来个犯人。因为只有我一人是女的，就让我一个人住在一间小房子里。我没有被子，晚上盖的是难友们送的破被子。监狱里没有食堂，都是自己用罐子煮饭吃。有亲人在附近的油盐柴米自带，没有亲人的只发几两米。我没有亲人，每天就发给我几两米。难友们送我一个小罐，送些柴，我就用石头架着小罐煮饭吃。我没有菜也没有盐，天天吃填不满肚子的几两米煮的白饭。

进监狱半个月后，有一天管监的人对我说："外面有人见你。"我走到门边，小洞外有一个和我一样大的姑娘叫我："大姐，这给你。"我一看，原来是和我一起在陈光远叔叔家的金老五。她给我送来一捆柴、一包盐，还有一包干菜。这些东西，现在看来不值几文钱，当时对我来说却是雪中送炭啊！我连忙问："这些东西是谁叫你送来的？"金老五说："是陈家的周姑妈叫我送来的。"从这以后，老五经常给我送东西，我也帮周姑妈做一些针线活儿。不知不觉，我就过了一年的监狱生活。有一天，女看守廖老太婆对我说："明天你出狱了！"第二天我真的被释放了。我又高兴又悲伤，出狱后到哪里去呢？家里被查封了，亲人都逃散了，有些亲戚一看到我这个"祸根"就害怕，他们是不愿收留我的。我想来想去，决定远走高飞。虽说出狱却没有去处，我只好又和看守廖老太婆住了三天。

恰好，这时有一位太太，是湖南人，她要回湖南。于是我找到她，说愿意帮她带娃娃。就这样我跟着她流浪到了湖南。在湖南我又吃了不少苦头。在流浪生活中，我有时走投无路，想自杀，但又一想，人的一生要活六七十年，自己才十七八岁，来日方长，可能不会永远过这种悲惨的生活。正像古诗说的"山重水复疑无路，柳暗花明又一村"。将来或许有我出头的日子。这样一想，又增加了我生活的勇气。我决心在苦难中挣扎着活下来，盼望着有一天能和家人团聚。

我原来是一个什么活儿都不会做、只知道读书的学生。在“黔东事变”后的流浪生活中，为了生存，轻活儿重活儿我都干，针线活儿、编织斗笠等我样样都学会做了。在湖南，有些好心的老人知道我识字，有点儿文化，就邀来十多个孩子，让我教孩子们读书。每月工资是一挑米，逢年过节学生们还提一些粑粑送给我。当时我虽然没有亲人，我的学生就成了我的亲人，学生的家长就成了我的朋友，这给我的生活增添了不少乐趣。

中华人民共和国成立后，我结束了苦难的生活。1950年，人民政府安排我到湖南省怀化县（今为怀化市）排楼坳区侗木完小教书，我成了一名小学教师。生活算是安定下来了，但是只身在他乡，仍不免感到孤独。1955年元月，我请了长假回贵州老家，看到了母亲和弟弟，实现了多年来与家人团聚的愿望。1956年我来到都匀，经有关同志介绍，被安排到都匀市王司区王司小学教书。1984年退休，结束了我几十年的教师生活。

现在我的老伴儿也离休了，孩子也工作了，两个弟弟也都有了自己幸福的家庭，侄儿侄女们有的还在读书，有的已经工作。我们的幸福生活是共产党给的，“没有共产党就没有新中国”，这句话对我来说体会得特别深刻。

历经坎坷的娜蒂

从广义上讲，我也算是西江妇女。那么我也来写写我自己。

与前几位我都称为长辈的女性比，我只是小巫见大巫，算不得什么。但是我是西江新一代苗族妇女，也具有一定的代表性。何况，自己研究自己，正是这本书的特色之一。我是我的研究对象，所以我把我写了。

我于1984年7月大学毕业后分配到贵州省社会科学院；1985年7月与本单位的一位同事结婚；1986年7月生养了一个可爱的男孩；1988年10月离婚。我到贵阳这11年来，别人一直都是热热闹闹、轰轰烈烈，而我却一直平平淡淡、冷冷清清。我从来都说自己是一个普通的人，实在没有什么好写的。只是我在1986年的时候，就我的身世写过一篇文章，我权且把它抄在下面。这篇文章是应《青年时代·我的追求》的征文写的，题目叫《假如这也是追求……》，获三等奖。实事求是地说，当初我并不想写这篇文章，是别人鼓励我写的。我的汉名叫张晓，我的苗名叫娜蒂。

也许你有理想，但未必能够实现；也许你有追求，但未必得到收获。耕耘者是希望丰收的，但现实未必尽如人意。理想与理想的追求是一种看不见的东西，当你没有以成功者的面目出现，用物质形式把它表现出来的时候，谁能说得清楚呢？现实中的情形偏偏是这样：成功者是少数。所以，大多数的理想追求者总是找些理由来宽慰自己：不管成功与否，毕竟是在追求，而生命的全部意义不就是在于对理想的执着追求吗？

我是个普通人，我只能用笨功夫去开辟我的人生道路。

1971年7月，我初中毕业。因为我出身本来就不好，再加上父亲被迫害为“反革命分子”遣送原籍管制劳动，我失去了升高中的资格，辍学回家。生活向我拉开了严峻的帷幕。我开始感到了社会的不公平。我委屈、孤独、苦闷，同时也在思考、抉择。

人，真正是一种了不起的生物，当谁试图让他陷入困境的时候，他立即呈现出人所独有的那种本能：能动性。当生活逼迫我的时候，我就不再是那个在父母羽翼的庇护下瑟瑟发抖的小女孩，我觉得自己突然长大了。我拿定主意，必须要做两件事情：第一，自食其力，不当寄生虫；第二，继续中断了的学业。为此，我付出了全部时间和精力。为解决生计问题，我先是回家务农，随后到县国营瓷厂当临时工，再后到知青农场下乡劳动。与此同时，每到招生时间，我就向当地组织提出入学申请。

在那个年代，谁要想在生活的道路上迈出决定性的一步，他依靠的决不仅仅是他自己，更主要的是他的政治背景、社会地位、父母亲的资历和复杂的人际关系。而我，除了自己之外，就什么也没有了。然而我决不就此放弃努力，我要靠自己，靠人对承受艰难困苦所具有的忍耐力以及人对创造生活的热情。我什么也没有，但是我有“诚恳”，有一颗为生活实实在在奉献的心。我要用我的诚实，高筑起人格的阶梯，使我能够站在上面感觉到自己的高大；我要用我的诚实，去唤起人们的良知，清除社会对我的无理歧视。

终于，生活渐渐向我展现她光辉的一面。我在瓷厂被评为先进生产者；在知青农场被评为先进个人、先进团员、先进妇女代表，出席县知青代表大会……我从辛劳的汗水中体会到收获的快乐，从艰苦的跋涉中窥见了生活的希望。追求使我以一个平等人的姿态，站立在集体中间。

然而，生活对人的考验绝不是一次性完成，她总是一次又一次掀起新的波澜。从1972年开始，每次招生中我都成了县招生办争论的对象之一。特别是到了知青农场以后，我个人的表现比较突出，应该说让我作为“可以教育好的子女”的代表去上学是没问题的了，而且农场领导和知青伙伴们也为我上学的事非常尽力，但每一次推荐名单送到县招生办就卡壳了。年复一年，我这颗求知的心被无情地刺下了一处处伤痕，可是这种不合理的压迫来自外部，它不会摧毁人的精神，只会刺激人的倔强情绪：人是压不垮的，因为我活得堂堂正正，光明磊落。

1976年秋，招生工作又开始了。知青农场又竭尽全力地推荐我。我参加了县里组织的所谓考试，成绩出来了，语文80分，数学109分。我做了比较乐观的估计：第五次了，招生办的同志心肠再硬，也不至于是铁打的吧。然而，我没想到阴云已经笼罩着我，一股暗流在涌动着。这一次照例名落孙山。我想不通，经过多方调查了解，原因是我初中时代的一位女同学在工作中犯了男女关系的错误，而我至今与她还有交往……真是荒唐的逻辑！据说消息来源是某位知青家长猜测性的汇报。一个牺牲品就是这样产生的！在法制不健全的年代，有人可以为所欲为，有人无端遭受蹂躏。

我向知青办递交了上诉书。知青办采取了一个补救办法，让我到县师范替补一个缺额。就这样，我跨进了师范的校门——我，是带着暗箭的创伤去的！

在真理被谬误所替代的年代，诚实反而遭受践踏。但这不是诚实的过错。相反，正是诚实使人能经受得起历史和时间的检验，使人没有倒在最无情的冤枉和打击之下。

我师范毕业后留校工作。1980年秋，我再次报考高校。读高校的愿望已经拖了9年，必须遂了心愿才肯罢休。这时，整个形势已经发生了翻天覆地的变化。高校考试招生制度已经恢复，现在似乎只要看自己的本事了。殊不知，我还有两只拦路虎：一是年龄，我超龄七天；二是工龄，中专毕业生必须工作满两年才能报考。我们这一批学生应该是1976年9月初入学上课，但由于当时正处于粉碎“四人帮”的前夕，开学日期推迟了两个月，毕业时间也就相应地推迟了。这样我的工龄也就不足两年整。我是否能够报考，得到的答复是：差一天都不行。眼看就没希望了。真是天无绝人之路，公布的招生简章中有一条，优秀青年的年龄可以放宽到28岁。我喜出望外，激动得一夜未睡好觉。但是，工龄问题怎么办呢？我在苦思。妈妈看我愁眉不展的样子，心疼地说：“算了吧，不要考了，已经25岁，又是一个女娃娃，该成家了。”但我觉得，在困难的境况下都没有放弃追求，现在党和国家提供了那么好的条件，个人怎能反而就此罢休呢？我决定给各级招生办写信如实相告，要求让我享受一个年轻人应有的报考权利。我总相信诚实的追求会得到诚恳的回音。一个多月后，福音从天而降：省招生办通知县招生办，准许我参加考试。

后来，我被录取到西南民族学院中文系学习。为此县广播站的同志来找我，说是要为我写一篇广播稿，我没有同意。这本来是一件平凡之事，只是因为不正常的年代才造成了它的宣传价值，还是把它放回本来位置的好。况且，这也不是我一个人的成功，它还浸透着许多好心人的心血和汗水。我也并非认为人人都要有一张大学文凭不可，只是因为在自己的追求里凝结的辛酸太多，才显得如此珍贵罢了。

现在，我已经大学毕业回到家乡的省城参加工作了，在未来的道路上还会有新的挑战。但是对于历经坎坷的我来说，任何困难都可以一如既往地去面对。在这无止境的追求之中，我感到充实，感到生命的饱满和强健。

我以我过往平凡的追求和生活经历，启示着我的未来：生命，需要在对于理想的真诚追求中延伸，达到永恒！

附录一 “千家苗寨”的鼓藏节

鼓藏节是苗族最隆重、最盛大的节日。西江是黔东南苗族人口聚居最集中的一个村寨。去观看西江这个“千家苗寨”过鼓藏节，是可以大饱眼福的。

苗族的鼓藏节一般是每 12 年才过一回。人生难得碰上几次这样的节日，更何况由于历史的原因，已经有几十年不再过这个节日了。现在，在党的政策照耀下，少数民族的节日习俗获得尊重，人民的生活也有所改善，人们以欢快的心情迎来了 1986 年的鼓藏节。节日期间，我们一家人以客人的身份，与西江苗族人民一起吃鼓藏，分享了他们的欢乐。

1986 年是虎年。别的村寨有在兔年吃鼓藏的，而西江苗族都非要在虎年吃不可。据他们自己说，他们的祖宗是虎年来到西江安家的，通过 12 年的奋斗，恰好也在虎年获得丰收。为了庆贺丰收，更为了纪念祖宗，他们定于虎年秋收以后吃鼓藏。一般来说，吃鼓藏要杀牛，西江苗族倒不一定，他们多是杀猪代替。这也可以推断出来，西江一千多户人家，如果都要杀牛，要到哪里找去？因为养牛远比养猪困难。

在西江，我们的亲戚有三家：舅舅、姨妈、表姐。我娘家的

---

* 原文载于张晓、过竹、杨昌才、雷秀武、龙朝武主编，《中国苗族民俗》，贵州人民出版社，1990 年，第 163 页，有改动。

人也要去过节，我们一道去。鼓藏节的第一天十二点钟左右，我们一行数人乘客班车到达西江。下车以后，我们就开始点燃早已准备好的爆竹沿路放着走，引得街道两旁的人都向我们观望。我的同事手持鞭炮负责放，我的父亲背着装满鞭炮的挎包负责输送。在我们几家亲戚中，舅舅家最为重要，我们首先到他家去。下午两三点钟，我们去姨妈家；四五点钟，我们去表姐家。我们带给每一家的礼物都是一只鸭、一串鱼、一箩糯米饭，这是按规矩置办的。鞭炮是必须放的，这也是规矩，不过数量的多少自己把握。我们每到一个亲戚家门口都放了一万颗（我们用的鞭炮是当地产的小火炮，每串约有几百颗），这数量居中偏上，我们是国家干部，鞭炮放少了不体面。

放了鞭炮送了礼，父母回舅舅家住，我们则留在表姐家。表姐家自立门户的时间不长，客人少，包括我们在内只有两组客人。舅舅家不然，一共 12 组客人。因而，表姐家杀一头猪足够，而舅舅家至少得杀三头猪，因为每一组客人必须分得一条腿抬回家，每头猪只够四组客人。

当天晚上安顿下来，就把客人们带去的东西煮来吃了。主宾在餐桌上吃饭、喝酒、猜拳、唱歌……尽情欢乐。到了半夜，才动手杀猪。表姐夫年轻，已经不太严格地按照一切老规矩办事了。他找了几个年轻人帮忙，便把猪杀了。舅舅家比较正规，事前还召集大家商议，推选持刀杀猪的人。选举的结果是舅舅的妻舅和我父亲。我父亲是个文人，自然不懂得如何操杀猪刀。因此，他又按照规矩慎重地拜托别人代理。鼓藏节杀猪不能像往常那样用开水烫，而是用稻草来烧。把猪烧好洗净，就用刀在猪的胸脯上取下一块肉来，砍成 11 坨（每坨约 2 两）来煮，这叫作

"开仓门（意译）"。这些肉煮熟以后就敬祖宗，敬了祖宗后才分给大家吃。至此，是吃鼓藏的核心时刻。从杀猪到吃"仓门"肉的这段时间里，人们彼此交流必须要讲一种特殊的语言，叫"鼓藏话（意译）"。例如，用稻草来烧猪要说成"拿被子来给官盖"，其中把猪称为"官"，把稻草称为"被子"；再如吃饱了要改称为"满仓满库"，等等。过了这个夜晚到次日清晨，就解除了"禁忌"，不必再用"鼓藏话"交谈了。其实，对于鼓藏话年轻人已经懂得不多了，他们只知道一些简单的常用语。我的同事不是苗族，就更不知道如何说鼓藏话。因怕说错，犯了当地禁忌，所以他在吃"仓门"肉时，除了用"嗯"字回答别人对他劝菜以外，不敢多说一句话。逗得我们事后常拿这件事取笑他。

这整整的一天里，主人家打糯米粑、杀鸡来宴请宾客。饭后，客人们便陆陆续续回去了。客人们都要得到主人家馈赠的一腿肉。不过，哪个客人抬哪只猪腿还有讲究。带尾巴的后腿是送给舅舅的，若无舅舅则送给大女婿，总之要送给最重要的客人。论资排辈的结果，我娘家得带猪尾巴的一腿，我们得的是前腿。

时隔 25 天以后，客人们还要来观看跳芦笙，不过那时客人来去都不需要带重礼物了。我们原打算把鼓藏节的全过程看完，但因工作忙，后来再没有去成。事后听亲戚们说，这次跳芦笙热闹极了，规模空前。

跳芦笙是每年过苗年时都要跳的，过鼓藏节时更为隆重并增加一些仪式。跳铜鼓是只在鼓藏节才举行。跳芦笙的日子到了，凡是有亲戚在西江的人们便成群结队往西江涌去。每户人家承受的客人数量达十几人或几十人，主要是男女青年。

跳芦笙的第一天，芦笙场的中央摆着板栗树做的架子，铜鼓在架上悬挂着。“鼓藏头”及寨老们先用酒肉祭鼓，然后由“鼓藏头”的姑娘及其村子里的姑娘先跳，其他村子的姑娘才能加入进去跳。西江是一个大寨，它细分为各个村子（其实各个村子是连为一片的）。各个村子在跳芦笙之前还要抬一坛酒去敬“鼓藏头”。

跳铜鼓与跳芦笙同时进行，场地要选又宽又平的地方。1986年的这一次，场地是在西江寨的中心——西江民族小学的大操场上。跳芦笙和跳铜鼓的人围成一圈又一圈，圈里圈外站满了人，挤得水泄不通。这次在全国各地工作的西江籍的人几乎都来了，还有来自国内外的记者、民族学专家等。与以往过年不同的是，外地的大芦笙、芦笙群也来参加跳芦笙。芦笙的清脆悦耳声和低沉浑厚声汇合成响彻云霄的轰鸣声，整个西江都沸腾了。为了这次鼓藏节，凡是有姑娘的人家早几年就着手准备银首饰，准备让姑娘大出风头。西江在1950年以前乃至“文革”前（“文革”中是禁止跳芦笙的），置办得起银花特别是银角这些贵重银首饰的只有极少数人家。而这几年，家家几乎都能够为自己女儿购置这些东西了。他们觉得，现在不戴银花银角，是不好意思出场的。所有到芦笙场跳芦笙的姑娘，几乎都是“全副武装”，穿戴齐备。姑娘们一个跟着一个，跟着后生们吹奏的芦笙节奏，向前挪动或左右辗转。姑娘们穿着自己刺绣的节日盛装，脸庞略施脂粉，配上白得耀眼的银首饰，一个个楚楚动人，光彩夺目。

最有意思的是讨花带。跳芦笙持续到第七天，芦笙会就要结束了，青年后生们便吹着特定的芦笙调，向姑娘们讨花带。讨花带含有爱慕对方的意思。因此不能向结过婚的人讨（跳芦笙的妇女中有的是少妇），也不能向本村的人讨（本村的姑娘都是自己的房族姐妹）。自然，讨花带的也必须是未婚的男子。特别出众的姑娘被讨花带最多；同理，出众的后生讨得的花带也最多。被讨花带和讨得花带都是荣耀的事情，这种规矩大家都是熟知的，姑娘们暗地里准备有足够的花带。尽管如此，这次鼓藏节，有的姑娘被讨的次数太多，以至于不得不把项圈也挂在来讨花带的后生的芦笙上。当然，这种情况也自有其处理办法，事后，得了贵重物品的后生会付给姑娘适当的钱，其价格是由双方村子有威望的长者来评议。

芦笙会在热烈而兴奋的气氛中结束了。客人们怀着依依惜别的心情各自回家。在很长一段时间里，这次鼓藏节还是人们谈论的中心议题。

由此看来，西江鼓藏节的特点是仪式简单而规模宏大。它的规模除了通过跳芦笙得到反映以外，还体现在放鞭炮的情形上。

回想西江吃鼓藏的第一天，从中午十二点左右到下午六七点钟，客人陆陆续续地从四面八方向西江围来，鞭炮声也就一阵接一阵地闹个不停。其中从下午两三点钟到四五点钟之间，是客人们抵达西江最集中的时间，也就是放礼炮的高潮。这时炮声连成一片，没有间断，整个西江寨被淹没在烟雾之中。从远处看，天地相连，山看不见了，房屋也看不见了。事后有人说，从村寨背后下山来的客人，连路都看不清楚了。当时，我们正在舅舅家，只感觉到“硝烟弥漫”“震耳欲聋”。我急忙打发表妹把我那不到半岁的孩子背到表姐家去避一避（舅舅家在寨中心，表姐家在寨边缘），那情形真有点儿像从正在打仗的前线撤往后方一样。

放礼炮放到如此热烈的程度，是很少见的，只有人口如此密集的村寨，如此隆重的节日，才可能出现。我保守地计算了一下，如果只按一千户人家计算，每家若有5组客人，每组客人若放一万颗炮，每万颗炮若按30元算，那这一天中一共放了15万元钱的鞭炮。可想而知，那是何等的壮观，何等的气派！

附录二　西江苗族人生礼仪

西江是苗族聚居的大村寨，素有“千家苗寨”之称。像这样一个人口密集的苗族村寨，他们是怎么生活的？具有什么样的风俗习惯？如何继承和发展自己的文化传统？

妇女为生儿育女吃尽了苦头，但是为了人类的繁衍，妇女宁可吃苦，也决不放弃生育的义务。不过，就此人们也知道了人的生命来之不易，因而小心翼翼地加以爱护，直至生命的终结。因此，在人的一生中，伴随着许多礼仪，用以强调人生的价值和意义。其中最重要的要数出生、嫁娶、死亡三道关口，本文正是围绕着这三个部分进行调查的。

一、出生前后

完婚以后，新婚夫妇总是怀着激动的心情盼望着新生命的来临。一旦有迹象表明一个新的生命在母腹中萌动了，那么这个小生命的人生序幕也就拉开了。

作为孕妇，总为腹中的胎儿着想，她自觉地遵守着自己的民族传统文化给自己规定下来的一系列规则。在西江苗族那里，孕妇忌跨越绳子，认为跨越绳子以后生下的孩子脐带太长；孕妇忌看别人染布，认为看了以后肚里的孩子会用染料把自己擦成大花

* 原文载于《苗岭风谣》，1988 年第 5 期，有改动。

脸；孕妇更忌去看人家劈柴，认为看了别人劈柴自己怀着的小孩儿将来出生后也玩弄斧子，那可不得了（因为孩子的灵魂可以自由出入）……总之，只要意念上让人担心的事物，她们都避之而不及，怕累及自己的小孩儿。母体，是未出世的婴儿的安乐窝，母亲有义不容辞的保护责任。但一个新生命的生长，绝不是母亲个人的事情。在孩子父亲那里，孩子是父母两人共同的结合体；在孩子家族那里，孩子是这个家族传宗接代的命根子；在孩子所在的民族那里，孩子是这个民族自强不息的接班人。因此，为了未出世的孩子，有关人员都在关心着。家里人除了给产妇准备吃的鸡、蛋、甜酒和孩子用的衣服、尿布等外，还要特别准备一条孩子父亲平常穿过的裤子，作为首先包裹孩子的襁褓布。他们认为这样做了，既能增进父子俩的感情，又保证孩子能获得像父亲一样健壮的身体。

十月怀胎，一朝分娩。孩子的亲属们盼望已久的时刻来到了。产房就设在产妇的卧室，助产士便是产妇自己的婆婆或妈妈，或有一定助产经验的妇女亦可。西江苗族妇女们虽然不是很懂科学，但凭经验她们要求产妇平躺着生孩子，避免损害婴儿。平常不管有喜有难，西江苗族都互相帮忙而不计报酬，助产士也是这样，不管请了谁帮助产妇生产，都不取报酬，产妇家若希望表达感激之情，只需在请吃满月酒时，别忘了请她就是。

孩子呱呱坠地，先放在温水中洗一下，再包好。孩子的胎盘埋在家中地底深处：用一个陶罐装好，上面加盖一块石头，然后挖一个碗口大的深洞埋进去。他们认为这样做，孩子情绪稳定，今后就不会吐奶吐饭。

孩子顺利出生，母子安然无恙，就派一个人到产妇的娘家去报平安。其辞令往往是："一个人分成两个人了，请你们放心！"

孩子出生几天以后，才给孩子取名。此事要慎重进行。一般家里要杀鸡鸭准备些吃的，还要把近亲的房族喊来吃饭。取名字时，孩子的父亲将按自己的意愿，选择一些物品交给孩子拿，如钢笔、书、柴刀等。这些物品寄托着父母对孩子的期望。给孩子取名的时刻是早晨，选择的日子须是从孩子出生日算起的单数日，最常用的第三、第五、第七天。

产妇一般要休息一个月左右才出门。在这期间，对产妇的照顾要尽量周到。产妇虽不出门，但她们总闲不住，常常很早就下床操持家务。

满月以后，第一件事是由产妇背孩子到别人家（房族亲戚、邻居朋友均可）去"满月"，即带着酒、饭、肉、鸡等去别人家吃饭，对方也回赠一定的礼品。此后，产妇则可以自由行动。

接着，便是请"满月"酒。生了一个孩子，增加了一条生命，是全家人乃至房族兄弟、亲戚朋友的一件大喜事。房族兄弟、亲戚朋友们必定要送一些礼物来为新生儿庆贺。这些礼品诸如鸡、米、衣服等。其中孩子外婆家送得最多。女儿有喜了，做母亲的早就做好了准备，如背带、小棉被、衣帽、鞋子等。往往一个妇女生下第一胎孩子，就会得到好几床背带、几十顶帽子等。请"满月"酒时，就是请这些送礼品的人，大家高高兴兴，对新生儿祝福一番，以示对新生孩子的庆贺。

此后，待孩子长至五六个月开始吃荤时，先吃狗肉，为的是让孩子的身体像狗一样的无恙。如孩子身体不好，并经鬼师算命说是命不好的缘故（出生的住宅不好），须打一只铜手钏或银手钏戴在手腕上，用来保护。或者挖两棵竹子种在家里，作为保佑孩子的“花树”，并修桥祭桥，每逢农历二月二日都要煮红蛋给孩子吃。

二、嫁娶婚俗

无论是对初生婴儿的庆贺，还是对死者的祭奠，当事者都无法感觉。唯有恋爱结婚的有关习俗，当事者能参与并感受得到。所以，人们才把择偶结婚称为终身大事。西江苗族青年也是一样，只要到了怀春、钟情的年龄，他们便会开始在芸芸众生中寻找自己喜欢的对象。在西江苗族姑娘的择偶标准里，生活环境、家庭条件、生产条件、身体相貌、性格人品等，都是她们考虑的主要内容。后生们则不然，他们只是把配偶接到自己家来，因此他们的择偶标准比较集中于对象的本身。标准是：漂亮、温顺、本分、手巧、勤劳、善于持家等。不过，这些标准随着社会发展与新文化的渗入，已逐渐有了一些变化。比如姑娘们不再满足于配偶的勤劳厚道，还希望对方有一定的文化，脑子灵光；后生们也不再以配偶的守本分为满足，也愿对方活泼些，有生活的乐趣。

虽然说每个少男少女都在编织自己的梦，但是梦幻是否真正成为现实却不一定取决于他们自己。对于终身大事，有父母包办代替的，有父母与当事人共同协商完成的，当然也有完全依靠他们去争取得来的。我们分别叙述。

父母包办代替的亲事，在1950年以前相当普遍。父母包办成婚的配偶中，有的是结婚那一天才见面。有的甚至于结婚三年夫妻还互不相识（苗族姑娘出嫁以后还回来娘家居住）。现在这种婚事几乎没有了，即使由父母出面操持的婚姻，大多也征得年轻人的同意。

按照传统规矩，有姑娘的人家是不能主动去给自己的姑娘找婆家的，必须矜持些，只要自己的姑娘注意洁身自好，不愁没有人找上门来。而有男孩的人家就不一样了，只要自家的儿子接近婚配年龄，父母就得托人四处打听。他们先是全面了解情况，再把搜集来的信息加以分析比较，认为某姑娘比较合适而且成功的可能性比较大时，再亲自到集市上或女方家见上姑娘一面（这种相面一般不让女方发现），如觉得满意就请人去说媒。西江苗族没有专职的媒人，只需找一个既有较高威望，又能说会道的人就行了。

媒人上门说亲，一般都受到热情接待。媒人说明来意，无论这姑娘家持什么样的态度，都不能当即表明。如果当即表示拒绝，就显得过于轻视对方，不懂礼貌，如果当即表示接受，则显得过于看重对方，失去必要的自尊。因此，无论持什么样的态度，女方家都对第一次登门提亲的媒人说：谢谢某家看得起我家姑娘，这门亲事让我们考虑一下，下个赶集日再答复您。媒人就此回去，待到下一个赶集日，再到集市上来听消息。不管女方是否接受这门亲，都得婉转表述自己的意见。特别是谢绝婚事，总得找个托词，既让对方明白自己的意思，又不能伤对方的面子。比如说：我家女儿还小，还不会做家务，这几年还不能把她嫁出去，等等。

从提亲到答复这段时间，女方家若有心考虑这门亲，就想办法通过各种渠道了解对方的情况，亲自看一看那位男青年。在充分掌握情况的基础上反复考虑才能做出接受与否的决定。提亲一旦被正式同意，也就相当于订婚，举不举行订婚仪式都可以。结婚的时期，双方通过媒人商议决定。具体结婚的日子，由男方择吉日而定。一般来说，农历五月、六月、七月不宜结婚，婚期多放在八月、九月、十月。

说亲虽然由家长出面，但结婚也可以不用家长的名誉举行。由家长出面的婚姻形式的优点是排场体面，气氛隆重，但开销较大，礼节烦琐；而“自由结合”的结婚形式比较简便，当然也稍显冷清一些。这要看结亲的双方怎么考虑。若采用后者，叫作结“小孩儿”亲（直译）；若采用前者，叫作结“大人”亲（直译）。

结“大人”亲也叫“白天接亲”，即接亲的时间在白天。这种接亲形式，在结婚的头一天就开始进行。男方派七八个酒量好的青壮年男子抬一箩糯米饭、一串鱼先到女方家去，这就是接亲的队伍。女方家早就在等待他们的到来。迎接客人的第一个步骤，就是要让客人喝“拦路酒”。女方家分别设置十几道关口，每道关口各自相隔一定距离，由各家房族兄弟分别把守。客人来了，非得喝酒方能过关。

女方家早已设宴等着客人。其间尽量吃喝，尽情欢乐。女方主人家及房族兄弟不仅频频向客人们敬酒，还要向他们献礼——系上一条宽约手掌、长约5尺的白布带。每敬一次酒就系上一条；酒敬得越多，白布带就系得越多；白布带系得越多，客人就越感到光彩荣耀。系白布带是由妇女们来进行。其方法是先用一条围成圈套在头顶上，其他白布带又系在圈上。白布带从头顶拖到背上，活像一个小瀑布。以前制作这些白布带是很麻烦的，自己种棉花，自己织布，每次要织上二三十条，才够类似的场合用。后来就方便了，到商店去买白布回来撕成条就行了。现在有的人用绸子来代替。

接亲的队伍到女方家住上一晚，次日便把新娘接走了。女方家送一头猪、一箩糯米饭、一串鱼。猪和鱼是抬到男方家去的，糯米饭是准备给男方村子上接亲的小孩儿们抢吃的。饭刚刚抬到村上，小孩儿们便一拥而上，你一坨我一坨地把饭抢光。跟随着新娘去的还有本村的姑娘。她们是伴娘，如果新娘新郎两家相距很近的话，全村姑娘将倾巢而出地去陪嫁；如相距很远，则由与新娘血缘最近的姑娘陪嫁。

新娘及迎亲送亲等一行人来到男方家门口，男方家人用簸箕装着糯米饭递给新娘，新娘接过来掐一点儿抛在地上以示敬祭祖宗，然后把饭分给在四周围观的小孩儿们吃。接着，再递送给新娘一个酒碗，碗底有一定数量的银币，然后对新娘说："喝吧，喝干了好捉鱼。"所谓鱼便是碗底的钱。新娘把酒喝干以后，碗底的钱就归自己了，那是婆家给自己的。这时，新娘就要进门了。新娘手中拿着一把伞，先由父母兄弟俱全的小姑子把伞接过去，新娘再跨进门槛。新娘进门须先跨左脚，才能保证日后生出的第一个孩子是男孩。新娘进门之际，新郎不能留在家中，免得新娘踩着他的灵魂，其健康受到损害。进了门，新娘就要履行当媳妇的职责，要抬水。第一次抬水，是象征性的。先由一个父母兄弟俱全或儿女俱全的女人先去把水打来，抬至门外，才由新娘抬进屋。这挑水只需每只桶装五瓢或七瓢就行，并要一只肩膀抬进家。水的瓢数不能是双的，抬水不能换肩。完成了这些仪式，新娘便完成了她的任务。此后一直待在新房里不再露面，由小姑和伴娘陪着。吃饭也不再出来，而是由人端进新房给她们吃。新娘总是衣冠楚楚地立于新房，直至与送亲的队伍再回娘家去，不再参与任何活动。

送亲的队伍将进新郎家时，同样被拦在门外喝“拦路酒”。喝这种酒切记要小心，只用嘴喝不要用手触及酒具（碗或牛角），否则被罚（把整个酒具的酒喝干）。过了这一关口，便各自就位开始进餐。苗家设宴多用长长的条桌摆在堂屋中间，大家围桌而坐。赴宴的除了送亲的人外，还有男方家村子里所有的人。吃罢饭，如新娘家离新郎家不远的话，新娘和送亲的人当天下午就回去；如果路程较远，便住一宿，次日离去。结婚仪式就完成了。有趣的是这种结婚只不过是举行仪式而已，新娘打了个照面，仍回娘家去，须等农忙时节新郎家才派人去接来住一段时间。真正长居夫家，则是有了身孕以后。当然，如果新娘年纪较小，可以先在娘家多住几年；如果夫家缺少劳动力，就提前到夫家落户也无不可。更有趣的是，这种结婚形式，新郎几乎不露面。他或者像大家一样忙碌着操办事务，或者干脆就出门去了。大家也只知道“接媳妇”忙着去看新娘，谁也不追究要看新郎。

年轻人若要自由恋爱结婚，那就是另一种形式了。首先，青年男女要通过“游方”互相了解认识。西江寨子大，青年人多，“游方”比较方便。每当晚饭以后，姑娘们把家务做好，稍作装扮，便到女友家聚会。她们一面做着针线活儿，一面用耳朵捕捉窗外的哨音。一般十点钟左右，老人们开始入睡，男青年便三三两两来到了游方场（村子中间宽敞处）各自吹起了清脆的口哨。姑娘们自有她们特殊的辨别能力。光凭哨音，她们大致分辨得出来者是哪些人。如从这些哨音中发现有自己中意的年轻人到来，便互相邀约一起出来和这些青年见面。先是寒暄一阵然后转入正题，即男青年向女青年求婚。这种求婚还不是严格意义上的追求，只是一种试探性的谈话。男青年如果说：“您看得上我吗？”

女青年则回答："我配不上您，请别开玩笑。"他们彼此都是在恭维对方，表示谦虚。即便男青年说："您嫁给我吗？"女青年答："我要跟您走。"也还不能当真，还只是一种玩笑，表示彼此都互相看重而已。因为婚姻的缔结不是那么随意的。若某位后生真的对某位姑娘很倾心，那么就要经常到这个游方场来，增加彼此见面交谈的机会；若某位姑娘对某位后生很倾心，那么她就要经常留心，不要错过对方到这个游方场的每一次机会。对于男女双方来说，女青年只固守于某一个游方场，男青年是流动的，可以到任何一个游方场去。假如某对青年彼此比较中意，并有结伉俪的意思，那么他们就彼此交换信物。男青年一般以自己的衣服相赠，女青年则以花围腰、头巾或衣服相赠。不过，交换信物，只能说明他们交情较深，关系密切而已，并没有很大的约束力。如果其中一方另有所爱，只要把信物退回就行，另一方也无权责备对方。这种通过"游方"而自由恋爱的方式虽好，但彼此都要慎重，并要小心地区别有意者与无意者，免得不必要的单相思。

交换信物以后，如果感情还进一步发展，双方都有心结为伉俪，约会的次数越来越频繁，最后订下终身，商议结婚事宜。

通过这种途径缔结的婚姻必然要采取与之相宜的结婚形式，即结小孩儿亲。这种结婚形式是晚上接亲。男女双方约好接亲的日子，女方即偷偷做好一切准备。到了那天的下半夜，接亲的人来了，姑娘听到信号便带上自己的全部衣物和几个心腹女友悄悄地走出村子。他们一行人走到半路，即拂晓时分，接亲的人便把带来的糯米饭、煮熟了的鱼肉摊开，分给大家吃。接着又把带来的钱分给送行的众姐妹，叫"草鞋钱"。然后大家分手，新娘跟着丈夫与接亲的人走，送亲的姑娘们返回村。"草鞋钱"以前只需给每人几角钱就行，现在已经发展到一两元。顽皮的送亲姑娘们，总是缠着接亲的小伙子多要一些钱，这自然也增加了一路上的热闹气氛。

新娘跟着新郎及迎亲的人一直走，路上累了可以小憩，但不能进入任何建筑物中去，即使是路旁的碾房也不行。到达目的地以后，新娘就以夫家的家庭成员，即媳妇的身份住下，并主持家务，而庆贺结婚的时间另择吉日，不一定是当天。

“私奔”的姑娘过门以后，次日男方家就要派两位亲属到女家去认亲。认亲的礼物至少是一只鸡。认亲的人到女方家说明来意，如果女方的父母表示同意这门亲事，当即把鸡收下，并留来人吃饭；如果女方的父母不同意这门亲事，就会拒绝接待来人，把鸡扔出门去。一般说来，自己的姑娘与人“私奔”了，心情是不好受的，因此前来认亲的人绝大多数都受到冷遇。认亲的人也深知这一点，他们往往言简意赅地把话说明，悄悄把鸡留下便走。

吉日到了，杀猪设宴，邀请全村的人和自家的主要亲戚前来赴宴庆贺新婚。凡来喝喜酒的人或多或少都要带一定数量的礼物。妇女们多是送布和米；男人们多是送钱和米。重要的客人（舅舅、姑爹、姐夫）不仅送的钱要多，还放鞭炮。

姑娘“私奔”嫁人，不管其父母是否满意，但既成事实，大多数父母都只得承认女儿的婚事。只有少数父母把女儿抢回来，或者就此不再认女儿。

讲财礼钱是一种很古老的习俗。据说西江苗族也有“还娘头”的规矩，即姑妈家的女儿要嫁回舅舅家，以补偿上一辈母亲从舅舅家嫁过来。但若舅舅家没有合适的男孩或者姑妈家女儿不愿嫁过去，那么姑妈家女儿另嫁的人家就必须付给舅舅一笔钱作为补偿，即称之“财礼钱”。现在几乎没有“还娘头”的婚姻了，讲财礼钱仍较普遍。当然也有少数知书达理的舅舅免收这种财礼钱，但此习俗是存在的。

讲财礼钱是女方家派人到男方家去，男方家当贵宾热情招待，并邀请本房族中德高望重的长老相陪。席间，酒至半酣，女方代表便提出财礼钱的数目标准，女方总是尽量把数目定得高一点儿，男方则尽量把标准压得低一些。最后双方达成一致的协议，当即就递交财礼钱，然后继续未完成的宴会。财礼钱的数目过去是几十元，现在有的已增加至几百元了。

三、丧葬习俗

只要人还活着，在同一民族同一地域的人们，所遵守或经历的习俗大致是一样的，但人一旦死了以后，却因死因不同或寿数不同等，被划分出贵贱的等级来。在西江苗族，对于人的死，首先就分为正常死亡和非正常死亡两大类。在正常死亡中，还有长寿和短寿之分。正常死亡指到了一定年龄因病而死亡者；非正常死亡指摔死、枪杀死、产死、自杀死、夭折等。正常死亡者中，长寿者享有很高的威望，几乎相当于人们的心目中的山神，隆重的送葬仪式也只是对长寿的老人举行。一般正常死亡者按常规进行土葬。非正常死亡者不仅没有送葬仪式等，而且连土葬的资格都没有，须经火化以后方能入土下葬。这里只以寿终老人为例进行阐述。

老人死了以后，其亲属用洗脚盆到河边打水回来，用干净的毛巾象征性地为老人沐尸，从鼻子一直洗到双脚。再给老人换上早已准备好的“寿衣”，然后停在堂屋的“寿床”上，供大家瞻仰。

尸体须让人守。守尸的当晚不能哭，只能到了次日早上再哭。停尸的时间长短不定，主要是等待选择送葬的吉日，同时也等待送葬的亲属到齐。决定了送葬日期，就要提前通知亲属。

老人过世，去亲戚家传达噩耗的辞令是：“某老人老了。”对方当即要送一只鸡给传达者，没有鸡就送钱。

老人寿终，须当成喜事来办。亲属来送葬，都穿盛装，抬酒抬粮，还要吹着唢呐来。若来人是死者女儿、女婿，还要抬一头猪，抬谷子和酒等。此外，还带有祭幛、被面、垫单等。丧家房族弟兄也每家出一甑饭，送祭幛等。亲戚们送来的礼物中，能吃的东西，祭了老人，在送葬以后都弄来吃了。用的东西统统放进老人的棺材里去。

埋老人的坟地，多是事先挑选了的。所选的地势要开阔明朗，并注意山的坐向。

送葬时，由本寨的青年人来抬老人。既可以先把尸体放进棺材里抬，也可以把棺材和尸体分开抬。亲戚们只到丧家来送葬，送上山的只是丧家村寨的人。

老人入土以后，送葬的人返回。当晚主客一起在丧家吃喝，各人将吃饭的碗带回家去，认为这样会带回老人的福气，也将像老人一样长寿。亲戚们次日陆续回去，丧家还要送给他们每人一块肉表示酬谢。

此后死者的儿子儿媳守忌。女性忌 7 天，男性忌 9 天。忌日内不能洗脸、梳头、做事，家务由孙儿孙女来完成。忌日满后，下河捞鱼虾来煮稀饭，请人来吃，表示已把死者灵魂送去。可以解忌。丧事处理完毕。

至于死者那一边，据说其躯体入土后，其灵魂就跟着送葬的人回来。丧家送葬回来后，还要准备一双鞋一条凳子，放在门口给死者灵魂取用，放凳子时还对着凳子交代灵魂说："你坐这儿。"后来的忌日其实就是守灵。他们认为，人的灵魂有三个：一个守尸，一个守家，一个四处游荡。[①]

① 此调查报告主要反映的是20世纪80年代期间的情况。

后　记

我是外婆带着长大的。外婆不会说汉语，我只好与外婆说苗语。我是个双语人，苗语和汉语都是我的母语。

最初，外婆是跟我们住的，后来她就回到家乡西江去了。她先是一个人住，后来到我二姨妈家住，最后是跟我舅舅一直住到她去世。

外婆回西江住以后，就把母亲的心牵回到了西江。此后作为长女的我就成了母亲的使者，担负起去西江探望外婆的任务。我开始与西江结缘。那时我大约 10 岁，我家住在永乐小学。每年暑假，我便坐上 3 个小时的汽车，从永乐来到雷山县城；再从县城步行 5 公里到小乌秀苗寨我姑妈家；第二天再由我姑父带我翻越 4 座大山前往西江苗寨。

那大概是“文革”即将开始或已经开始的时候，母亲总是叮嘱我不要乱讲话。我的老师给我写的评语是“天真活泼”，但我内心的真实感受却是十分压抑的。

西江对我来说是另外一个世界。那里没有阴霾，只有欢乐。西江人天生待人热情。我从来没有遇到过比她们更感情奔放更色彩浓烈的人了。每次我都怀着欢乐的心情，一步一步地接近西江。我知道在西江等待我的是一场热烈的欢迎场面。情形往往是这样：当我在屋脚或大门口突然出现时，姨妈或表姐便惊呼起来，急忙跑出来，双手把我拥进怀里。

整个假期我都泡在西江。每天我从平寨大姨妈家，登上东引二姨妈家里；又从二姨妈家，绕过背后的山梁到达也通外婆和舅舅的住所；然后再从也通下到平寨大姨妈家。我每天在这三角形的路段里蹦蹦跳跳，跑来跑去。饿了，揭开饭甑就舀饭吃；困了，随便哪一家都是我歇息的处所，若遇西江小学学期课程还没有结束，我还会跟着表姐到教室里听课，举手要求回答问题，参加她们的课外活动。我生活得自由自在，快快乐乐。我唯独不高兴的，是我央求两位表姐和我一起到舞台上去表演《三个娃娃种葵花》，但她们总是不答应。

大姨妈家本来就只有母女俩，而表姐又特别腼腆，遇上要向人借东西或出门买物品之类的事情，表姐就会很为难。这个时候，我往往自告奋勇，毫不犹豫地去敲人家的门，唤人家的名。为此大姨妈常常抱怨说，如果表姐能像我这样活跃大方的话，她们母女就会少一些寂寞。

二姨妈家是个聚会的地点，夜幕降临以后，人们常常会一个接一个地推开她家的门走进来。来聚会的人大都是老头儿。他们拿着长长的烟杆，一边吸着叶子烟一边谈论着生产和天气，传播着村子里的趣闻，或讲述远古的神话故事。碰上这种时候，我总是乖乖地坐在一旁听他们谈古论今。

……

在那个特殊的年代，是西江给了我童年和少年自由快乐的时光。

初中毕业以后，我当过农民，做过临时工，再作为知识青年"上山下乡"。忙于生计的我不可能再像以前那样，有整个长长的暑假泡在西江，只能把对外婆的探望放在年节。后来随着农村经济改革的不断深入，苗族文化开始复兴，西江恢复了传统的苗年跳芦笙活动。1979年的深秋，我穿着自己的苗族盛装，佩戴着满身的银饰去西江跳芦笙（舞）。第二年我便远离家乡到四川成都读大学。不过这并不妨碍我一年一度去探望外婆。

外婆去世以后，虽然我少了许多对西江的牵挂，而且生活的磨难也冲淡了儿时的激情，但我仍然还是常去西江。这时却是为了工作，我已经由原来渴望自由快乐的小女孩，成长为一位追求事业发展的科研人员，西江是我的研究对象。

我过去并没想到将来我要写西江，也未曾打算过为西江人做点儿什么。但是我对西江一直心存感激。我一直在想，如果没有西江给我的那些温暖和爱，也许我不能应对后来生活给我的那些挑战和困苦。感谢贵州人民出版社和贵州省文联给予我写作和出版这本书的机会；感谢编委会促使我选择了这本书的题目；感谢责任编委、执行主编、主编、责任编辑等认真审读我的书稿；感谢我的所有受访者给予我的配合和支持；感谢贵州省民间文艺家协会杨培德老师通阅我的书稿并提出宝贵意见；感谢张惠真、张兆和两位朋友从香港寄给我有关妇女研究的书籍和文章；感谢龙宇晓对本书的写作提纲和表述方法提出特别有价值的建议；还特别感谢李小江教授与和钟华老师曾吸收我参加过她们组织和主编的《二十世纪妇女口述史·少数民族卷》课题，使我开拓了思路和积累了经验……是这些许多许多的帮助，才使这本书最终能够面世。虽然它不足以报答西江人民对我的恩情，但却可以借此来表达我对西江人民的感激之情。我谨以此书献给西江、西江人民，尤其是西江妇女以及我在西江的亲友们！

张晓

1995年12月于贵阳

再版后记

1995年春天我去西江苗寨访问西江苗族妇女，转眼间已经过去了20多年。这20多年来西江已经发生了翻天覆地的变化。在以20年前的那次访问为主要材料撰写的《西江苗族妇女口述史研究》（贵州人民出版社，1997年）一书当中，已经流露了我当时的深深忧虑，即苗族文化体系有可能行将消解。而事实上的发展变化比我当时预计的还要快，还要大。这个由量变到质变的拐点，是2008年9月26日在西江苗寨召开的第三届贵州旅游产业发展大会。此后西江作为旅游开发的重点，以飞快的速度在发展。对这种变化有不同的评价，我当然也有我的看法。不过这里的任务不是去对西江的变化予以评说，而只是想评估我20多年前的那次田野调查，以及根据我那次访问的资料，加上更早以前对西江认识的积累而撰写的《西江苗族妇女口述史研究》一书，对了解西江苗寨的价值和意义。我不想评价这本书写得好不好，那是读者的事情。我只想说的是，这本书记录了当时苗族妇女的生活与记忆中的苗族文化。历史已经一去不复返，不管变好还是变坏，西江都不可能再回到1995年的样子。因此，这本书定格于1995年，定格于50多位妇女对现实和历史的叙述。《西江苗族妇女口述史研究》一书早就脱销，西江苗寨一直没有销售过这本书。现在这本书再版，我不打算也不敢修改它，就像捧着一个古董，我怕碰坏它。我希望再版的这本书保持原来的样貌，让读者看看 1995 年以及以前的西江苗寨。这次再版，我只是增加了一些图片，帮助读者对西江苗寨获得更直观的认识。

1995 年那次访问西江苗寨以后，我当然还是经常去西江，而且去得更频繁。去西江参加的比较重大的活动主要有：

我和家人去西江参加每 12 年一次的大型祭祖节日——“吃鼓藏”。我们 1986 年去了，这在《西江苗族妇女口述史研究》的附录文章里有简单的介绍；12 年以后的 1998 年我们又去了；再 12 年以后的 2010 年我们还去了。

和钟华研究员曾经邀请和推荐我参加李小江教授主持的“二十世纪妇女口述史”项目中，她本人负责的是“少数民族卷”。1998 年春节，李小江老师和她的先生到西江苗寨考察，敲定我的任务是做“苗族妇女口述史”，而且访问对象仍然是西江苗寨的苗族妇女。我和我妹妹张寒梅、侄女毛家艳（我母亲大姐的外孙女）商量，决定把访问对象锁定我们家族不同代际的 8 位人物。为了完成这个任务，我们从省城贵阳去西江访问我的大姨妈、二姨妈、表姐、侄女等，最后的成果便是：《苗岭深处是我家：西江苗寨一个家族的女性记忆》（李小江主编，《让女人自己说话：民族叙事》，“20 世纪［中国］妇女口述史丛书”，生活·读书·新知三联书店，2003 年，第 141—277 页）。

在 2001 年 6 月和 2007 年 7 月分别召开的两次和妇女相关的全国会议期间，我们都带会议代表到西江苗寨进行了考察。特别是 2007 年 7 月那次会议，我们在西江各村寨苗族妇女骨干的帮助下，在西江小学的大操场上举办了由西江以及附近多个苗族村寨参与的有 30 多项内容和 1400 余人参加的民间技艺比赛和表演活动。

2005—2007年，在有关组织的资助下，在西江项目办公室杨光春、龙绍芬、侯杰等老师的帮助下，我和我妹妹张寒梅在西江苗寨主持实施了一个项目："民族文化传承与妇女发展"。这个项目探索了一些传统文化传承模式和方法。项目介绍参看张晓、张寒梅撰写《民族文化传承与妇女发展模式探索——以千户苗寨西江项目为例》（张晓、张寒梅主编，《文化多样性与社会性别行动研究文集》，中国言实出版社，2009年，第25—36页）。

2007年我撰写了关于西江苗族妇女的第二本著作《"好女人"的建构：以西江苗寨的一个家族为例》（贵州大学出版社，2008年）。另外，21世纪初我先后发表了基于西江苗寨的5篇研究论文：《关于西江苗寨文化传承保护和旅游开发的思考——兼论文化保护和旅游开发的关系》（《贵州民族研究》，2007年第3期）、《西江苗寨传统文化的内在结构》（《中央民族大学学报》，2008年第2期）、《西江苗寨"鼓主"和"事主"的互补关系》（《贵州社会科学》，2008年第1期）、《苗族传统社会组织管理中的"绝对权威"与"充分民主"》（《贵州民族学院学报》，2011年第5期）、《西江苗族亲属称谓的性别分析》（《西南民族大学学报》，2008年第10期）。这些研究少不了多次往返西江苗寨的田野调查。老实说，自从西江苗寨进行大规模的旅游开发以后，西江苗寨可以说成了最理想的社会转型文化变迁的田野点。但是我的精力有限，所以我做的事情多是关注传统或者尝试一些活态文化传承。

不管我是去探亲还是去工作，我必然会遇到当年的一些被访人并且和她们有交往，偶尔也做一些专门的回访。难过的是，有不少老人去世了。有三位老年妇女是好朋友，经常聚在一起聊天儿。当时已经80多岁的她们，在我访问的时候，要求用“唱”的表达方式来代替“说”，给我留下了深刻的印象。2009年3月我去回访她们，其中两位已经去世，只剩下一位正在生病卧床，非常虚弱。看到我去她还能记得起来，紧紧地握着我的手，激动不已。但是没有多久，她也离开了人世。我两位高寿的姨妈也先后去世了，今年表姐家刚刚给大姨妈立碑。大姨妈是告诉我苗族传统上的性别分工是“男人干男人的活儿，女人干女人的活儿”，而男人的活儿就是管一家人的“吃”，女人的活儿就是管一家人的“穿”的那个人；二姨妈年轻时候英姿飒爽、特立独行，一直追求生活品位，服饰工艺精益求精，被中国民间文艺家协会选拔为“中国民间艺术杰出传承人”。再如主要被访人龙玉琼也去世了。她是我的第一位访谈人，特别健谈，对她的访问奠定了我研究的基本思路。在本书再版之际，让我们为那些已经去世的苗族妇女们默哀，她们度过了自己艰辛而精彩的一生，请她们安息吧！

当然我去西江苗寨更多的是看见了苗族妇女新的成长。我多次去田野调查，特别是去做“民族文化传承与妇女发展”项目的时候和西江苗族妇女有更多的交往，更深入的了解。在项目结束我们撤出以后，她们却兴趣正浓，还自觉担负起文化传承的任务，曾经一段时间自己组织艺术团，甚至牺牲赚钱的时间来坚持开展文化活动。在旅游开发大量的游客涌入西江的时候，她们一如既往的开朗自信、热情大方，不管和什么人接触都是那么不卑不亢、从容自如，浑身洋溢着幸福快乐和青春活力。她们是传统文化传承的主要承担者，但同时她们也能顺应潮流，善于抓住机遇。昔日的绣花娘摇身一变成为女商人，经营苗族服饰以及工艺品是她们的拿手好戏；开农家乐的妇女们做得风生水起。她们出类拔萃，点缀出西江苗寨精彩的亮点。而年轻的一代，高学历的西江苗族女孩越来越多了，视野越来越开阔。如果再有时间和精力，我希望能够回访和新访她们。写出另外一本西江苗族妇女的姐妹篇。

流传于苗族最大的聚居区——贵州省黔东南苗族侗族自治州的“苗族创世古歌”（苗族史诗）说，世界上最早的物质是云雾，神人制造了天和地，天上掉下来一颗枫香树种。长成参天大树的枫香树倒了，树心飞出一只蝴蝶。蝴蝶生了 12 个蛋，大鸟帮蝴蝶孵了 12 年。首先冲出蛋壳的最聪明的一个蛋是人类的祖先，其他的是雷公、龙、虎等。苗族因此称蝴蝶为“蝴蝶妈妈”（也有人译为“花母蝶母”），服饰图案里绣有很多蝴蝶图案。在《西江苗族妇女口述史研究》出版 21 年之际，商务印书馆再版了这本书，更名为《化茧成蝶：西江苗族妇女文化记忆》。以老一辈为榜样，优秀美丽的西江苗族妇女代际传承、人才辈出，青出于蓝而胜于蓝，演绎出具有不同时代烙印的精彩人生！

商务印书馆是我最喜欢的一家出版机构，本书能够在商务印书馆再版是我的荣幸。非常感谢商务印书馆再版了我的书！感谢商务印书馆的谢仲礼先生、李智初先生和张鹏女士为这本书所付出的时间精力和对我的帮助！感谢余未人老师为本书的再版写了序言！感谢张希成、陈沛亮、吴仕忠、张学捷、杨光才各位先生以及台湾辅仁大学服饰研究所等为本书提供了图片！感谢一些在背后帮助我的朋友们！我仍然还要感谢西江苗寨、西江苗族妇女，特别要感谢那些被访问人！再版的这本书仍然献给西江苗寨、西江父老乡亲，尤其是西江苗族妇女和我西江的亲友们！

张晓

2018 年 4 月于广州